Betül Licht wurde 1955 in der Türkei geboren und
verbrachte dort ihre Kindheit. 1965 kam sie mit ihren
Eltern nach Deutschland. Aufgrund der Kultur-
unterschiede zwischen ihrer Heimat und Deutschland
setzte sie sich schon sehr früh mit dem Thema
Migration auseinander. Sie begleitet Migrantinnen
und Migranten in einem sozial-psychiatrischen
Beratungszentrum in Hamburg.
Betül Licht beschreibt die Erlebnisse ihrer Freundin
Fatma, und wie ihre Freundschaft dazu beitrug,
ihre Geschichte aufzudecken.

Betül Licht

In meiner Not
rief ich die Eule

Eine verlorene Kindheit

Mit einem Nachwort von
Marianne Röhl

BASTEI LÜBBE TASCHENBUCH
Band 61663

1. Auflage: Dezember 2009

Vollständige Taschenbuchausgabe

Bastei Lübbe Taschenbücher in der Verlagsgruppe Lübbe

Copyright © 2008 by Hoffmann und Campe Verlag,
Hamburg
Für diese Lizenzausgabe:
Copyright © 2009 by Verlagsgruppe Lübbe GmbH & Co. KG,
Bergisch Gladbach
Titelbild: © Tamara Reynolds/CORBIS
Umschlaggestaltung: Guter Punkt, München
Autorenfoto: © Asmus Henkel
Satz: Hoffmann und Campe Verlag
Gesetzt aus der Stempel Garamond
Druck und Verarbeitung: CPI – Ebner & Spiegel GmbH, Ulm
Printed in Germany
ISBN 978-3-40461663-3

Sie finden uns im Internet unter
www. luebbe.de
Bitte beachten Sie auch: www.lesejury.de

Der Preis dieses Bandes versteht sich einschließlich
der gesetzlichen Mehrwertsteuer.

Für Christel von Deyn,
die mir geholfen hat,
meinen inneren Schatz zu heben.

Inhalt

1. Teil   Reise ins Ungewisse

Tod des Vaters

Eines Morgens lag ein Brief von meiner Freundin Fatma im Postkasten. Sie hatte mir angekündigt, vor ihrer Reise in die Heimat zu schreiben. Voller Neugier hatte ich auf den Brief gewartet, ohne jede Vorstellung, was er mir Neues bringen könnte. Wir waren sehr vertraut, besprachen alles miteinander, und ich hatte immer gedacht, wir hätten keine Geheimnisse voreinander.

In letzter Zeit war Fatma durch die belastenden Ereignisse der vergangenen Monate zunehmend schwächer und nervöser geworden. Das war mir nicht verborgen geblieben. Sechs Monate zuvor war unerwartet ihr Vater gestorben. Fatma konnte den Verlust und ihre Trauer nicht überwinden, hinter ihrer Fassade zerbrach sie immer mehr. Meine Sorge um sie wuchs. Sie freue sich auf ihren Onkel, denn der Vater würde durch ihn ein Stück lebendig werden in ihr, sagte sie bei unserem letzten Telefonat vor ihrer Abreise in die Türkei.

Die Erinnerung an den Moment, als mich Fatma anrief, um mir die Todesnachricht zu überbringen, geht mir auch heute noch unter die Haut. Ich konnte es nicht fassen, fühlte mich überwältigt und fand nur sehr schwer tröstende Worte, die sie erreichen konnten. Sie war nicht mehr sie selbst. Damals überschlugen sich die Ereignisse in ihrem Leben. Innerhalb weniger Monate gaben sich Tod und Geburt die Hand. Ein halbes Jahr bevor Fatmas zweiter Sohn zur Welt kam, erfuhr ihr Leben eine einschneidende Wende. Es begann mit der Nachricht über die lebensbedrohliche Erkrankung ihrer Großmutter väterlicherseits. Diese Botschaft aus der Heimat schlug wie ein Blitz in die Familie ein und traf Fatmas Vater sehr schwer. Sehr wahrscheinlich habe die

Großmutter ein Magenkarzinom und nicht mehr lange zu leben, hieß es.

Mit einem tief im Herzen sitzenden Schrecken flog Fatmas Vater sofort zur Mutter in die Heimat. Der Sohn aus der Fremde, die Freude, ihn wiederzusehen, gaben ihr so viel Lebensmut, dass sie langsam wieder zu essen begann. Ihre eigenwillige Art blitzte von Tag zu Tag immer häufiger auf, und sie wurde lebendiger. Sowohl der Arzt als auch die Dorfgemeinschaft hofften auf eine Genesung. Beruhigt von dieser Entwicklung, kehrte Fatmas Vater mit dem Versprechen, sehr bald mit der ganzen Familie zu kommen, nach Deutschland zurück.

Gleich nach seiner Ankunft bereitete er die seiner Mutter versprochene Reise vor. Doch mitten in den geschäftigen Vorbereitungen, die den Beigeschmack eines endgültigen Abschieds bargen, wurde er durch die Nachricht vom Tod der Mutter erschüttert. Sein Schmerz war überwältigend. Er hatte sich nicht mehr von ihr verabschieden, sie nicht gemeinsam mit seiner Familie beisetzen können. Er war doch ihr jüngster Sohn, zu dem sie die innigste Verbindung hatte. Es war, als wäre ein Teil von ihm mit ihr gegangen.

Einige Tage später, so erfuhr ich aus den Erzählungen, litt Fatmas Vater plötzlich unter diffusen Bauchschmerzen und einer Thrombose im Bein. Meine hochschwangere Freundin begleitete ihren Vater von Arzt zu Arzt, von einer Untersuchung zur anderen. »O. B.«, ohne Befund, hieß es immer wieder. Die Thrombose konnte behandelt werden, die starken Schmerzen im Oberbauch blieben. Der behandelnde Internist meinte, die Schmerzen seien psychisch bedingt. Der Vater habe den plötzlichen Tod seiner Mutter nicht verarbeiten können. Den unausgedrückten Kummer über den Verlust würde er nun als körperlichen Schmerz erleben.

Die Familie versuchte, die Worte des Internisten zu verstehen. Sie waren froh, dass sich keine ernsthaft bedrohliche Erkrankung hinter diesen Schmerzen verbarg. Der Arzt hatte geraten, er solle mehr über seine Mutter und ihren Tod reden. Fatma fühlte sich, wie immer, dafür verantwortlich. Sie schlich um den Vater herum und versuchte, mal auf diesem, mal auf jenem Weg, das Gespräch darauf zu lenken.

»Für uns, die in der Fremde lebenden Menschen, bedeutet Abschied ein zukünftiges Wiedersehen. Wir tragen die Hoffnung in uns, eines Tages unsere Lieben in der Heimat wiederzusehen. Vielleicht gibt es auch eine Rückkehr, um ein Leben wie in den alten Zeiten leben zu können. Ich habe nie einen Gedanken daran verschwendet, dass der Tod uns endgültig trennen könnte. Ich hatte fest an unser Wiedersehen, das Wiedersehen mit meiner Mutter geglaubt.« Das hatte der Vater damals gesagt und Fatma dabei unmissverständlich zu verstehen gegeben, dass er nicht mehr darüber sprechen wollte. Als es ihm dann nach und nach besser ging, glaubten Fatma und ich an die Diagnose des Internisten und dass die wenigen Worte, das Aussprechen jener Worte, etwas genützt hatten.

Die Geburt des zweiten Sohnes gab der Familie wieder Lebensmut. Zwischen dem Tod der Großmutter und seiner Geburt lagen zwei Monate. Die Familie war zwischen Trauer, Angst und Freude hin und her gerissen. Ich erschrak, als ich in jenen Tagen Fatmas Vater bei ihr traf. Er war sehr abgemagert, seine Gesichtszüge verrieten sein Leid, der Glanz in seinen schönen Augen war verblasst, als hätte sich sein Körper auf den Zerfall eingestellt. All das, was ich in diesem Moment wahrnahm, empfand, konnte ich Fatma nicht mitteilen. War es möglich, dass zurückgehaltene Worte über Tod und Verlust einem Menschen die Lebenskraft so sehr aus dem Leib saugen, ihn innerlich so ausmergeln konnten? Das konnte ich nicht glauben.

Schon bald schlichen sich die Schmerzen wieder ein und nahmen ein Ausmaß an, das Fatmas Vater arbeitsunfähig machte. Die Familie fühlte sich von seinen Schmerzen tyrannisiert, hilflos und überfordert. Sie konnten ihm nicht helfen. Wieso redete er auch nicht über seine Gefühle und über den Tod seiner Mutter? Sie waren wütend auf ihn, weil sie dachten, er übertreibe und ließe sich gehen. Ja, sie behandelten ihn manchmal sogar wenig liebevoll, bis er eines Morgens vor lauter Schmerzen das Bewusstsein verlor. Fatma wurde sofort benachrichtigt und fuhr mit dem geschwächten Vater in die Klinik. Dort hieß es, er habe eine Thrombose im Bein und müsse auf jeden Fall im Krankenhaus bleiben. Gleichzeitig würde man die Schmerzen im Oberbauch abklären wollen.

Einige Tage später sprach der Oberarzt unter vier Augen mit Fatma. Ihr Vater sei hoffnungslos krank und habe nicht mehr viel Zeit zu leben. Der ganze Bauchraum sei voller Metastasen, und es sei wahrscheinlich auch nicht mehr möglich, den Tumorherd ausfindig zu machen, um eine Behandlung einleiten zu können. Wegen der Thrombosebehandlung könne man keine Gewebeproben aus den inneren Organen entnehmen, da die Blutung nicht gestillt werden könne. Eine Unterbrechung der Thrombosebehandlung berge hingegen das Risiko einer Lungenembolie, weil sich die Thromben womöglich von den Venenwänden ablösten.

Auch die Ärzte waren in dieser Situation rat- und hilflos. Nach etwa zweieinhalb Wochen entschied man sich dennoch dazu, Gewebeproben zu entnehmen, in der Hoffnung, den Tumor bestimmen und doch noch eine Palliativbehandlung einleiten zu können. Ich erinnere mich an den Abend vor diesem Eingriff noch sehr genau. Spontan machte ich an jenem Tag einen kurzen Krankenbesuch und traf die gesamte Familie. Sie berichteten mir von der noch geplanten letzten Untersuchung am nächsten Tag und dass der Vater dann auch bald entlassen werden könne. Wir wurden unterbrochen. Die Krankenschwester, die das Abendbrot brachte, stellte zugleich den Heparinperfusor ab. Mit diesem Gerät erhielt Fatmas Vater stündlich eine festgelegte Menge des Medikaments, das die Thrombose behandelte und eine Lungenembolie verhinderte.

Der geschwächte Vater bat die jüngste Tochter, ihn zu füttern, da er selbst so entkräftet war. Alles schien mir so unwirklich, so bizarr, und ich verabschiedete mich sehr schnell. Sie alle wussten doch, welches Risiko diese Untersuchung mit sich brachte. Es ging um Leben und Tod in dieser Nacht. Das wollte gar nicht zu der feierlichen Aufbruchsstimmung passen, die ich dort erlebte. Jeder schien zu wissen, doch niemand ließ sich etwas anmerken. Auf dem Weg nach Hause überkam mich eine bleierne Trauer. Ich ahnte, er würde diese Nacht nicht überleben, und er würde ohne den Beistand seiner engsten Familie sterben müssen, weil sich keiner traute, offen mit ihm zu reden.

Fatmas Mutter wollte nicht, dass man mit dem Vater über seine Krankheit sprach. Er sollte glauben, er sei noch wegen der Thrombosebehandlung in der Klinik. Gemeinsam schmiedeten sie Pläne für die Zukunft. Er wollte nicht mehr in Deutschland leben. Seine größte Sehnsucht war es, wieder in die Heimat zurückzukehren. Er sei zu lange, viel zu lange in Deutschland geblieben, hatte er gesagt. Fatma und ich waren uns sicher, dass der Vater wusste, wie krank er war. Er hatte studiert, war allseits interessiert und stets auf dem neuesten Wissensstand. Er war einsam mit der Krankheit. Er tröstete alle, die erschrocken und betroffen reagierten, wenn sie seinen abgemagerten, zerfallenen Körper im Krankenbett sahen. Er war still, er war mit seiner Krankheit in die Stille gegangen.

Als er in dieser Nacht an der befürchteten Lungenembolie starb, schob man ihn in den Spülraum, weil es keinen anderen freien Raum gab. Die Einzige, die sich noch vom Vater verabschieden konnte, war Fatmas jüngere Schwester. Sie stand unter Schock im Stationsflur, konnte sich nicht rühren. Es gab niemanden auf der Station, der sie hätte in den Spülraum begleiten können, die Krankenschwester war zu beschäftigt. Immer wieder musste sie in den Spülraum, um dort die Bettpfannen oder Flaschen der Patienten vom Morgenurin zu reinigen oder um die schmutzigen Waschschüsseln in eine Desinfektionslösung zu legen. Nein, Fatmas Schwester wollte sich nicht zwischen alten Schmutzwäschesäcken, Bettpfannen und Urinflaschen von ihrem Vater verabschieden.

Sie hatte Glück. Die Transportpfleger, die den Vater abholen kamen, waren Koreaner. Sie erfassten die Situation sofort. Fatmas Schwester wurde in den Arm genommen, getröstet und eindringlich gebeten, den Vater bis zum Leichenkeller zu begleiten. Dort wurde sie ermutigt, ja, sogar gedrängt, sich von ihm zu verabschieden. »Wir Ausländer müssen doch zusammenhalten. Bei uns werden die Toten auch anders behandelt. Ihr müsst euch verabschieden. Dein Vater von dir und du von deinem Vater. Das ist wichtig! Schau ihn dir an, bewahre seinen friedlichen Anblick in deinem Herzen!«

Fatma konnte sich nicht verabschieden. Sie verstummte, erledigte alles mechanisch, mit einem ausdruckslosen Gesicht. Der Tod des Vaters schuf eine Mauer um sie. Meine tröstenden Worte prallten an ihr ab. So bedeutungslos war alles geworden. Auch ich verstummte zunehmend in ihrer Gegenwart und half ihr, so gut ich konnte, ihren Alltag mit ihren beiden Söhnen zu bewältigen. Ihrem Ehemann, der sich stets liebevoll um sie und die beiden Kinder kümmerte, erging es nicht anders. Auch seine tröstenden Worte konnten sie nicht wirklich erreichen. Sie war vollkommen erschöpft, und all die schlaflosen Nächte mit ihrem kleinen Sohn gaben ihr den Rest. Dennoch blieb so vieles an ihr hängen. Ihrer Mutter sei es nicht möglich, die Verwandten über den Tod zu informieren, sagte sie. Der Bruder sei zu sehr mit den notwendigen Formalitäten beschäftigt, und die jüngere Schwester fühle sich ebenfalls nicht in der Lage, diese bedrückenden Anrufe zu übernehmen.

So fiel Fatma diese Aufgabe zu. Zerschlagen und dumpf überbrachte sie den Verwandten die Todesnachricht. Die Bestürzung und das Entsetzen waren groß. Man wollte ihr erst nicht glauben, dachte, sie wäre krank und erlaubte sich einen bösen Scherz. Dann hieß es, er habe sich bestimmt schuldig gefühlt, weil er sein Versprechen nicht eingehalten hatte, mit seiner ganzen Familie die Mutter zu besuchen. Fatma erklärte ihnen, sie würde für die Beerdigung mit dem Auto in die Heimat fahren. Der Leichnam würde aber mit dem Flugzeug nach Ankara überführt.

Innerhalb von elf Tagen fuhr Fatma mit ihrer Familie dreitausend Kilometer in die Heimat, beerdigte dort den Vater und fuhr wieder dreitausend Kilometer zurück nach Deutschland. Auch heute noch kann ich nicht fassen, wie sie das zusammen bewältigt haben. Es fuhren fünf Erwachsene – neben Fatma ihr Ehemann, Mutter, Bruder und Schwester – in diesem Auto mit. Fatmas eineinhalbjähriger Sohn wurde auf den Schoß genommen. Ihr zwei Monate altes Baby hatte sie schweren Herzens meiner Obhut übergeben.

Nach ihrer Rückkehr berichtete Fatma erschöpft und mit zittriger Stimme über ihre Erlebnisse. Am Tag nach der Ankunft im Heimatdorf des Vaters seien bereits alle aus nah und fern, Verwandte, Freunde, ehemalige Arbeitskollegen, Bekannte und weniger Bekannte, gekommen, um zu helfen und zu trauern. Wie es der Sitte dieser Region entsprach, fuhren einige männliche Verwandte nach Ankara, um den Leichnam abzuholen. Währenddessen füllte sich der Bauernhof des Bruders mit seinen Gärten und den auf drei Häuser verteilten Wohnungen mit den Trauergästen. Die drei Geschwister waren überwältigt davon, wie bekannt ihr Vater in der Heimat gewesen war und wie sehr er von seiner Gemeinschaft geliebt und geschätzt wurde.

Die Männer machten Feuer und stellten riesengroße Kessel mit Wasser darüber, um später den Leichnam mit warmem Wasser zu waschen. Der Hoca, der Geistliche, traf ein, die Leinentücher wurden vorbereitet. Die Frauen mussten während der Zeremonien in den Häusern bleiben. Überall wurde geschnippelt, gekocht, gegessen, Tee getrunken, gebetet, geweint und gelacht. Man erzählte sich Geschichten über den Vater. Die Ältesten über seine Kindheit, die Gleichaltrigen hoben sein Mitgefühl, sein großes Herz und seine Aufrichtigkeit oder seine liebevollen Streiche hervor. Wie er die Kekse seiner Kinder heimlich für seinen feinen Jagdhund aus der Küche mopste, bevor er mit Gewehr und Jeep zum Jagen fuhr. Die Trauer um den Vater wurde unerträglich, weil es so viele Facetten an ihm gab, die die Geschwister in Deutschland nicht erlebt hatten und nun nicht mehr kennenlernen konnten.

Ein schriller Aufschrei ließ plötzlich alle verstummen. Mehrere Hunderte Kinder und Erwachsene standen regungslos da. Man hörte lediglich die Vögel zwitschern, sah die Sonne zwischen den Baumkronen hindurchblinzeln. »Sie haben ihn vergessen. Es ist wahr! Sie haben ihn ganz einfach vergessen. Er liegt irgendwo in Frankfurt! Das Flugzeug ist ohne ihn gelandet! Sie haben ihm das Leben genommen, jetzt sollen sie uns wenigstens seinen Körper zurückgeben. Diese Ungläubigen! Hier bei uns hätte er ein langes Leben gehabt!« Die Menge brodelte vor Empörung. Die Trauernden fühlten sich sehr verletzt. Er war doch ein Teil von ihnen allen. Wie konnte man mit einem Verstorbenen so umgehen? Umso mehr wurde nun für die Seele des Vaters gebetet. Zur Abenddämmerung hin verabschiedeten sich die Gäste nach und nach, um am nächsten Tag wiederzukommen.

Der Anruf aus Ankara am folgenden Tag brachte Erleichterung. Wie am Tag zuvor wurden die Vorbereitungen getroffen. Es kamen nun noch mehr Trauergäste. Schnell hatte sich dieses ungeheuerliche Ereignis herumgesprochen, und alle wollten den Vater in den Erzählungen der Hinterbliebenen erleben und für seine Seele betend ihre Wertschätzung ausdrücken. Es geschah vielleicht auch aus dem Wunsch heraus, einen Ausgleich zu schaffen, der Gemeinschaft Trost und Heilung zu bringen.

Der Leichnam wurde sofort nach der Ankunft im Geburtshaus des Vaters von den Familienmitgliedern nach den islamischen Ritualen gewaschen, sorgfältig in Leinentücher gewickelt und achtsam in den Sarg zurückgelegt. Nach dem Mittagsgebet verschwand der Sarg zwischen den Männern, die ihn abwechselnd auf den Schultern zum Grab trugen. Die Frauen blieben weinend und klagend im Haus. Fatma stand als Beobachterin stumm am Rande der Szene, die sich ihr dort darbot. Innerlich zitternd und äußerlich erstarrt, erzählte sie später.

Auch in den Tagen bis zur Abreise kamen noch viele Bekannte, um gemeinsam zu trauern. Sie alle hatten den Vater vor zwanzig Jahren mit der Hoffnung, ihn bald gesund und munter wiederzusehen, verabschiedet. Einige von ihnen hatten lange auf ihn gewartet, weil sie mit ihm ein Geschäft oder eine Firma gründen, mit ihm einen Neubeginn wagen wollten. Bis zur Rückkehr der Familie nach Deutschland füllten sich die Häuser mit all den Geschichten aus gemeinsamen Tagen. Vor Fatmas geistigem Auge wurde die Zeit von vor zwanzig Jahren lebendig. Sehr gern wäre sie in diese Zeit zurückgekehrt und hätte die letzten zwanzig Jahre ungeschehen gemacht, hatte sie mir gestanden.

Was hatte sie bei unserem letzten Telefonat gesagt? Sie wisse, dass sie Hilfe benötige, dringend sogar. Durch den Tod des Vaters sei alles in ihr aufgebrochen. Oder hatte sie ausgebrochen gesagt? Sie wolle mit niemandem reden, zu groß sei der Schmerz. Sie fragte, ob sie mir schreiben dürfe, was ihr in den Sinn komme, ohne dass ich je ein Wort über das Geschriebene mit ihr wechsle; als wären jene Briefe von einer anonymen Person an mich gerichtet. Ich spürte Fatmas innere Not, ich spürte, wie ernst es um sie stand, und stellte keine Fragen, damit sie sich nicht verschloss. In allen Punkten willigte ich ein. Ich gab ihr zu verstehen, dass die Briefe jener Person, die ich nicht kenne, gut bei mir aufgehoben seien und ich mit niemandem darüber sprechen würde. Ich hoffte inständig, dass die Reise in die Türkei und das Zusammensein mit ihren Verwandten ihr ein wenig innere Stabilität geben würden.

Der Brief, eigentlich müsste ich fast sagen, das Päckchen, hatte DIN-A4-Format und wog schwer. Hatte sie mir eine Zeitschrift oder ein Buch mitgeschickt? Mit ungewöhnlich sorgfältigen, groß geschriebenen Buchstaben hatte sie den Absender und die Anschrift geschrieben. Ich öffnete den Umschlag. Viele lose Seiten, hastig geschrieben und nicht durchnummeriert, lagen nun in meinen Händen. Ich heftete die Blätter zusammen und begann zu lesen.

Fatmas erster Brief

Ich will mich lösen von den Fesseln der Dunkelheit in mir. Sie schnürt mich so ein, dass sie mich nicht leben lässt. Was ist dieses Dunkle, das mich nicht leben lässt und so machtvoll ist? Eine dunkle Gestalt, sie hat keinen Namen, keinen Geruch, keine Form.

Wenn mein Herz Augen bekommt, sieht alles anders aus, hell und bunt. In solchen Momenten möchte ich die ganze Welt umarmen, in solchen Augenblicken passe ich nicht in meinen Körper. Ich möchte weit werden, lachen und lachen. Mein Herz freigeben, tanzen und Liebeslieder singen. Ich will endlich leben. Alles scheint zum Greifen nah, und doch liegt es unerreichbar in der Ferne. Mit einer hoffnungslosen Sehnsucht bleibe ich zurück.

Ich spüre, wie sich das Dunkle in meinem Körper ausbreitet, jede Zelle in Besitz nimmt. Ich kann noch nicht einmal mit ihm reden. Das Verlangen, ihm eine Form zu geben, wird von Tag zu Tag stärker. Ich möchte ihm eine Form geben, damit dieser tägliche Kampf um ein bisschen Leben endlich aufhört und wir uns voneinander lösen können. Ich bin so müde vom Kämpfen und Weglaufen. Ich bin mit einem unbekannten Feind in meinem eigenen Körper eingesperrt. Ich halte es nicht mehr aus. Ich bleibe einfach stehen, rufe, schreie. Der Drang, ihm endlich zu begegnen, ist so groß: »Zeig dich endlich! Los, du Ungeheuer, zeig dich mir!«

Meine Kehle vibriert vor Aufregung und Angst. Ich schließe die Augen. Vor mir liegt ein schwarzer See, als wäre er mit Teer gefüllt. Ich möchte weglaufen, weit weg, irgendwohin. Ich weiß, dass es keinen Zweck hat, wir sind wie siamesische Zwillinge. Das Gefühl, in einem Raum mit einem unbekannten Feind eingesperrt zu sein, treibt mich in den Wahnsinn. In dem schwarzen See sind viele Buchstaben, die sich zu Worten formen:

Tiefe Trauer ohne Tränen

Leben ohne Gefühle

Demütigung ohne Schutz

Gewalt ohne Täter

Leiden ohne Trost

Diese Worte lassen mein Herz rasen. Ich zittere am ganzen Körper, und gleichzeitig erstarre ich. Die Buchstaben formen sich zu Bildern. Vor mir steht eine dampfende Lokomotive. Um mich herum ist es sehr laut. Weinende Menschen mit Koffern, Kindergeschrei. Alle laufen durcheinander. Ich bin verwirrt. Das Gefühl, in der Menge zu ersticken oder verrückt zu werden, überkommt mich. Wo bin ich? Was mache ich hier?

In der Menge erkenne ich einige Gestalten. Sie werden immer deutlicher. Meine dreieinhalb Jahre jüngere Schwester hüpft hin und her. Mein zwei Jahre älterer Bruder steht da, mit traurigen Augen. Liebevoll hält er die Hand der Mutter. Die beiden Großmütter. Meine vier Jahre ältere Tante. Und dann ein achtjähriges Mädchen, das ganz nah bei seinem Vater steht. Bilder aus der Vergangenheit, mit denen ich nichts mehr zu tun haben wollte, tauchen aus dem schwarzen See auf. Dieses achtjährige Mädchen hält sich ganz fest an den Vater, mit dem Wissen, was auf sie zukommen wird. Am liebsten möchte ich hingehen, das kleine Mädchen umarmen und beschützen. Ich möchte irgendetwas tun, damit die Ereignisse nicht stattfinden – sie einfrieren!

Doch der Lauf des Schicksals kann nicht angehalten werden. Er hat begonnen mit der Entscheidung, nach Deutschland zu ziehen. Die vielen grausamen Erlebnisse ungeschehen machen zu wollen, ist sinnlos. Ich habe es versucht. Daraus ist der schwarze See entstanden, der sich nun in mein Leben drängt. Entweder springe ich hinein und bin verloren, oder ich reinige den See, bis er klar und lebendig wird, springe dann hinein. Wieder werden Buchstaben auf dem See sein, die sich zu Worten formen. Andere Worte. Sie werden »Liebe, Freude, Leidenschaft, Hingabe an das Leben« lauten. Das ist meine Sehnsucht, das Leben mit meinem ganzen Herzen zu lieben, voller Hingabe und Freude. Leidenschaftlich möchte ich tanzen. Tanzen für das Leben, für jedes Lebewesen, ob gut oder böse. So lange tanzen, bis Lichter um mich herum funkeln, bis zum Himmel hoch leuchten.

Eine schrille Trillerpfeife ertönt, die Passagiere werden zum Einsteigen gebeten. Großmutter hat mir verboten, beim Abschied der Eltern zu weinen, damit der Abschied für sie nicht zu schwer wird. Ich weine nicht. Die Tränen fließen in meinen Körper und bleiben in meinem Hals; werden immer mehr, werden zu einem Stein. Ich weine nicht, weil ich die Eltern so liebe. Hier standen wir schon ein Jahr zuvor, um meinen Vater zu verabschieden. Nun fahren sie gemeinsam in das fremde Land. Die Leute erzählen, dort würde das Gold nur so auf der Straße liegen. Hoffentlich werden sie das Gold schnell einsammeln und wieder zurückkehren.

Dampfend setzt sich die Lokomotive in Bewegung und nimmt meine Eltern mit. Sie winken, wir winken. Papa hat rote Augen. Ich glaube, er weint auch in seinen Hals hinein. Mama weint ganz doll. Hoffnungslos schreie ich stumm: »Bleibt hier!« Nun habe ich keine Eltern mehr, nur noch zwei Großmütter. Bis meine Eltern kommen, werden wir bei der Großmutter in Istanbul bleiben. Die Mutter meines Vaters,

»Babaanne«, wird auch dabei sein, als Unterstützung für Groß-mutter.

Eine strenge Stimme holt mich aus meinen Gedanken heraus. »Willst du hier stehen bleiben, bis deine Eltern zurück-kommen? Nimm deine Schwester an die Hand und beweg deine Beine!« Meine Schwester ist viereinhalb Jahre alt. Ich nehme sie an die Hand. Sie läuft gern weg und hält die Er-wachsenen auf Trab. Sie hüpft von einem Bein aufs andere, das tut sie auch gern. Ich glaube, sie ahnt noch nicht, dass Mama und Papa für lange Zeit weg sind. So laufen wir hinter unserer Großmutter her. Mein Bruder und ich haben unsere kleine Schwester zwischen uns. Sie merkt, dass irgendetwas nicht stimmt. Sie hält meine Hand ganz fest. Ich schaue zu Boden, damit keiner merkt, wie traurig ich bin. Am liebsten möchte ich nach Mama und Papa schreien. Sie sollen wieder zurück-kommen. Plötzlich erfasst mich die Angst, sie kommen nie wieder zurück.

Abends im Bett weinen mein Bruder und ich. Ich frage ihn, wie lange es dauern wird, bis sie genug Gold gesammelt haben. Mitten in seinem Weinen fängt er an zu lachen. Er sagt Worte, die mir wehtun. »Dumme Heulsuse! Das ist doch nur eine Redewendung! Das sagen Erwachsene, wenn genug Arbeit da ist.« Ich bin so enttäuscht darüber. Mein Bruder ist sehr schlau. Er ist Klassenbester. Ich bin nicht so schlau. Zu mir sagen sie »Träumerin«. Ich würde immer träumen, was ja gar nicht stim-men kann, denn dann müsste ich ja Tag und Nacht schlafen. Nein, ich denke mir Geschichten aus. Diese Geschichten er-zähle ich niemandem, nur manchmal meiner Schwester. Sie hört mir zu. Sie mag meine Geschichten.

Mama hat uns Geschichten vorgelesen. Damals haben wir am Schwarzen Meer gewohnt. Mama, Papa, Babaanne und meine Geschwister. Meine Geschichten erzähle ich jetzt den Bäumen, den Blumen und der Eule, die jeden Abend im

Maulbeerbaum vor Großmutters Haus sitzt. Ich erzähle ziemlich traurige Geschichten, weil es bei der Großmutter sehr traurig ist. Eines Tages, wenn ich groß bin, werde ich genauso schlau sein wie mein Bruder. Vielleicht ein bisschen schlauer sogar. Ich würde ihn deshalb nicht auslachen. Mama und Papa werden stolz auf mich sein. Von den Lehrern bekomme ich dann viel Lob. Ja, das alles ist ein Wunsch.

Die Eltern wollten uns bald nachholen. Fast zwei Jahre hat es gedauert. Es wurden die schlimmsten Jahre meines Lebens. Die Erlebnisse begleiten mich bis heute. Sie sind in meinem Kopf, in meinem Körper, in meiner Seele. Lange, lange Zeit konnte ich nicht darüber reden. Meine Zunge hat sich geweigert, Worte zu formen. Ein großes Schuldgefühl war ständig mein Begleiter, gepaart mit ungeheurer Angst und Scham.

Nach sehr kurzer Zeit wurde Großmutter immer strenger. Schläge waren an der Tagesordnung. Mama hatte mir einmal das Märchen von Aschenputtel erzählt. Ich stellte mir vor, ich wäre Aschenputtel. Wir durften Mama und Papa nicht erwähnen. Mein Bruder meinte, es würde sehr lange dauern, bis sie kämen. Ich sehnte mich nach unserem Zuhause.

Ich sehnte mich so sehr nach der Schirmschokolade, die Papa uns jeden Tag nach der Arbeit mitgebracht hatte. Es waren drei kleine Schirme. Blau, rot, grün mit weißen Punkten drauf. Jedes Mal haben wir uns um die Farbe gestritten. Ich glaube, Papa hatte Spaß an unserem Streit. Mein Bruder wollte immer Blau. Seiner Meinung nach war das eine Farbe für Jungen. Meine kleine Schwester wollte alle drei haben, weil das so schön bunt war. Papa hat es immer geschafft, dass wir drei auf seinem Schoß saßen und friedlich unsere Schokoladenschirme aßen. Irgendwann habe ich herausbekommen, dass das ein Spiel von ihm war. Ich habe mich nicht daran beteiligt. Ich wollte die Schokolade und habe abgewartet.

Zu diesem abendlichen Paparitual gehörte das Mama-schimpfen, denn Süßigkeiten vor dem Abendessen waren eigentlich verboten. Aus der Küche strömten wunderbare Düfte. Babaanne hatte die Nudeln selbst gemacht. Wir Kinder saßen um den kleinen runden Tisch auf dem Boden. Babaanne knetete den Teig mit schnellen, kräftigen Bewegungen. Danach nahm sie einen dünnen Stock und rollte den Teig zu einer flachen Schicht aus. Ganz zum Schluss schnitt sie ihn mit einem großen Messer in Streifen, die dann zum Trocknen auf Papier gelegt wurden.

Beim Abendessen erzählten wir Papa, wie wir beim Nudelnmachen mitgeholfen hatten. Papa lobte uns. Nur Babaanne hatte uns nicht als Unterstützung empfunden. Ich glaube, sie hatte den ganzen Tag auf diesen Moment gewartet, um Papa erzählen zu können, unter welch schwierigen Bedingungen sie die Nudeln machen musste, weil wir mit dem Teig spielen oder Formen ausschneiden oder von dem rohen Teig essen wollten. Babaanne konnte es nicht leiden, wenn sie bei ihren Teigarbeiten gestört wurde. Am liebsten war sie dabei allein und betete. Wie sollte ein Kind das verstehen?

Nachdem Papa Babaanne beruhigt hatte, sagte er: »Wahrscheinlich warst du sehr beschäftigt, als die Kinder dir geholfen haben.« Aus dem Gesicht meiner Mutter konnte ich sehen, dass sie damit sehr zufrieden war. Babaanne hat nämlich viel geschimpft. Am meisten mit mir, zum größten Teil ohne Grund. Sie mochte mich nicht. Ihre Lieblinge waren mein Bruder, weil er ein Junge und dazu auch noch sehr schlau war, und meine Schwester, weil sie klein und wie ein Junge war. Ich war sehr zierlich, weinte viel. Ich hatte immer das Gefühl, mich nicht verständlich machen zu können. Es war eine Mauer zwischen mir und den Erwachsenen. Ich glaube, ich bin mit dieser Mauer zur Welt gekommen.

So hatte ich meine eigene Welt, meine Geschichten, die mir Trost gaben, die mich beschützten vor dem Schmerz, sich nicht verständigen zu können. Einmal bekam ich mit, wie sich meine Eltern über Babaanne unterhielten, dass sie so viel mit mir schimpfen würde. Das tat mir gut. Ich dachte immer, das sieht keiner. Papa redete mit Babaanne. Das Ergebnis war, dass sie ihre Sachen packte und zurück ins Dorf zu ihren anderen Söhnen wollte. Sie vergaß nicht, mich beim Packen zu beschimpfen. Voller Wut schrie sie die Eltern an: »Dieses Mädchen bringt Unheil ins Haus, und das seit ihrer Geburt!« Sie sagte: »Du hättest sie wegmachen sollen!« Babaanne schaute dabei scharf und stechend zu meiner Mutter und ging hinaus. Das verwirrte mich sehr. Ich verstand ihre Worte nicht. Warum brachte ich Unheil? Was hieß das, »wegmachen«?

Diese Sätze wurden zu meinen Begleitern. Auf meine Fragen gab es keine Antworten. Ich hatte ein Geheimnis mit meinen Eltern, ohne zu wissen, was es war. Papa holte Babaanne wieder zurück. Meine Eltern redeten mit Engelszungen auf sie ein. Sie blieb. Sie sprach lange Zeit nicht mit mir und ließ mich ihre Abneigung körperlich spüren. Wenn die Eltern nicht da waren, kniff sie mich oder schubste mich weg – immer ohne Vorwarnung, urplötzlich und ohne dass ich etwas getan hatte.

Trotzdem war ich froh, dass Babaanne mitgekommen und mit uns bei Großmutter geblieben war. Das Leben wäre ohne sie noch schrecklicher gewesen, obwohl ich nie mit ihr gesprochen oder mich bei ihr ausgeweint habe. Das tat ich bei der Eule. Jeden Abend sprach ich zu ihr, in der Hoffnung, sie würde es Mama erzählen. Mama würde dann sofort kommen und uns abholen.

In den Geschichten, die Mama erzählt hatte, war die Eule sehr schlau. Sie übermittelte den Menschen Nachrichten, um ihnen zu helfen. Großmutter aber mochte keine Eulen. Sie meinte, die Eulen würden Unheil und den Tod ins Haus bringen. Dabei war sie schon sehr krank. Sie hatte Asthma. Immer wenn sie ihren Anfall hatte, standen wir Kinder vor ihr und fächelten ihr mit der Zeitung Luft zu. Sie rang um Atem und schrie zu Gott. »Allah, was habe ich dir angetan?« Ihre Augen waren erfüllt von Angst und tiefer Trauer. Warum hatte Gott ihr so einen Atem gegeben?

Einmal hörte ich Babaanne bei ihren Selbstgesprächen zu. Die führte sie immer bei der Küchenarbeit. Sie schimpfte über die Großmutter. »Verdient hat sie diese Krankheit! Eines Tages wird sie hoffentlich ersticken daran!« Als sie mich bemerkte, verstummte sie. Ich stand vor ihr, einfach so. Für einen kurzen Moment trafen sich unsere Blicke. Das reichte aus, um die Tränen in ihren Augen zu sehen. Ihr Blick senkte sich, und sie putzte das Gemüse ganz geschäftig weiter und meinte, die Zwiebeln seien dieses Jahr sehr beißend, sodass die Augen mehr tränten als sonst. Wie merkwürdig, vor ihr lagen doch Bohnen und nicht Zwiebeln! Ich hatte verstanden, ich durfte nicht fragen. Am liebsten wäre ich in ihren Augen verschwunden. Am liebsten hätte ich mich auf ihren Schoß gesetzt. Ganz still. Nur sitzen, mich ausruhen.

Wir hatten ein gemeinsames Geheimnis. Sie war die Zeugin. Sie wusste, dass ich sehr unglücklich war, sie bemerkte, dass ich schon längst das Ende meiner Kräfte erreicht hatte. Sie sah die Wunden an meinem Körper und ahnte die tiefe Verwundung meiner Seele. Und doch konnte sie nichts tun. Sie war hilflos, konnte noch nicht einmal heimlich einen Brief an die Eltern schreiben. Sie hatte nie eine Schule besucht. Ich begann mich in ihrer Nähe wohlzufühlen. Sie schimpfte und schubste mich nicht mehr so wie früher.

Ich war stumm. Ich redete nur mit der Eule. Jeden Abend kam sie, um Großmutter zu helfen, ihr Atem zu geben. Großmutter aber hätte sie am liebsten gesteinigt, fortgejagt. Zum

Glück tat sie es nicht. Sie tat es nicht, weil sie Angst hatte, weil sie glaubte, die Eule könnte sich an ihr rächen. Die Eule gab mir viel Trost. Wenn es eine Hölle gibt, dann habe ich in jener Zeit die Hölle erlebt.

Es gab keinen Tag ohne Tränen und keinen Tag ohne Schläge und keinen Tag, an dem ich pünktlich in die Schule kam, wo ich wieder Schläge wegen meiner Unpünktlichkeit bekam. Täglich begann das Grauen schon am Frühstückstisch. Ich war ein zartes Kind und hatte mir nie viel aus Essen gemacht. Ich hatte immer so viel gegessen, wie ich Hunger hatte. Bei meinen Eltern gab es keinen Zwang, zu essen.

Bei Großmutter war alles anders. Die Essensmengen wurden von ihr bestimmt. Vor dem Essen bekamen wir einen Esslöffel Lebertran und ein rohes Ei. Das sollte uns kräftigen. Mich hat es eher geschwächt. Denn danach musste ich immer mit der Übelkeit kämpfen und konnte keinen Bissen herunterkriegen. Großmutter hatte mir vier dicke Scheiben Brot mit Rosenmarmelade geschmiert, die ich nun alle mit Appetit essen sollte. Die Brote vor mir wurden immer mehr. Ich hörte die anderen frühstücken.

Ich sehne mich nach meinen Eltern. Sie würden Großmutter erklären, dass ich nicht so viel zu essen brauche. Großmutter glaubt mir nicht. Sie meint, dass ich die Übelkeit vortäusche, um meinen Willen durchzusetzen. Stumm sitze ich da, versuche zu kauen. Währenddessen beobachte ich, wie mein Bruder und meine Tante zur Schule gehen. Babaanne räumt den Tisch ab. Ich muss los, ich werde sonst wieder zu spät in der Schule ankommen. Großmutter ist gnadenlos. Beim Abräumen des Frühstücks lässt Babaanne ein paar Brote in ihrer Schürze verschwinden. Sie wird es nachher den Gänsen zum Fraß geben. Ich bettele Großmutter an, die letzte Scheibe Brot jetzt nicht aufessen zu müssen, verspreche ihr, es in der Schule zu essen. Sie beschimpft mich, haut mir auf den Kopf, packt mich an den Haaren und zieht mich vom Frühstückstisch weg. Sie schreit mich an. »Hier gelten meine Regeln! Deinen Dickkopf werde ich dir noch austreiben!« Ich weiß nicht, wie mir geschieht. Ich höre die Worte, begreife aber nicht ihren Sinn.

Großmutter ist außer sich vor Wut. Ich muss etwas ganz Schlimmes getan haben, denke ich. Sie packt mich an den Haaren und schleift mich bis zum Waschbecken. Sie fordert mich auf, das Gesicht zu waschen, befiehlt mir, das Heulen sofort zu beenden. Gott sei Dank, ich brauche nichts mehr zu essen. Ich kämpfe mit meinen Tränen, damit ich endlich losgehen kann; renne raus. Luft. Renne ganz schnell, in der Hoffnung, noch pünktlich in der Schule anzukommen. Der Schulhof ist leer, gespenstisch still. Alle Schüler sind in den Klassen. Der Unterricht hat schon begonnen.

Beim Hochrennen der Treppen spüre ich plötzlich eine schwere, fleischige Hand auf meiner Schulter. Der Schulleiter. Ohne Worte packt er mich an meinem Ohr und zieht mich in den Klassenraum. Ich stehe vor der ganzen Klasse. Am liebsten möchte ich mich auflösen, nicht da sein. Vor Schreck empfinde ich den Schmerz am Ohr nicht mehr, denn vor mir steht der schlimmste »Strafen-Lehrer« der Schule. Später erfahre ich, dass unsere Lehrerin krank ist. Sie bestraft mich nie. Endlich wird mein Ohr von dem Schulleiter entlassen. Auf dem Weg zu meinem Platz werde ich von dem Lehrer zurückgeholt. Ich muss mich rechts von der Tafel hinstellen.

Neununddreißig Kinder starren mich an. Es ist so still, nur mein Herz klopft laut. Der Lehrer holt aus dem Pult ein Holzlineal. Ich muss ihm meine Handflächen hinhalten, damit er mit der Kante des Lineals daraufhauen kann. Die Tränen schießen mir aus den Augen. Der Schmerz ist so groß und vermischt sich mit der Scham, hier vor der Klasse zu stehen. Bis zur Pause muss ich dort bleiben. Mein Kopf tut weh, meine Hände tun weh, mein Herz tut weh.

Gibt es denn nicht einen Menschen auf der Welt, der mir helfen könnte? Ich wünschte, ich hätte Flügel und könnte weit wegfliegen. Ich wünschte, ich wäre so klein, dass ich mich auf den Rücken der Eule setzen könnte, um zu den Eltern zu fliegen. Vielleicht bin ich ja auch in einer der von mir ausgedachten Geschichten drin. Nur für eine Weile! Und wenn die Geschichte zu Ende ausgedacht ist, komme ich heraus und sitze auf Papas Schoß und esse Schirmschokolade. Aus der Küche duftet es nach selbst gemachten Nudeln, und Mama schimpft, weil wir vor dem Essen schon wieder Schokolade bekommen haben.

Das Pausenklingeln reißt mich aus meiner Geschichte. Bevor der Lehrer den Klassenraum verlässt, zieht er mich noch einmal kräftig am Ohr. »Dein Zuspätkommen zeigt mir, dass du keinen Respekt hast. Den werde ich dir noch beibringen!« Seine Augen blitzen und funkeln vor Zorn. Heute Abend werde ich alles der Eule erzählen. In der Pause ärgern mich einige aus der Klasse, rufen mir »Trödelliese«, »Schnecke« zu. Ich bin stumm. Ich schäme mich sehr. Wie soll ich erklären, warum ich immer wieder zu spät komme?

Auf dem Weg nach Hause stelle ich mir vor, ich wäre eine Prinzessin. Ich habe die schönsten Kleider an. Die Lehrer können mich nicht bestrafen, weil sie Angst vor meinen Eltern haben. Meine Eltern müssen nie in ein fremdes Land. Von weitem höre ich die Gänse der Großmutter schnattern. Sie sind wie Wachhunde. Immer wenn Fremde vorbeikommen, legen sie los. Bei fünf Gänsen ist es nicht zu überhören. Ich verlasse mit tränenden Augen mein Reich und schlüpfe in die Aschenputtel-Kleider.

Dafür dass Großmutter mitten in der Großstadt lebt, hat sie einen sehr großen Garten mit einem kleinen Wald und einem Teich. Das Grundstück hat zwei Ebenen. Jede Ebene ist so groß wie ein Fußballfeld. Um das Grundstück herum sind

Hochhäuser gebaut worden. Das ist nicht schlecht, weil wir so den Straßenlärm der Hauptstraße nicht hören. Das Haus der Großmutter liegt auf der unteren Ebene. Ein großer, Schatten spendender Feigenbaum wächst am Hang hinter dem Haus und beugt sich schützend über das Dach. Ein Gemüsebeet liegt seitlich vor dem Haus, daneben steht ein Maulbeerbaum, an den sich ein mit Wein bewachsener Platz mit einem Tisch und Bänken anschließt. Der Wein spendet in der Sommerhitze Schatten und lässt die Sonne hier und da hindurchblinzeln. Im Sommer essen wir dort, machen unsere Schularbeiten oder putzen das Gemüse. Sogar die Wäsche wird draußen gewaschen.

Früher, wenn wir mit den Eltern bei Großmutter gewesen waren, hatte ich es genossen. Wir haben viel gespielt, sind auf die Bäume geklettert. Der Feigenbaum war so stark und mächtig und schenkte uns die köstlichsten Früchte. Ich konnte durch den Garten gehen, den Bäumen meine Geschichten erzählen, während die anderen spielten.

Ich bin schon am Gemüsebeet. Der Geruch vom Mittagessen weht mir entgegen. Die Übelkeit von heute Morgen kehrt zurück. Als hätte sie zwischenzeitlich nicht aufgehört. Früher, wenn wir Großmutter besucht hatten, liebte ich den Essensduft. Mir war es wichtig, neben ihr zu sitzen, draußen. Die Weintrauben hingen herunter. Nach dem Essen durften wir Kinder sie pflücken. Nun ist alles anders. Ich habe Angst, ins Haus zu gehen. Ich habe Angst, neben Großmutter zu sitzen. Ich will nicht bei jeder Mahlzeit geschlagen werden. Ich bin froh, wenn Großmutter Besuch bekommt. Viele aus der Nachbarschaft suchen sie auf, weil sie so gut aus dem Kaffeesatz lesen kann. Ihre Vorhersagen seien treffend, und gestochen scharf sehe sie Dinge, die sie nicht wissen könne, wird in der Nachbarschaft erzählt. Wenn Leute da sind, beachtet sie mich nicht.

Die Gänse watscheln auf mich zu. Ich bin froh, dass sie da sind. Sie haben mir so oft schon geholfen. In Momenten, wenn ich unbeobachtet bin, bekommen die Gänse mein Essen. So sind wir Freunde. Meine Tante ist noch nicht aus der Schule zurück. Das bedeutet, wir werden auf sie warten. Das Essen verspätet sich heute. Ich bin froh. Ich erzähle nichts von den Geschehnissen in der Schule. Großmutter würde mich für mein Zuspätkommen ausschimpfen und mich schlagen, weil sie mir das Trödeln und meine Träumereien austreiben will. Großmutter ist wirklich sehr vergesslich. Ich komme zu spät, weil ich so viel essen muss und dann geschlagen werde. Aber wenn ich ihr das als Begründung für mein Zuspätkommen anführen würde, wäre das ein Grund für noch mehr Schläge. Also schweige ich. Ich rede stumm in meinen Kopf hinein. In meinem Kopf sind viele Menschen, Feen und meine Eule, die mir glauben.

Ich helfe Babaanne beim Tischdecken. Das tue ich nicht gern. Bei den Mahlzeiten möchte ich jemand anders sein. Wieder sitze ich vor einem Teller Essen. Ich habe mir wieder vorgenommen, alles aufzuessen. Damit Großmutter Freude an mir hat, wie früher. Nach ein paar Löffeln überkommt mich jedoch diese Übelkeit. Großmutters Blicke haften auf mir. Mein Blick ist nach unten gerichtet wie bei jeder Mahlzeit. Meine Ohren hören, wie die anderen am Tisch essen. Ich höre meine Schwester, das beruhigt mich. Ich versuche weiterzuessen. Es geht nicht. Ein Stein sitzt gleich hinter meiner Zunge. Ich weiß nicht, wie er dorthin gelangt ist. Der Stein verhindert jedes Durchkommen. Mein Bauch boxt dagegen, weil er den Stein nicht haben will. Wie soll ich Großmutter das erklären? Ich bin stumm. Tränen laufen mir die Wangen hinunter. Das tut gut. Als würden die Tränen mich beruhigen wollen. Die anderen sind schon fertig mit dem Essen. Ich höre sie spielen. Wie gern würde ich bei ihnen sein, mit meiner

Schwester spielen. Sie ist mein Lichtblick. Ihre Stimme tut mir gut. Großmutter beschimpft mich. Ich muss so lange am Tisch bleiben, bis ich aufgegessen habe, auch wenn es Mitternacht wird. Ich bin stumm.

Der Versuch, den Stein hinunterzuschlucken, damit das Essen durchkommt, verursacht mir so eine Übelkeit, dass ich mich übergeben muss. Ich weiß nicht, wohin, übergebe mich in den noch halb vollen Teller. Es geht alles so schnell. Großmutter ist derart erbost darüber, dass sie mich an den Haaren packt, sie schimpft mit mir, schlägt mich, fordert mich auf, nun auch das Erbrochene mit aufzuessen. Sie ist wie von Sinnen. Der Anfall, den sie plötzlich bekommt, erlöst mich von weiteren Schlägen. In Panik nehme ich die Zeitung in die Hand und fächele ihr kräftig Luft zu. Meine Tante nimmt blitzschnell meinen Teller. Mein Bruder versteht sofort, rennt hinaus und nimmt den Teller heimlich aus dem geöffneten Fenster entgegen, um den Inhalt samt dem Erbrochenen den Gänsen zu geben. Meine Rettung! Großmutter schnappt schimpfend nach Luft. Ich würde sie noch ins Grab bringen. Meine kleine Schwester steht, die Szene beobachtend, still am Fenster.

Jeden Abend gehe ich mit der Hoffnung ins Bett, morgen kommen die Eltern. Jeden Morgen wache ich in der Hoffnung auf, wenn ich aus der Schule komme, werden sie da sein. Und dann ist das Bett eines Morgens plötzlich nass. Ich weiß nicht, wie das geschehen ist. Es passiert immer häufiger. Also zerrt mich Großmutter an den Haaren aus dem Bett, schlägt mich, beschimpft mich, weist mich auf meine kleine Schwester hin. Ich würde das alles machen, weil ich meinen Dickkopf durchsetzen wolle. Ich verstehe ihre Worte nicht, zumal ich noch nicht einmal bemerkt habe, wie es passiert ist. Ich habe mir die größte Mühe gegeben. Ich bin abends mehrmals zur Toilette gegangen, habe zu Gott gebetet, mit der Eule gesprochen. Trotzdem ist mein Bett morgens nass.

Ich wurde immer stiller. Auch in meinem Kopf hörten meine Geschichten auf. Mein Kopf war voll mit Großmutters Beschimpfungen. Die Geschichten hatten mich wohl verlassen, weil ich so schrecklich war und so böse. Ich war froh, wenn Wochenende war. So entfiel wenigstens das Zuspätkommen in der Schule.

Einmal in der Woche wurden unsere Fingernägel geschnitten. Dabei entdeckte Großmutter, dass ich begonnen hatte, an den Nägeln zu kauen. Auch das hatte ich nicht bemerkt. Ich gab mir die größte Mühe, es nicht zu tun. Am Wochenende waren sie noch nicht nachgewachsen, im Gegenteil, sie wurden kürzer und kürzer. Eines Tages geriet Großmutter darüber schrecklich in Zorn. Sie klemmte meinen linken Arm zwischen ihrem wuchtigen Oberarm und der Brust ein und hielt meine Hand mit ihren großen Fingern ganz fest umschlungen. Ich sah zu, wie ihre rechte Hand mit der Spitze der Nagelschere immer wieder in meine Fingerkuppen stach, bis sie bluteten.

»Wenn du es weitermachst, kommt die Rechte auch noch dran!« Als würde dieser Schmerz nicht ausreichen, streute sie noch Salz über die blutenden Stellen. Es brannte so sehr. Meine Seele fing Feuer und loderte. Ich stand da, konnte weder glauben, dass es meine Finger waren, noch konnte ich glauben, dass meine Großmutter mich so behandelte. Von da an habe ich meine Finger zu Fäusten geballt, damit sich die Fingernägel in meinen Handflächen vor mir verstecken konnten. Meine Geschwister, Babaanne und meine Tante gaben mir immer ein Zeichen, wenn meine Zähne über die Nägel herfallen wollten.

Nachts hatte Großmutter einen ziemlich schlimmen Anfall. Die ganze Familie war auf den Beinen. Ich hatte Angst, sie könnte sterben. Am nächsten Morgen hatte sie wieder diesen ängstlichen Ausdruck in den Augen. Sie wirkte sehr erschöpft.

Ich hatte wieder mal ins Bett genässt. Mit Hilfe von Babaanne konnten wir unbemerkt das Bett neu beziehen. Großmutter kam nicht zum Frühstück. Was für ein Festtag für mich! Wenn sie doch jeden Tag solch schlimme Anfälle bekommen könnte, ohne zu sterben! Dann waren ihre Augen so traurig, verloren, voller Angst.

Mama hatte uns früher Geschichten von den guten Dschinns erzählt. Das waren freundliche Wesen, die den Menschen helfen wollten. Die bösen Dschinns konnten sogar in Menschen hineingehen und so viel Unheil anrichten. Es gab Hocas, die die bösen Dschinns aus dem Körper herausholen konnten. Mit Gebeten. Böse Dschinns mochten keine Gebete. Vielleicht wohnte in Großmutter auch so ein böser Dschinn, und sie selbst wusste das gar nicht. Wie hätte ich ihr das erzählen sollen? Sie hätte mir niemals geglaubt.

Nach dem Frühstück spielten wir. Die ganze Zeit lastete der Druck auf mir, Großmutter könnte die eingenässte Bettwäsche entdecken. So konnte ich die Spiele mit meinen Geschwistern nicht genießen. Am Mittagstisch gab mir der Ausdruck ihrer Augen, die immer noch traurig und verloren aussahen, den Mut, sie um weniger Essen auf meinem Teller zu bitten. Plötzlich veränderten sich ihre Augen, bekamen diesen irren Ausdruck, leer und böse. Ich bekam die doppelte Menge auf den Teller. Flehentlich sah ich sie an. »Mein Wort gilt hier in diesem Haus«, sagte sie. Meine Ohren hörten die Worte, meine Augen sahen, was sie tat. Mein Kopf, mein Herz verstanden nicht. Mein größter Wunsch war es, das alles zu verstehen, die Bedeutung dieser Worte und Handlungen. Mein Blick wanderte zu Babaanne. Ihre Einwendungen wurden massiv abgelehnt. Hilflos saßen wir da.

Ich aß, so viel ich konnte. Wie immer hatten die anderen aufgegessen. Sie durften draußen spielen. Babaanne räumte den Tisch ab, beobachtete dabei Großmutter, um den Augenblick zu erwischen, mich von den Bergen zu erlösen, indem sie die Teller austauschte. Einen vollen Teller gegen einen leer gegessenen. Großmutters Blicke verfolgten mich. Wieder einmal kämpfte ich mit meiner Übelkeit. Der Stein in meinem Hals wuchs. Mein Bauch wollte keinen Stein und wehrte sich dagegen. Wie viele unzählige Male zuvor musste ich mich am Tisch übergeben.

Hoffnungslos, stumm schrie ich nach meinen Eltern. Es war niemand da. Wieder saß ich vor dem Erbrochenen und musste es auslöffeln. Ich ertrug den Geruch nicht. Meine Lippen wollten sich nie wieder öffnen. Großmutter versuchte mir das Essen, das mein Bauch zurückgegeben hatte, in den Mund hineinzustopfen. Der Geruch war so schlimm. Ich übergab mich noch einmal schwallartig und erwischte dabei Großmutters Kleidung. Sie packte mich wieder an den Haaren, zerrte mich zu Boden, hielt meine Beine fest, um mit einem Stock auf meine Fußsohlen zu schlagen.

Der Schmerz war so groß, und doch konnte ich mich nicht bewegen. Ich war eingefroren. Ich glaubte zu schreien, doch hörte ich nichts. Ich sah Babaannes Bemühungen, sie von dieser Aktion abzuhalten. Schon längst war ich der Zuschauer dieser Situation und schien nicht beteiligt. Sie schlug wie von Sinnen auf meinen Körper ein. Ich beobachtete, wie sich meine Kleidung rot verfärbte. Blut strömte aus meiner Nase. Großmutter schubste mich weg. Babaanne kümmerte sich um mich; wusch mich, kleidete mich neu an. Sie weinte. Ich hatte Babaanne noch nie so weinen gesehen. Die Geschwister durften nicht zu mir. Meine Tante tröstete mich später. Ich spürte nichts, verstand nicht, dachte, es müsse etwas ganz Schlimmes passiert sein.

Ich erlebe den Winter im Sommer. Es hat Tag und Nacht geschneit. Ein gewaltiger Schneeberg liegt auf meinem Körper. Ich sehe nichts mehr. Alle Erinnerungen sind weg. Nur der

Schnee ist da. Dumpf höre ich Großmutters Stimme. Ich will nie wieder hinausgehen aus meiner Schneehöhle, niemals. Ich will ihre Stimme nicht mehr hören. Worte, die ich nicht verstehe, die mir so wehtun wie ihre täglichen Schläge. Ich bleibe hier. Der Schnee gibt mir Schutz, mitten im Sommer.

Babaanne drängelt, dass Großmutter mich ins Krankenhaus bringt. Ich kenne den Grund nicht, gehe mit. Unterwegs redet Großmutter mit mir, so wie früher. Ihre Stimme tut mir zwar nicht weh, doch verstehe ich sie nicht. Auf Fragen soll ich erzählen, beim Streit mit meiner kleinen Schwester habe sie mich die Steintreppe hinuntergeschubst. Ich verstehe nicht, warum ich so etwas erzählen soll. Ich mag nicht mehr reden. Nicht nur mein Mund ist stumm, auch der Kopf. In meiner Schneehöhle bleibe ich stumm. Sie redet auf mich ein. Wie unartig ich sei, so dickköpfig, so böse. Meinetwegen würde sie ständig Anfälle bekommen. Ich hätte sie sehr krank gemacht. Wenn die Eltern das alles wüssten, wären sie sehr enttäuscht von mir. Ich will nicht, dass sie enttäuscht von mir sind.

Im Krankenhaus nimmt mich eine Ärztin an die Hand. Großmutter geht ganz dicht hinter mir her. Ich höre ihren schweren Atem, der mich verfolgt. Am liebsten würde ich die Hand der Ärztin nie wieder loslassen. Ihre Fragen beantwortet Großmutter so schnell, dass mir keine Gelegenheit bleibt, zu sprechen. Ich kann auch nicht, ich bin stumm. Nachdem sich die Ärztin alles angehört hat, sagt sie zu mir: »Das muss ja ein sehr schlimmer Streit gewesen sein.« Dann fragt sie nach den fehlenden Haaren am Hinterkopf. Auch diese Frage beantwortet Großmutter wie aus der Pistole geschossen. »Seit über einem Jahr leben die Eltern im Ausland. Seitdem leidet sie unter Übelkeit und Appetitlosigkeit, ihr fallen die Haare aus. In letzter Zeit nässt sie zwei- bis dreimal die Woche ein. Sie ist sehr streitsüchtig und will immer recht haben.«

Sie spricht sehr schnell, während ich mich immer tiefer in meine Schneehöhle verkrieche. Ich schäme mich so sehr. Liebevoll schaut mich die Ärztin an und sagt: »Es ist nicht einfach, ohne Eltern zu sein.« Diese Worte verstehe ich. Sie sind so warm, sie tun nicht weh. Am liebsten bliebe ich für immer hier, bei ihr, die ich nicht kenne. Ihre Augen erzählen mir: Kind, ich habe dich verstanden! »Die Nase ist nicht gebrochen. Beim Abschwellen wird es blaue Augen geben. Außerdem leidet das Kind an Heimweh, an der Sehnsucht nach den Eltern. Fingernägel sind auch nicht mehr da. Die Mutter muss sehr bald kommen, sonst wird sie noch kränker.«

Während sie mit Großmutter spricht, streichelt sie meinen Kopf, blinzelt mir zu und sagt, dass ich mich nächstes Mal nicht so doll an einer Steintreppe streiten solle. Sie schimpft nicht mit mir. Sie bestraft mich nicht. Sie hat sogar die Fingernägel gesehen. Sie hat mich nicht in die Fingerkuppen gestochen als Erinnerung, dass man an Fingernägeln nicht kauen darf. Ich habe es ganz genau gehört. Die Mutter muss sehr bald kommen. Ich weiß nicht, ob die Mutter je wiederkommt. Sie ist so weit weg, so weit.

Zu Hause angekommen, betrachteten mich die Geschwister, als wäre ich von einem anderen Stern. Nachdem mein Bruder mich ausgiebig angeschaut hatte, sagte er: »Du siehst übel aus. Guck lieber nicht in den Spiegel.« Großmutter fauchte wie ein Tier: »Lass sie, sie soll sich im Spiegel sehen. Der Spiegel wird ihr zeigen, wie böse sie ist.« Ich war stumm in meiner Schneehöhle. Ich dachte an die Ärztin. Sie war so anders zu mir, ihre Worte taten mir nicht weh. Ich wünschte, sie wäre meine Großmutter. Meine Schwester fragte mich, ob die Nase wehtäte. Ich hatte Angst, mich im Spiegel zu sehen. Sogar die Leute auf der Straße hatten Großmutter angesprochen. Das machte sie noch wütender. So schaute ich zu Boden, damit keiner mein Schandgesicht sehen konnte. Ganz heimlich blickte ich zum Spiegel. Ich war voller Scham. Eine doppelt so große Nase, blau und rot, kam mir entgegen. Das erinnerte mich an Pinocchio. Wenn er gelogen hatte, wurde seine Nase immer länger.

Die Augen waren geschwollen und rot. Ich konnte sie kaum sehen, auch meine Lippen waren geschwollen. Ich verschwand in meiner Schneehöhle. Meine Geschichten, meine Eltern wurden zu Schnee. Der Schneeberg wurde immer größer um mich herum. So war ich sicher in der Höhle. Ob die Eule mich hören konnte? Vielleicht würde sie mich sogar sehen. Mein Gesicht durfte sie nicht sehen, sie würde dann erkennen, wie böse ich war. Sie half nicht den bösen Kindern, nur den guten.

Am Abend tat mir der Kopf immer noch sehr weh. Stumm war ich in der Schneehöhle. Großmutters Stimme tat mir hier nicht weh. Außerdem konnte ich nicht mehr böse sein. Von Weitem hörte ich Stimmen, meine spielenden Geschwister, obwohl sie eigentlich in meiner Nähe waren. Großmutter befahl mir, mitzuspielen. Mir war gar nicht danach. Ich wollte mich hinlegen, schlafen, zu Schnee werden. Ich war so erschöpft. Mein Herz tat so weh. Großmutter hielt meine Oberarme fest, zog meinen Oberkörper hoch und schüttelte mich. »Nur weil die Ärztin mit dir gesprochen hat, brauchst du hier nicht die Wehleidige zu spielen«, schimpfte sie. Sie hatte uns allen verboten, jemals über den Vorfall zu sprechen. So schwiegen alle. Ich konnte ihren Worten nicht folgen, mein Kopf drehte sich, so als säße ich in einem sich ziemlich schnell drehenden Karussell. Plötzlich hörte ich die Stimmen nicht mehr.

Als wir noch mit Mama und Papa zusammengewohnt hatten, starb eine Nachbarin. Alle weinten und beteten in einer Sprache, die ich nicht verstand. Auch wenn ich die Gebete nicht verstand, hörte ich sie gern. Mein Herz wurde davon so warm. Ich fragte, was Tod sei. Die Erwachsenen meinten, der Tod sei Gottes Wille. Er bestimme alles. Sein Wille geschehe, ob jemand sterbe oder geboren werde. Wenn jemand Gottes Gesetze nicht befolge und sich nicht an den Koran hielte, komme er in die Hölle und werde verbrannt. Ob ich so böse war, dass ich sterben und in die Hölle musste?

Ich hörte Stimmen. Großmutter hatte Temperatur gemessen, schimpfte, weil das Quecksilber vierzig zeigte. Ich hätte bestimmt damit rumgespielt, meinte sie. Also musste unter ihrer Kontrolle nachgemessen werden. Währenddessen zitterte ich am ganzen Körper vor Kälte. Großmutter schimpfte immer noch. Ich war zu müde, um irgendetwas zu verstehen, zu schwach, um zu sprechen. Die Augen gingen von allein zu, das war so angenehm.

Die Eule kam zu mir. Ich versuchte, mein Gesicht zu verstecken. Ich hatte Angst, dass ich in die Hölle käme, weil ich so böse war. Ich wollte so gern meine Eltern sehen, bevor Gott mich holte. Die Eule sagte, die Eltern würden bald kommen und uns mitnehmen.

Irgendwann hörte ich von Weitem den Imam. Ich weiß nicht, ob es das Abend- oder das Morgengebet war. Meine Augen wollten sich nicht öffnen. Mein Herz wurde warm. Von Weitem hörte ich die Stimme meiner Schwester. Es tat so gut, sie zu hören. Sie erzählte mir so viel. Ich war zu schwach, um zu verstehen. Sie freute sich, sie wollte mit mir spielen. Später erzählte mein Bruder, dass ich zwei Tage lang geschlafen und unverständliche Dinge gemurmelt hätte. Ich sei auf einmal einfach umgefallen. Ein Arzt hatte sogar kommen müssen. Dann sagte mein Bruder: »Stell dir vor, Großmutter hat sich wirklich sehr gesorgt. Sie wusste nicht, was sie Mama und Papa erzählen soll, wenn nun was ganz Schlimmes mit dir ist.« Mama und Papa durften niemals erfahren, dass ich so böse war. Ich hatte versprochen, artig zu sein.

Von Tag zu Tag ging es mir besser. Anfangs war ich zu schwach, um zu laufen, und konnte nur mit Hilfe aufstehen.

Was mich auf die Beine brachte, war ein Expressbrief aus Almanya. Darin stand, dass Mama von einer Eule geträumt hatte, die ihr erzählt habe, dass ich sehr krank sei. Großmutter solle ein Telegramm schicken. Sie würde in ein paar Wochen kommen, um uns zu holen. Für den Übergang hätten sie eine Wohnung mit Garten gefunden. In dieser Wohnung würden noch zwei Ehepaare wohnen. In Almanya sei es sehr schwer, eine Wohnung zu finden, wenn drei Kinder erwähnt würden.

Am liebsten hätte ich den Brief behalten und nie wieder hergegeben, um immer wieder darin zu lesen, bis ich jeden Buchstaben auswendig konnte. Ich hatte Eltern, die bald kommen würden, um uns zu holen. Großmutter legte den Brief weg. Eines stand fest, bis Mama kam, wollte ich kräftig sein. Das wurde ich auch, und ich konnte wieder mit der Eule sprechen, mich bei ihr bedanken. Sie hatte dafür gesorgt, dass die Eltern endlich kommen würden.

Sogar Großmutter war netter zu mir. Ich nehme an, weil ich nicht mehr so böse war. Sie redete fast jeden Tag mit freundlicher Stimme mit mir. Sie versprach mir, den Eltern von meinen Ungezogenheiten nichts zu erzählen. Eigentlich müsse sie das tun, weil sie deswegen fast gestorben wäre. Aber die Eltern würden sehr, sehr enttäuscht von mir sein. »Also schweigen wir gemeinsam«, meinte sie. Das sei ein Geheimnis zwischen Großmutter und Enkeltochter. Ich war erleichtert. Ich hatte doch Mama versprochen, artig und Großmutter behilflich zu sein. Nun war alles anders verlaufen. Ich hatte Großmutter sehr krank gemacht.

Wenn meine Eltern zurückkamen, wollte ich wieder nach Hause ans Schwarze Meer. Dort war das Leben so schön. An diese Zeit erinnerte ich mich sehr gern. Am schönsten empfand ich die Zeit vor den Festtagen oder die regelmäßigen Zusammenkünfte der Frauen. Sie trafen sich einmal die Woche, immer bei einer anderen Frau. Die Gastgeberin bewirtete die anderen. Es wurde über die Erziehung der Kinder gesprochen, über Mode, es wurden die neuesten Rezepte ausgetauscht. Sie haben gemeinsam getanzt und gelacht.

Mama hat viel mit mir getanzt. Wenn sie tanzte, wollte ich, dass sie nie wieder aufhörte zu tanzen, weil sie so schön war und so anders. Wenn meine Mutter die Gastgeberin war, gab es die besten Kekssorten, Kuchen, Poça, Eis mit Schokolade überzogen. Tage vorher wurden Rezepte über Rezepte durchprobiert. Wir Kinder und Papa waren glückliche Abnehmer dieser neuen Kreationen. Im Unterschied zu Babaanne. Sie fand diesen ganzen Aufwand unangemessen. Die gebackenen Sachen hat sie dann aber mit gutem Appetit gegessen. Sie wollte nicht zugeben, dass sie im Geschmack unübertrefflich waren. Ich glaube, es gab eine Konkurrenz zwischen den Frauen, wer wohl am besten backen konnte. Wäre es ein öffentlicher Wettbewerb gewesen, hätte Mama bestimmt jedes Mal gewonnen. Außerdem konnte Mama sehr gut nähen.

Nach den Frauentagen traf sich meine Mutter mit ihren besten Freundinnen aus dieser Gruppe, um alles auszuwerten. Wieder roch unsere Wohnung nach Tee, frisch gebackenem Börek und Kuchen. Während die Frauen Tee tranken und die Köstlichkeiten genüsslich verspeisten, unterhielten sie sich über die Kleidung und den Geschmack der anderen Frauen. Dabei wurde auch die Mühe, die sich die Gastgeberin gemacht hatte, bewertet. Üppig, vielfältig und einladend musste der Tisch gedeckt sein, sonst wurde sie mit abfälligen Worten bedacht. Ab und zu wanderten die Blicke der Frauen in meine Richtung. Sie wollten sich sicher sein, dass ich von der Unterhaltung nichts mitbekam. Ich tat dann immer so, als würde ich nicht zuhören und mit meinen eigenen Geschichten beschäftigt sein. Dabei habe ich alles mitgehört.

In den Augen der Erwachsenen war ich eine Träumerin. Ich glaube, ich habe bis zu meinem fünften Lebensjahr nicht gesprochen, weil ich mit meinen Geschichten leben wollte. Meine Welt war viel spannender als die Welt der Erwachsenen, und sie wollten nichts davon wissen. Also schwieg ich. Meine Eltern machten sich große Sorgen, weil ich nicht reden wollte. Babaanne hatte die Idee, mir Wasser aus einem Trinkbecher zu geben, aus dem kurz zuvor ein Singvogel getrunken hatte. Unser Nachbar hatte einen Singvogel, der so schön zwitschern konnte. So bekam ich morgens und abends mit den Worten »Mögest du so schön reden, wie der Vogel singt« Vogelwasser zu trinken. Für mich war das eine Aufforderung, eine Erlaubnis, meine Geschichten laut zu erzählen. Plötzlich hatte ich so viel zu erzählen. Das gefiel Babaanne auch nicht. Sie meinte, ich hätte zu viel Vogelwasser bekommen. Meine Eltern waren froh, dass ich endlich sprach, so duldeten sie meine Redseligkeit.

In der Schule verstummte ich wieder, denn hier hatte nur die Lehrerin etwas zu sagen. Die Schule fand ich sehr lästig. Das Schönste waren die morgendlichen Rituale zu Hause. Mama frisierte meine Haare, jeden Morgen anders. Die große, weiße Schleife, mit Stärke gesteift und sorgfältig gebügelt, sah so schön aus in meinen Haaren. Währenddessen bereitete Babaanne das Frühstück vor. Die ganze Wohnung roch nach frisch gebackenem, salzigem Gebäck, das jeden Morgen von ihr zubereitet wurde. Während der Herd den Wasserkessel zum Kochen brachte, erhielt die kleine Teekanne eine Handvoll schwarzen Tee von Babaanne. Mit dem kochenden Wasser wurden die Teeblätter überbrüht, und nun wurde die kleine Teekanne auf den Wasserkessel gestellt. So verbrachten Kessel und Kanne aufeinandergestellt, leise vor sich hin köchelnd, den ganzen Tag auf dem Herd. Der Tee wurde ausgewechselt. In den Kessel wurde von Zeit zu Zeit frisches Wasser nachgegossen, sodass wir immer Tee hatten, wenn wir Besuch bekamen. Wir bekamen sehr viel Besuch.

Nach dem Frühstück half mir Mama, die frisch gebügelte, glänzend schwarze Schuluniform anzuziehen. Hand in Hand ging ich mit meinem Bruder zur Schule. Ich fand mich so schön. In dem Moment, wenn ich die Klasse betrat, wollte ich am liebsten weglaufen, nach Hause, mit meiner Schwester spielen. Ich wollte kein Schulkind sein. Ich wollte die Buchstaben an der Tafel nicht lernen. Es war eine Qual, in der Schule zu sein. Damit ich nicht ausgelacht werde, habe ich die Buchstaben zu lesen und zu schreiben gelernt. Ich war dabei die Letzte von vierzig Kindern. Meine Eltern waren sehr erleichtert, und ich bekam sehr viel Lob.

Bei Großmutter bin ich trotz der Strafen wegen des Zuspätkommens gern zur Schule gegangen. Nachdem ich bestraft worden war, wurde ich von den Lehrern in Ruhe gelassen. Die Schule war ein Zufluchtsort vor Großmutters Schlägen, Strafen, Demütigungen. Wie oft habe ich mir auf dem Heimweg gewünscht, mich in eine Seifenblase verwandeln zu können, aufzulösen, um nie wieder zu Großmutter zu gehen. Doch seit die Eltern ihre Rückkehr angekündigt hatten, bestimmte Großmutter erstaunlicherweise die Menge meines Essens nicht mehr.

Eines Tages, als ich von der Schule kam, stand Mama an der Tür. Wie oft hatte ich mir diesen Moment herbeigewünscht, wie oft hatte ich davon geträumt! Nun ließ mich dieser Anblick erstarren. Ich hatte Angst, sie stünde gar nicht da, alles wäre nur ein Traum. Sie öffnete ihre Arme, rief meinen Namen, kam auf mich zu, weil ich keinen Schritt gehen konnte. Großmutters Augen waren auf mich gerichtet. Mit einem merkwürdigen Ausdruck beobachtete sie uns. Ich war vollkommen durcheinander. Wie lange war sie schon da? Ob Großmutter etwas erzählt hatte? Angst überkam mich. Ich wollte mich freuen, aber ich konnte nicht. Ich wollte etwas sagen, aber meine Stimme weigerte sich. So blieb ich stumm.

In den folgenden Wochen waren die Eltern mit Vorbereitungen für die Rückreise beschäftigt. Mein Bruder und ich wurden von der Schule abgemeldet und brauchten vierzehn Tage vor der Reise nicht mehr in die Schule zu gehen. Der Abschied von den Lehrern fiel mir nicht schwer. Sie gaben mir so viele gute Ratschläge und Wünsche mit auf den Weg. Um all das zu schaffen, müsste ich ja hundert werden, sagte mein Vater. »Damit sie in guter Erinnerung bleiben, haben die Lehrer dir Tausende Wünsche mit auf den Weg gegeben«, erklärte Papa. Das stimmte. Die meisten Wünsche bekam ich von den Lehrern, die mich am meisten bestraft und geschlagen hatten. Meiner Lieblingslehrerin liefen beim Abschied die Tränen übers Gesicht. Sie nahm mich in die Arme, streichelte mir über den Kopf, sagte: »Pass auf dich auf« und ging dann weg. Ich wollte ihr so viel sagen. Meine Tränen liefen in meinen Hals, wurden zu einem Stein. Die Worte formten sich in meinem Kopf. Ich blieb stumm mit den Worten im Kopf.

Schon längst war es in mir so hoffnungslos geworden, so traurig. Ich war erleichtert, dass die Eltern da waren, aber ich konnte keine Freude empfinden. Sie nahmen uns mit in ein Land, wo die Sprache eine andere war, wo fremde Familien mit Kindern nicht gern gesehen waren. Sie wollten uns nicht in ihre Wohnungen hineinlassen. Papa sagte: »Sie wollen uns als Arbeitskräfte haben, und wir wollen Geld verdienen.« Ich konnte meine Eltern nicht verstehen. Wir hatten hier doch alles, wir waren wohlhabend, nicht arm.

Ich sehne mich nach der kleinen Stadt am Schwarzen Meer. Ich sehne mich nach dem Geruch von frisch gebackenem Brot in Papas Dorf. Papas älteste Schwester wohnt in der nächstgelegenen Kleinstadt. Seine drei Brüder wohnen mit ihren Familien im Dorf auf dem Bauernhof der Familie. Die Menschen im Dorf sind so herzlich, ihre Stimmen, ihre Worte haben mir nie wehgetan. Ich will zurück. Die Eltern sind unaufhaltsam mit ihrem Vorhaben beschäftigt. Sie wollen nur ein paar Jahre arbeiten und dann wieder zurückkehren in die Heimat.

Wieder stehen wir am Bahnhof. Großmutter und meine vier Jahre ältere Tante winken uns zum Abschied. Die Lokomotive zischt und pfeift, kündigt die Abfahrt an. Wie viele Male hat sie schon traurige Menschen von einem Ort zum anderen getragen, und wie viele Male wird sie es noch tun? Wird sie uns eines Tages zurückbringen, zurück zu den Wiesen meiner Stadt, zurück zu den Menschen in dem kleinen Dorf, wo es nach frisch gebackenem Brot riecht? Die Lokomotive ist erbarmungslos, geht ihrer Pflicht nach, wird immer schneller. Die Menschen am Bahnhof werden immer kleiner, bis sie ganz verschwinden. Meine Tränen möchten über meine Wangen laufen, finden den Weg nicht. Sie nehmen ihren gewohnten Weg und fließen in meinem Hals zu einem Salzstein zusammen.

Draußen schneit es. Die sonst so beruhigend wirkenden Schneeflocken erscheinen jetzt durch die schnelle Fahrt eher hektisch. Die ganze Landschaft, die Häuser, sogar die Wäscheleinen, alles ist mit Schnee bedeckt. Wie ein Sog ziehen mich die hektischen Schneeflocken an. Auch ich lasse mich zudecken von ihnen, bis ich ganz und gar verschwinde und zu einem Schneeberg werde. Mütter werden mit ihren Kindern kommen. Kinder werden den Schneeberg herunterrutschen. Väter werden kommen. Sie werden Schneeballschlachten machen und toben. Schneemänner werden gebaut. Keiner wird jemals erahnen, dass sich in dem Berg eine Höhle befindet, mit mir. Ich werde sie von Weitem hören, nur hören. Erst wenn die Eltern wieder zurückkehren in die Stadt meiner Kindheit, werde ich herauskommen.

Vier Tage dauerte unsere Reise. Unermüdlich fuhr der Zug, Tag und Nacht. Eines Morgens herrschte eine aufgeregte Stimmung in unserem Abteil. Papa kündigte an, dass bald Münih, die erste Stadt in Almanya, erreicht werde. Das bedeute, auszusteigen, umzusteigen. Zuerst brachte Papa uns mit Babaanne auf den Bahnsteig. Wir sollten auf die Koffer und die vielen kleinen Taschen aufpassen, die er auslud. Es war eigenartig, festen Boden unter den Füßen zu haben, der nicht immer hin- und herschwankte. Aus den Lautsprechern ertönte eine Sprache, die ich nicht verstand.

Wir mussten in einen anderen Zug einsteigen, um zu unserem Zielort zu kommen. Ich nahm Abschied von unserer Lokomotive, die uns hierher gebracht hatte. Als wir losfuhren, war ich böse mit ihr. Nun würde sie ohne uns in die Heimat zurückfahren. Das war ihre Aufgabe, hin- und herzufahren. Das bisschen Hoffnung, dass die Eltern es sich doch noch anders überlegen und wieder zurückfahren würden, verlor ich, als wir den Zug nach Norden bestiegen.

Die Verdrängung des Schmerzes

Fatmas Brief lag bis zum Wochenende auf meinem Schreibtisch. Ich habe beim Lesen der ersten Seiten weinen müssen. Ich war erschüttert. Ich hatte intensive Gefühle von Wut und Zorn auf die Großmutter, die Eltern. Als all die gewalttätigen Situationen nicht aufhörten, spürte ich eine Dumpfheit in mir, ich konnte dem Geschriebenen emotional nicht mehr folgen. Ich wollte das Gelesene nicht glauben. Hatte sie vielleicht übertrieben? Der nächste Impuls war, sie in der Türkei anzurufen, um mit ihr zu reden. Ich gab ihm nicht nach, denn wir hatten doch eine Abmachung getroffen.

Ich wusste nach dem Lesen nicht, wie ich ihr begegnen sollte. Ich war verunsichert. Ich konnte doch nicht so tun, als wäre alles wie früher. Jetzt begriff ich auch, warum ich bei aller Herzlichkeit manchmal eine Distanz empfunden hatte, die ich mir nicht erklären konnte. Also legte ich ihren Brief zur Seite, um mir klar darüber zu werden, wie ich mit allem umgehen wollte. Doch Fatmas Brief rührte so manches Verdrängte, Vergessene in mir an. Ich war sehr aufgewühlt und beschloss, ebenfalls zu schreiben. Nicht an Fatma. Ich wollte schreiben, was mir in den Sinn kam, um zu verstehen, um die Beziehung zu ihr zu erhalten und um wahrzunehmen, was sich im Zusammenhang mit meiner eigenen Migrationserfahrung in mir angesammelt hatte. Erst jetzt – nach zwanzig Jahren – ist es mir möglich, Fatmas Briefe und meine Aufzeichnungen tiefer zu begreifen und dieses Verstehen in meine Aufzeichnungen einzuflechten.

Ich weiß noch sehr genau, was für eine große Sehnsucht mich beim Lesen ihres Briefes überkam. Ich sehnte mich nach meinen Verwandten, nach meiner Heimat. Das Miteinander in Fatmas Familie, der Glaube an Dschinns, die Frauentreffs, die magischen Heilungsrituale lebten vor meinen Augen auf. Ich konnte förmlich das frisch gebackene Brot riechen, die Teekanne auf dem Wasserkessel sehen, hören, wie er den ganzen Tag vor sich hin köchelt. Meine Erfahrungen und Erlebnisse erwachten, sie wurden fühlbar in mir. Meine Kindheitserinnerungen kehrten zu mir zurück. Den Schmerz, die Heimat verlassen zu müssen, weil die Eltern nach Deutschland übersiedeln wollten, hatte ich längst vergessen. Auch ich wurde in jungen Jahren aus meiner Umgebung herausgerissen.

Ich muss mich sehr früh für das Land, in dem ich lebte, entschieden haben. Ich tröstete mich mit neuen Freunden, mit der neuen Sprache und der neuen Kultur über meinen Schmerz hinweg, sodass ich den Verlust damals nicht so tief empfunden hatte, wie ich ihn plötzlich beim Lesen spürte. Ich hatte mich innerlich und äußerlich immer mehr von meiner Heimat, meinen Wurzeln entfernt. Ich konnte dem Druck beider Kulturen nicht standhalten, so oder so sein zu müssen. Meine Eltern waren gewährend. Vielleicht haben sie mich in meiner Not wahrgenommen. Ich habe sie nie danach gefragt.

Fatma war viel stärker in die türkische Gemeinde eingebunden. Sie war mit den Sitten und Gebräuchen unserer Kultur sehr vertraut und sehr mit ihnen beschäftigt. Gleichzeitig setzte sie sich, zwangsläufig durch ihren deutschen Ehemann, mit der deutschen Kultur auseinander. Über unsere deutschen Ehemänner hatten wir uns kennengelernt. Im Unterschied zu Fatma fühlte ich mich in der deutschen Kultur eher zu Hause. Hin und wieder fuhren wir in meine Heimat und genossen die Verwandtschaft, das Land und die Leute als Besucher.

Ich bewunderte Fatma. Sie versuchte, beide Kulturen zu vereinen. Unermüdlich arbeitete sie daran, mal mit Humor, mal ernst und tiefsinnig. Sie wirkte so stark und so glücklich mit ihrem Leben, mit ihrer kleinen Familie. Ich habe sie als eine schöne, lebensfrohe junge Mutter und Frau erlebt, mit einem Blick, in dem eine tiefe Sehnsucht schimmerte. Sie wirkte so rein, mit viel Sinn für Feinheiten, offen und liebevoll. Das war die Fatma, die ich kannte.

Das Gelesene wollte so gar nicht zu meiner Fatma, meiner Freundin Fatma, passen. Wie konnte es sich um ein und dieselbe Person handeln? Offenbar hatte sie diese als Kind erfahrenen Traumata nur durch Spaltung, durch das »Einfrieren« dieser Erfahrungen, überleben können. Der Tod des Vaters hatte wohl alles wieder zum Vorschein gebracht. Damals hatte sie meinen Vorschlag, sich therapeutische Hilfe zu holen, entschieden zurückgewiesen.

Es schien das erste Mal zu sein, dass sie über ihre Erlebnisse berichtete, dachte ich. Ich bin sehr berührt von ihrer inneren Not, darf aber nicht über den Inhalt ihres Briefes mit ihr reden. Sie sehnt sich nach Unterstützung, alles läuft über in ihr, und gleichzeitig verweigert und verhindert sie Hilfe. Was für eine Ausweglosigkeit! Ich habe so viel Mitgefühl mit ihr. Möglicherweise möchte sie in einem geschützten Raum berichten und verstanden werden. Doch die Scham, die Angst und das Misstrauen scheinen stärker zu sein. Möglicherweise ist es ihr Versuch, auf ihre Weise das Unfassbare, die Gewalt und den Sadismus, den sie erlebte, jetzt als Erwachsene zu sehen und als zu ihr gehörend anzuerkennen. Es soll keiner dazwischenreden, kommentieren, sie nicht noch weiter verwirren. Sie möchte nur dem schwerstverletzten kleinen Mädchen in ihr, das in Scham und Schuld versinkt, ungestört eine Sprache geben.

Mir ist unverständlich, dass eine Großmutter ihre Enkelin so sehr quält und misshandelt. Wie kann man ein kleines Kind zwingen, Lebertran, ein rohes Ei und vier Scheiben Marmeladenbrot zum Frühstück zu essen, wenn es in seiner Trauer nicht essen mag? Wem würde dabei nicht schlecht werden? Wie kann eine Großmutter von ihrer kleinen Enkelin verlangen, das Erbrochene zu essen? Wie kann ein Mensch so lange in die kleinen Fingerkuppen einstechen, bis sie bluten, und diese Wunden mit Salz bestreuen? Was ist das für eine Großmutter? Hatte sie ihre Tochter auch so misshandelt?

Ich dachte an meine Großeltern. Sie kümmerten sich rührend um uns Kinder. Wir genossen mehr Freiheiten als andere, weil die Eltern für eine kurze Zeit ohne uns in Deutschland waren. Offenbar hatte Fatmas Großmutter ausschließlich Fatma zur Zielscheibe ihres Hasses und ihrer Zerstörungswut gemacht. Warum? War sie wütend auf die eigene Tochter, die bei ihr drei Enkelkinder abgab, um in die weite Welt zu gehen?

Wie konnten liebende Eltern ihre Kinder für eine so lange Zeit bei dieser Großmutter lassen? Jetzt erst fällt mir auf, dass in Fatmas bisherigen Erzählungen die Großmutter mütterlicherseits immer ausgespart wurde. Wieso hatte Fatma schon immer das Gefühl, sich bei den Erwachsenen nicht verständlich machen zu können? Warum konnte oder wollte Fatma als Kind so lange nicht reden? Was hatte sie so verstört?

Auf all diese Fragen und viele weitere finde ich keine Antwort. Es bleibt das Gefühl in mir, Zeuge eines Seelenmords, Zeuge ungeheuerlicher Grausamkeiten zu sein, ohne die Möglichkeit zu haben, es verstehen oder in einen Sinnzusammenhang bringen zu können. Wie gut, dass Fatma sich in ihre Phantasiewelt, in ihre Schneehöhle gerettet hat. Wie gut, dass sie sich an die schönen Momente mit den Eltern erinnern konnte. Wie gut, dass es wenigstens einen Erwachsenen, die Babaanne, gegeben hat, die Zeugin war und mitgefühlt hat. Vielleicht habe auch ich die Rolle der Babaanne, die Zeugin ist, mitfühlt, weint, in Sorge ist, aber nicht über das Geschehene reden und auch nicht eingreifen kann.

Die Ärztin aus dem Krankenhaus hatte die Situation, die Misshandlungen erkannt und Fatmas Symptome als Notsignale verstanden. Auch sie konnte nicht eingreifen. Sie hatte Fatma geholfen und nicht geholfen. Wie schwer ist es, kleinen Kindern, die Opfer von Gewalttaten werden, zu helfen, wenn sie sich nicht äußern dürfen oder können, weil sie sich ohnmächtig, schuldig fühlen und weitere Gewalt fürchten müssen. Die Not von Fatma muss so groß gewesen sein, dass die Mutter von ihr träumte.

Ich fühle mich zurückgeworfen auf mich. Einerseits fühle ich mich abgegrenzt, stabil und sicher. Andererseits flackert Scham auf. Ich schäme mich, dass ich eine schöne Kindheit hatte und meine Freundin so viel Leid erleben musste. Wie gut, dass sie jetzt in der Heimat ist und ich ihr nicht begegnen muss. Ich habe den Wunsch, ihr zu helfen. Es sind Retterphantasien. Es sind Phantasien, die meinem großen Mitgefühl entspringen und am liebsten das Geschehene ungeschehen machen wollen. Wie viele Fatmas mögen wohl in Deutschland leben, die ein ähnliches oder gar ein schlimmeres Schicksal hatten oder haben? Wie kann jemand, der so viel Leid und Zerstörung erfahren hat, sich in ein neues Land integrieren, wenn er selbst so zerbrochen ist?

Die letzten Absätze von Fatmas Brief wirkten beruhigend auf mich. Sie hatte mich nicht mitten in der Gewalt zurückgelassen. Sie hatte bis zur »Erlösung«, der Rückkehr der Eltern, geschrieben. Ich atmete auf. Sie war nun geschützt und in sicherer Obhut. Ob sie mir noch einmal schreiben würde?

2. Teil Abschied von der Heimat

Warten

In Gedanken, mit dem Herzen suchte ich immer wieder nach Fatma. Als wäre das eine Möglichkeit, sie irgendwo in der Heimat zu erspüren und zu erfahren, wie es ihr ging. Jedes Mal, wenn ich den Briefkasten öffnete, hoffte ich, einen Brief von ihr vorzufinden.

Endlich, nach etwa drei Monaten, erhielt ich erneut einen Brief von ihr. Sie hatte ihn am Tag ihrer Rückkehr eingeworfen, geschrieben hatte sie ihn wohl noch in der Türkei. Sie rief mich auch bald an, und wir verabredeten uns für das nächste Wochenende. Zum Glück hatte mein Mann einen Ausflug mit den Kindern geplant. Ich hatte also genug Zeit, um Fatmas zweiten Brief ungestört zu lesen. Überraschend nahm ich zur Kenntnis, dass sie dieses Mal die Anrede »Liebe Freundin« gewählt hatte. Der erste Brief schien in einen leeren Raum hineingeschrieben worden zu sein. Jetzt hatte sie wohl in sich und im Außen eine Ansprechpartnerin gefunden, dachte ich. Ich spürte eine gewisse Erleichterung darüber. Sie hatte es geschafft, einen kleinen Schritt aus ihrer Isolation herauszutun.

Der zweite Brief war sorgfältiger geschrieben als der erste. Aber wieder waren es lose Blätter, die nicht durchnummeriert waren. Ich heftete sie in den Ordner, in dem ich bereits Fatmas ersten Brief und meine Aufzeichnungen aufbewahrte. Ich begann, mit gespannter Neugier zu lesen.

Fatmas zweiter Brief

Liebe Freundin,

meine Verwandten waren überglücklich über unseren langen Besuch. Sie taten alles, damit wir uns wohlfühlten. Den Kindern ging es sehr gut. Ich konnte mich in den ersten Wochen fallen lassen, meine Kultur, meine Leute, all die Gerüche und das Leben hier in mich aufnehmen und genießen. Danach verließ mich die Glückseligkeit, dort zu sein. Meine innere Unruhe schlich sich wieder ein. Ich hatte gedacht, ich könnte sie hier wie ein altes Kleid ablegen.

Das war ein Irrtum, ich begann, mich fremd und unglücklich zu fühlen. Oder war es Trauer? Ich gab mir die größte Mühe, es meinen Verwandten nicht zu zeigen. Ich sehnte mich nach der »Fremde«, nach Deutschland. Aber auch dort wird sich nach einer gewissen Zeit dieses Gefühl der Fremdheit in mir ausbreiten. Da bin ich mir ziemlich sicher. Werde ich mich jemals in meiner Haut wohlfühlen können? Wird diese innere Zerrissenheit einmal aufhören? Oder ist es eine Illusion, darauf zu hoffen? Sollte ich meine Zerrissenheit einfach akzeptieren? Ich kann es nicht, das kostet mich zu viel Kraft, meine Kinder brauchen mich ganz. Das Schreiben half, ein wenig zu verstehen.

Ich erinnere mich noch sehr genau. Wir kamen damals einige Wochen vor Weihnachten in Hamburg an. In unserem Land gab es kein Weihnachten. Meine Eltern wussten auch nicht, was das für ein Fest war. Überall waren bunte Lichter aufgehängt. So viele Lichter hatte ich noch nie gesehen. Wir standen vor einem Einzelhaus mit einer riesigen Tanne und einer

Rasenfläche. Neugierig hatte die Tochter des Vermieters auf uns gewartet. Mit einer Handbewegung forderte sie uns auf, mitzukommen, um uns den hinter dem Haus liegenden Garten zu zeigen. Am Ende einer ziemlich großen Rasenfläche standen Tannen wie Soldaten nebeneinander aufgereiht. Dahinter waren Schienen zu sehen.

In unserem Land lebten die Tannen im Wald. Unsere Gärten hatten nicht so viel Rasen. Wir hatten Gemüse, Wein, Rosen und auch andere Blumen, die zu uns kamen, weil sie bei uns sein wollten. Wir hatten Maulbeerbäume, weiße und schwarze, Birnen, Sharon, Kirschen. Passend zu jeder Jahreszeit haben sie ihre Kleider gewechselt. Meine Augen suchten nach irgendetwas, das mich an meine Heimat erinnern könnte. Ich mochte dieses blonde Mädchen mit den blauen Augen nicht. Auch wenn sie freundlich war. Sie war so fremd. Ich verstand ihre Sprache nicht. Sie war so alt wie ich. Meine Eltern hatten schon viel von ihr erzählt und wollten, dass wir gute Freunde würden. Wie sollte ich mit jemandem gut Freund sein, den ich nicht kannte, mit dem ich mich gar nicht unterhalten konnte?

Die Schienen hinter den Tannen gaben mir ein wohliges Gefühl. Sie waren mir so vertraut, als hätte ich einen Freund getroffen. Sie erinnerten mich an unsere kleine Stadt in der Heimat. Der dreistöckige Wohnblock lag auf einem kleinen Hügel, umgeben von Wiesen. Sobald die Sonne den Boden erwärmte, wurde auf den bunten Wiesen zwischen den wolligen Schafen gepicknickt. Mit unseren Tanten, Babaanne und Nachbarinnen mit Kindern saßen wir auf dem Hügel, schauten auf die Stadt und verspeisten unsere Köstlichkeiten, die früh am Vormittag vorbereitet worden waren. Der intensive Geruch der Erde und der Blumen mischte sich mit dem Geruch der Schafe, dem Duft der mit Reis, Pinienkernen und Korinthen gefüllten Weinblätter, der länglich geformten Frikadellen – Köftes – und der mit Schafskäse und viel Petersilie gefüllten Teigtaschen –

Poça. Tomaten und Gurken wurden erst kurz vor dem Verzehr aufgeschnitten.

Wir Kinder tollten herum, dachten uns Spiele aus, bis Papa von der Arbeit kam und uns abholte. Wenn die Sonne sich verabschiedete und ihre Wärme mitnahm, gingen wir nach Hause. Von unserem Hauseingang aus konnten wir den Picknickhügel sehen. Auf der anderen Seite vom Eingang war unser Balkon. Von da aus konnten wir auf den kleinen Fluss vor unserem Haus schauen. Hinter dem Fluss verliefen die Schienen, und dahinter lag die Straße. Die Schienen und die Straße waren so weit weg, dass wir kaum etwas von ihnen hörten. Die Vorstellung, dass die Schienen zu Papas Dorf führten, gab mir ein warmes Gefühl. Ich liebte dieses Dorf sehr. Die Schienen bildeten eine Verbindung von uns zum Dorf.

Ich wusste nicht, wo diese fremden Schienen hinführten. Ich stellte mir vor, auch sie führten schließlich zu Papas Dorf. – Ich hatte gehofft, wenn die ganze Familie wieder zusammen war, würde es so wie früher. Nach kurzer Zeit habe ich begriffen, dass es nie wieder wie früher werden würde. Almanya hatte meine Eltern verändert. Papa sah unglücklich aus. Sie arbeiteten beide sehr hart. Mama arbeitete zuerst in einer Fischfabrik. Bis auf Samstag und Sonntag hörte ich den Wecker jeden Morgen um vier Uhr klingeln. Es war noch dunkel. Ich bekam ihr Flüstern und das Anziehen mit, bis sich dann die Tür hinter ihnen schloss. Sie gingen die dunkle Straße hinunter zum Bahnhof. Die Schienen brachten sie zu ihrer Arbeit.

Babaanne bereitete das Frühstück für uns, wie gut, dass sie bei uns war. Während sich die Eltern für die Arbeit fertig machten, weinte ich sehr oft. Ich wollte aufstehen und ihnen etwas sagen. Ich war so durcheinander, so verwirrt. Die Worte wollten sich nicht auf der Zunge formen. Ich verstand Mama und Papa nicht. Warum wollten sie in diesem Land bleiben? Sie hatten alles verlassen. Papa hatte seine Arbeit in guter Stellung aufgegeben. Unsere Wohnung mit ihren vielen Erinnerungen wurde einfach aufgelöst. Sie haben die Gemeinschaft und Ordnung mit dem Ziel verlassen, eines Tages in der Heimat etwas Neues aufzubauen.

»Für nur fünf Jahre sind wir hier«, sagte Papa immer, wenn wir moserten. Diese Welt hier war so unbekannt und fremd. Hier gab es noch nicht einmal Maulbeerbäume. Früher war Mama immer bei uns gewesen. Die Arbeit nahm sie uns weg. Das Land machte sie jeden Tag nervöser. In der Heimat hatten wir eine Waschmaschine gehabt. Hier musste sie alles mit der Hand waschen. Ich durfte die Socken waschen. Ich war so stolz, dass ich Mama helfen konnte.

Es war so ungewohnt, eine Wohnung mit Menschen zu teilen, die wir nicht kannten, auch wenn sie aus unserem Land stammten. Ich war froh, dass einer der Bewohner Papas Freund war. Wir mussten in einer Viereinhalb-Zimmer-Wohnung miteinander zurechtkommen. Wir wohnten in zwei Zimmern mit einem Balkon. Papas Freund gehörte das halbe Zimmer. In den übrigen zwei wohnten zwei Ehepaare. So lebten wir mit acht Erwachsenen und drei Kindern in diesen viereinhalb Zimmern. Mama gestaltete das Balkonzimmer. Es wurde unser Wohn- und Esszimmer. Abends wurde daraus das Schlafzimmer der Eltern. Das andere Zimmer wurde ein Babaanne- und Kinderzimmer. Wir bekamen Möbel, die es in unserem Land nicht gab. Das war sehr aufregend. Ein Klappsofa für Babaanne, ein Etagenbett für meinen Bruder und mich. Und für meine Schwester ein Bett mit einem Bettkasten. Wir lebten uns allmählich in den beiden Zimmern ein. Wir durften die Wohnung nicht verlassen, wenn die Eltern nicht da waren.

Jeden Abend wurde über die in der Wohnung einzuhaltenden Regeln gesprochen. Die größte Angst meiner Eltern war, dass wir die anderen Bewohner durch unser Spielen belästigen oder zu laut im Treppenhaus sein könnten. Denn dann würden Beschwerden an den Vermieter herangetragen werden. Die Folge wäre, die so schwer erworbene Wohnung zu verlieren. Babaanne fühlte sich überhaupt nicht mehr wohl. Sie durfte in der Küche nicht mehr so hantieren, wie sie es bisher gewohnt war. Die Küche war ihr Leben. Obwohl sie immer über das viele Geschirr geschimpft hatte, hatte sie doch sehr gern abgewaschen. Mit einem Gebet auf den Lippen hatte sie den Abwasch erledigt, gekocht oder Gebäckstücke geformt. Nun wurden ihr Zeiten vorgeschrieben, wann sie in der Küche sein durfte. Ein Stück Leben wurde ihr genommen.

Sie vermisste die Moscheen, den Ruf des Muezzins vom Minarett. Das tat ich auch. Am liebsten hatte ich den Ruf zum Sonnenaufgang. In der morgendlichen Stille schien der Ruf die Sterne, den Mond, die Nacht zu verabschieden und die Sonne mit dem neuen Tag willkommen zu heißen, sich mit einem Gottesgruß vor ihnen zu verneigen. Als wollte er alle schlafenden Herzen wach küssen und sie einladen, sich dem Leben und der Schöpfung zuzuwenden. Der Ruf erinnerte an das Gebet. Ich verstand die Worte nicht, aber mein Herz schien zu verstehen. Es sog die Worte wie ein Schwamm in sich auf, formte sie um und ließ sie zu einem Tanz werden. So manches Mal wäre ich gern mit dem Ruf mitgegangen. Ich wusste aber nicht, wohin er mich tragen würde. So blieb ich mit einem Schmerz im Herzen zurück.

Das Gebet, das Babaanne uns Kindern beigebracht hatte, half mir, über diesen Schmerz hinwegzukommen:

Bismillahi-r-Rahmani-r-Rahim. La illaha illa Allah Muhammed Rasulullah.

* Im Namen Allahs, des Gnädigen, des Barmherzigen. Es gibt keinen Gott außer ihm, und Mohammed ist sein Prophet.

Am Tag war der Ruf des Muezzins im Geschäftigsein und im Spiel untergegangen. Durch Babaannes rituelles Gebet – Namaz – zu den vorgeschriebenen fünf Gebetszeiten erinnerten wir uns dann wieder. Behutsam rollte sie ihren Gebetsteppich aus, bedeckte ihren Kopf mit einem großen weißen Tuch. Sie legte den Gebetsteppich mit dem Kopfteil in Richtung Mekka, stellte sich am Fußende hin, und das Gebet begann. Eigentlich begann das Gebet viel früher. Es begann in dem Moment, da sie sich betend unter fließendem Wasser reinigte. Dabei wurden das Gesicht und die Arme bis zu den Ellenbogen gewaschen, die Füße bis zu den Knöcheln. Währenddessen durften wir sie nicht stören. Auch durften wir niemals ihren Gebetsteppich anfassen. Sie hatte Angst, dass er verunreinigt würde oder dass wir mit unseren Füßen das Kopfende berühren könnten. Das durfte auf keinen Fall passieren.

Sie holte fünfmal am Tag ihren Teppich hervor. Nach den Waschungen stellte sie sich an das Fußende des Teppichs, betend beugte sie sich leicht nach vorn, umfasste dabei ihre Knie. Sie setzte sich hin, beugte sich so lange nach vorn, bis ihre Stirn den Boden berührte; kam wieder hoch und wiederholte diesen Vorgang, bis sie das Ritual sitzend mit einem Schlussgebet, einmal über die rechte Schulter und einmal über die linke schauend, beendete. Ihre Bewegungen waren anmutig und würdevoll. Am liebsten mochte ich den Moment, wenn sie den Boden mit der Stirn berührte. Es war so zärtlich, als wollte sie sich von dem Boden küssen lassen, als wollte sie sich vor der ganzen Schöpfung verneigen. Ich wünschte, dass sie nie wieder aufhören würde zu beten. Diese alte Frau besaß so viel Würde. Manchmal waren Tränen in ihren Augen zu sehen. Ich glaube, das war ihre Liebe zu den Gebeten.

Im Gebet sah sie so anders aus. Sie erinnerte mich an die Rosen aus dem Garten meines Onkels, Papas ältestem Bruder. Er liebte Rosen. Verschiedene Sorten und Farben reihten sich zwischen Gemüse und Wein. Liebevoll sammelte er die Rosenblätter, bis es genug waren, um daraus Marmelade zu kochen. Seine großen Hände waren von der schweren Landarbeit gezeichnet. Die Hände verwandelten sich, wenn er die Rosenblätter aufsammelte, wurden so zart und fein wie sie. Mein Onkel sagte immer: »Nur wer Rosen liebt, kann sie verstehen.« Ich hatte mir eine seiner Rosen zur Freundin gemacht. Sie hatte meine Freundschaft angenommen. Sie schenkte mir ihren Duft und ihre Geschichten. Beim Zuhören tauchte ich tief in ihre Blüten ein. Mit ihrem dicken, stacheligen Stamm, den kräftig grünen Blättern stieg sie stolz aus dem Boden empor. Zarte, rosafarbene Blätter gruppierten sich zu einer riesigen Blüte. Der Stamm mit seinen Stacheln und seiner stolzen Haltung beschützte die schöne, zarte Blüte. Im Gebet war Babaanne wie eine Rosenblüte, zart und hingegeben. Es war wirklich erstaunlich, wie sie sich während des Gebets verwandelte. Wenn der Teppich zusammengerollt, das Kopftuch behutsam zusammengefaltet und an seinen Platz gelegt war, wurde sie wie der Stamm der Rose, stolz, stachelig, voller Kraft und doch so zart.

Ich war so froh, dass sie sich eine Gebetsnische in unseren zwei Zimmern eingerichtet hatte. Ich schaute ihr gern zu, wenn sie betete. Es rief die Erinnerung wach. Plötzlich war der Ruf des Muezzins im Raum. Der Duft der Rosen. Die Eule auf dem Maulbeerbaum. Alle waren sie da. Menschen, mit denen wir Freude und Leid geteilt hatten. Sie sollte nie wieder aufhören mit dem Gebet, denn nur so konnten die Erinnerungen lebendig bleiben. Immer wenn sie aufhörte, verschwand der Zauber. Babaanne kränkelte von Tag zu Tag mehr. Jeden Abend hatte sie Angst, am folgenden Morgen nicht mehr zu erwachen. So hob sie beim letzten Gebet am Abend ihre Hände zu Gott und bat um Hilfe, Gnade und Schutz für uns alle. Nicht die Angst vor dem Tod bedrängte sie, sondern viel mehr, dass ihr Körper mit der Erde der Ungläubigen in Berührung kommen könnte. Sie fürchtete, dass ihr Körper in eine Kiste eingesperrt würde, wie es hier im Lande wohl üblich war. Unsere Toten wurden in ein Leinentuch gehüllt, bevor sie in den Schoß der Erde gelegt wurden.

Die Vorstellung, Babaanne könnte etwas passieren, machte mir Angst. Die Eltern waren sehr besorgt. Sie suchten eine größere Wohnung. Es gestaltete sich jedoch schwieriger, als sie gedacht hatten. Einer Familie mit drei Erwachsenen, drei Kindern und dann auch noch aus einem fremden Land kommend, ohne Sprachkenntnisse, wollte keiner seine Wohnung vermieten. Papa sagte, sie hätten Angst vor uns. Aber wir hatten auch Angst vor ihnen. Immer lag etwas Unheimliches in der Luft, das wir nicht erfassen konnten und worüber auch nie geredet wurde. So entstand ein unausgesprochenes Abkommen zwischen den Einheimischen und den Fremdlingen. Die unerkläriche Angst voreinander, vor dem Fremden. Ein Nicht-wissen-Wollen voneinander. Ein sich Nicht-kennenlernen-Wollen. Dieses Land war nicht vorbereitet auf fremde Menschen. Es brauchte nur Arbeiter.

Ein paar Tage vor dem Neujahrsfest wurden wir von unseren Vermietern, die über uns wohnten, hinaufbefohlen. Meine Eltern waren sehr aufgeregt. Sie befragten Babaanne und uns, ob wir unartig gewesen waren. Sie hatten Angst, dass die Zimmer gekündigt werden könnten. Mama nähte sofort ein Kleid für die Tochter des Vermieters. Sie fertigte es aus demselben roten Samtstoff, aus dem sie schon uns für das Fest Kleider genäht hatte. Meine Schwester und ich fanden das überhaupt nicht gut. Babaanne wollte auf keinen Fall mitkommen, denn für sie war es unvorstellbar, die Schwelle zu den Ungläubigen zu überschreiten. Sie aßen Schweinefleisch, lebten mit einem Hund unter einem Dach. Sie taten alles, was unkeusch und unrein war. Sie vollzogen keine rituellen Waschungen. Während sich die Eltern auf den Besuch vorbereiteten, impfte uns Babaanne ein, nichts aus den Händen der Ungläubigen anzunehmen. Es wäre eine große Sünde, und wir würden bestraft werden.

Papa waren Babaannes Klagen und Schimpfen nicht verborgen geblieben. Er hatte auch mitbekommen, wie sie mit Druck und Strafen versuchte, uns den islamischen Glauben nahezubringen. Geduldig versuchte er, mit ihr zu sprechen. Stolz und bestimmt, vor allem stachelig wie der Rosenstamm, blieb sie bei ihrer Meinung. Sie machte ihrem Sohn schwere Vorwürfe, weil er auf seine Frau gehört hatte und in diesem schrecklichen Land lebte. Irgendwie hatte sie recht. Mama hatte gedrängelt. Sie wollte unbedingt ins Ausland, damit alle ihre Kinder die Chance auf eine gute Ausbildung hatten. Die ganze Zeit hatte ich gedacht, es wäre auch Papas Wunsch und Entschluss gewesen, nach Deutschland zu ziehen. Nach Babaannes Aussagen sah nun alles anders aus. Ein Gefühl tiefer Enttäuschung und Verzweiflung stieg in mir hoch. Hilflos stand ich da und wusste nichts zu sagen. Am liebsten hätte ich geschrien und geweint. Ich wollte so lange weinen, bis mein Körper sich in den Tränen auflöste und nicht mehr da war. Es gab niemanden, der mich hätte trösten können.

In ihrer Verzweiflung hatte Babaanne die Wahrheit ausgesprochen. Der Raum füllte sich mit Erinnerungen aus der Heimatstadt. In den letzten Wochen, bevor wir sie verließen, war unsere Wohnung voller trauernder Menschen gewesen. Sie kamen, um uns zu verabschieden. Sie versuchten, die Eltern zu überzeugen, zu bleiben. Sie taten es bis zur letzten Sekunde, auch noch Sekunden vor Abfahrt des Busses. Papas Kollegen baten ihn, nicht zu gehen. Mit Tränen in den Augen schwieg Papa, sprach nur das Nötigste. Also war es nicht nur die Trauer, weil er uns zurückließ. Ich hätte es merken müssen. Papa schwieg immer, wenn grundsätzlich etwas nicht stimmte. Hätte er wirklich alles, was wir bis jetzt erlebt hatten, verhindern können? Er hätte die Idee, ins Ausland zu gehen, verwerfen können. Vielleicht hätte er die Mutter überzeugen können, nicht zu gehen. Mein Onkel hatte ihm damals einen Vorschlag gemacht. »Ihr könnt ja fortgehen, bringt die Kinder und Babaanne zu uns ins Dorf.« Das wäre für uns Kinder gut gewesen. Mama wollte das nicht. Die Schulbildung im Dorf sei ungenügend, und wir könnten dort nichts lernen, hatte sie gemeint.

Dabei hatte ich immer, wenn wir im Dorf waren, so vieles gelernt. Solche Dinge hatte ich noch nicht einmal in der Schule gelernt. Mit den Rosen reden, Feuer machen, Brot backen, mit der Erde sprechen. Mit der Kuh sprechen, damit sie uns Milch gibt, mit den Hühnern, damit sie uns ihre Eier schenken. Bei uns durften die Tiere nicht ins Haus. Sie waren unrein, weil sie überall hintraten, sich aber nicht reinigen konnten. Wir betraten unsere Wohnung ohne Straßenschuhe, weil der Schmutz und die Bakterien uns krank machen konnten.

Unglücklich mit der Situation stand Papa da. Um genau zu sein, wir waren alle unglücklich. Mein Vater verließ das Zimmer. Babaanne schaute mich siegessicher an. »Das war erst der Anfang«, sagte sie triumphierend zu mir. Ich war stumm. Sie hatte die Wahrheit ausgesprochen. Hätte sie die Sprache beherrscht, wäre sie ganz sicher zu dem Vermieter gegangen, um ihre Meinung kundzutun. Die Auseinandersetzung zwischen Papa und Babaanne hatte mich sehr mitgenommen. Mit niemandem konnte ich reden, von niemandem konnte ich den wahren Grund erfahren, warum Papa zugestimmt hatte. Es kam nie zur Sprache. Mama erfuhr von diesem Streit nichts.

Es kam der Tag, an dem wir die Vermieter aufsuchen sollten. Wir mussten uns alle ganz ordentlich und schön anziehen, so als würden wir zu einem Fest gehen. Mir war überhaupt nicht danach. Wir sollten nur dann sprechen, wenn wir gefragt wurden. Die Begrüßungsrituale wurden stundenlang geübt. Im Unterschied zu unserem Land machten die Mädchen einen Knicks, während sie dem Erwachsenen die Hand gaben. Die Jungen neigten dabei ihren Kopf nach vorn. Bei uns wurde bei der Begrüßung die Hand der Erwachsenen geküsst und an die Stirn gelegt. Würdevoll bedankten sich die Erwachsenen mit einem Gebet.

Wir stiegen die Treppe zu den Vermietern empor. Mein Herz klopfte vor Angst. Ich war froh, dass uns der kleine Pudel mit schrillem Gebell begrüßte. So konnte niemand hören, wie laut mein Herz schlug. Die Vermieterin bat uns, hereinzukommen. In der großen Wohnung lebten zwei Erwachsene mit den beiden Kindern und einem kleinen Hund. Der Anblick der Einrichtung machte mich sehr traurig. Ihre schönen Möbel erinnerten mich an unsere gemütliche Wohnung in der Heimat, in der ich mich geborgen und sicher gefühlt hatte. Sie konnten als Familie zusammenleben und mussten die Wohnung nicht mit anderen teilen. Meine Eltern übergaben höflich das Geschenk. Die Vermieterin öffnete es. Kühl zeigte sie ihre Anerkennung, gab das Kleid ihrer Tochter. Sie zog es sofort an und freute sich sehr, hüpfte hin und her, nahm mich an die Hand, winkte meinen Geschwistern, mitzukommen, und brachte uns in ein Zimmer.

Nach langem Gestikulieren wurde deutlich, dass das Zimmer ihr gehörte. Regale, ein kleiner Kleiderschrank, ein Bett mit Bettkasten, ein kleiner Schreibtisch und viele Spielsachen machten es bunt und lebendig. Sie holte all ihre Spielsachen aus den Regalen, versuchte, mit uns zu spielen. Unsicher saßen wir drei nebeneinander aufgereiht und guckten sie an. Ich wusste nicht, ob ich mit ihr spielen durfte, ob das eine Sünde wäre. Ich wusste nicht, was Babaanne dazu sagen würde. Ich wusste nicht, was meine Geschwister dachten. Meine Schwester machte den Anfang. Sie nahm eine Puppe mit langen, blonden Haaren in die Hand. Babaanne hatte doch gesagt, wir sollten nichts von den Ungläubigen annehmen.

Ich war erleichtert, als die Eltern uns riefen. Wir standen auf, gingen zur Tür, verabschiedeten uns mit einem Knicks und einer Verbeugung. Ich war froh, als wir unsere Räume erreichten, und gleichzeitig hatte ich Angst, weil ich nicht wusste, was die Erwachsenen beredet hatten.

Wir waren angenehm aufgefallen. Die Vermieter erlaubten uns, sowohl mit der Tochter als auch im Garten zu spielen. Meine Eltern waren stolz auf uns, denn der Garten durfte von den Untermietern nicht betreten werden.

An Babaannes Gesicht konnte ich den Unmut sehen, den sie innerlich mit sich ausmachte. Sie ließ sich nicht beirren und belehrte uns in ihrer Art und Weise über die islamischen Gesetze und Rituale, insbesondere, wenn die Eltern nicht da waren. Vor allem betonte sie immer wieder, dass wir nichts Essbares annehmen sollten. In diesem Land wurden Schweine geschlachtet und gegessen. Sie hatte Angst, wir könnten, ohne es zu wissen, Schweinefleisch zu uns nehmen. Alle Menschen, die Schweinefleisch aßen, waren selbst unrein. Außerdem gab es hier keine Moscheen, also wurden keine rituellen Waschungen vollzogen, und es wurde auch nicht fünfmal am Tag gebetet. Den Fastenmonat Ramazan kannten sie hier auch nicht. Er diente der Erinnerung an Armut und Hunger und sollte uns Allahs Größe und Güte sowie seine ersten Offenbarungen bewusst machen.

Wenn die Tochter des Vermieters uns besuchte, zeigte Babaanne wild gestikulierend auf ihre Füße, forderte sie auf, die Schuhe auszuziehen. Nach einigen Kämpfen gab sie auf und betrat unsere Wohnung ohne ihre Schuhe. Am Abend berichtete Babaanne triumphierend von ihrem Sieg. Unsicher standen meine Eltern da, sie wussten nicht, ob sie Konsequenzen fürchten mussten. Wenn Babaanne die deutsche Sprache beherrscht hätte, hätte sie bestimmt versucht, das Mädchen auch zum Islam zu bekehren, so überzeugt war sie von ihrem Glauben.

Einerseits mochte ich es gern, wenn Babaanne uns über unsere Kultur, Religion und unsere Sitten belehrte, aber ihre Strenge machte mir Angst und verunsicherte mich sehr. Sie sprach so oft von Sünde und Allahs Strafen. Wie sollten wir in einem Land leben, wenn alles so anders war, als wir es gewohnt waren? Wie sollten wir in einem Land leben, wo nichts zu unserer Lebensart, zu unseren Gebeten, Festen, ja sogar unserem Essen passte? Wie sollten wir hier leben, wenn alles Sünde war, was die Menschen hierzulande taten? Wie konnten wir uns bloß fernhalten von all diesen Sünden? Die fünf Jahre, die wir »nur« hierbleiben wollten, fühlten sich für mich wie fünfzig Jahre an. Wie sollte ich das überstehen, ohne mich schuldig zu machen?

Die Vorbereitungen für das Neujahrsfest brachten eine gewisse Entspannung für uns alle. Gemeinsam mit den anderen Bewohnern kochten und backten wir. Babaanne war beflügelt. Ihre Vorwurfshaltung gegenüber ihrem Sohn und ihre Strenge waren wie weggezaubert. Sie durfte die Küche unbegrenzt benutzen. Geschickt rollte sie den Teig rund und dünn auseinander, um daraus Börek zu machen. Darauf verteilte sie sorgfältig eine Mischung aus Schafskäse und Petersilie. Mehrere dieser Schichten wurden aufeinandergelegt und in den Backofen geschoben. Während der Börek im Backofen langsam knusprig wurde, formte Babaanne geschickt und schnell kleine Hackbällchen.

An diesem Tag durften wir sogar unsere Gewürze und Knoblauch benutzen. Ansonsten war es verboten, da die Vermieter unsere Gerüche als störend empfanden. Die beiden Frauen kochten Spezialitäten aus den Regionen, aus denen sie stammten. Das eine Ehepaar kam aus der Hauptstadt. Sie waren frisch verheiratet. Der Mann hatte studiert und kam wie wir »nur für fünf Jahre«. Sie sprachen sehr gewählt und waren sehr höflich. Das andere Ehepaar hatte einen Dialekt. Aus ihrer Art des Sprechens war zu erkennen, dass sie aus sehr einfachen Verhältnissen stammten. Die Eltern sagten uns immer: »Unser Land ist so bunt und reich durch die Sprache, die Speisen und die Dialekte der Menschen.« Zum ersten Mal, seit wir dieses Land betreten hatten, fühlte ich mich wohl. Sonst fühlte ich mich immerzu beobachtet. Es war, als würden wir mit Feinden unter einem Dach leben. Ein falsches Benehmen von uns, das die anderen als störend empfunden hätten, wäre sofort an die Eltern herangetragen worden.

An diesem Tag war alles anders. Alle waren ausgelassen, lachten, erzählten von ihren Erlebnissen in der Fremde oder Geschichten aus der Heimat. Am Nachmittag durften wir endlich unsere Samtkleider anziehen. Die Tochter des Vermieters erschien, um uns abzuholen. Auch sie trug das rote Samtkleid. Mein Bruder hatte einen feinen Anzug angezogen. Zu dritt gingen wir hinter diesem blonden Mädchen her. Mit einem Beutel in der Hand lief sie die Straße hinunter. Die Eltern hatten uns erlaubt, mit ihr zu gehen. So konnte nichts Schlimmes dabei sein. Wir gingen mit dem Mädchen von einer Tür zur anderen. Sie klingelte, sang etwas vor. Die Leute warfen Mandarinen, Schokolade, Äpfel und Nüsse in den Beutel. Ich verstand den Sinn dieses Handelns nicht, versuchte, es irgendwie einzuordnen. Ich musste an Babaannes Worte denken. Hier war alles anders!

Dann fiel mir ein, dass die Fastenzeit bei uns mit dem Zuckerfest endete. Die Männer gingen in die Moschee. Danach besuchten wir Verwandte und Freunde, um gemeinsam das Festessen zu halten. Die Kinder bekamen Bonbons und Taschentücher geschenkt. Mama kaufte viele verschiedene Bonbons, Schokolade und schöne Stofftaschentücher. Außerdem wurden wir neu eingekleidet. Während wir von Tür zu Tür zogen, suchte ich in meiner Erinnerung weiter nach etwas Vergleichbarem aus unserer Kultur. Die Straße war nicht allzu lang und war gesäumt von Einzelhäusern. Ich stellte fest, dass diese Menschen hinter ihren Türen freundlich waren. Meine Angst vor ihnen vermischte sich allmählich mit Neugier.

Wenn Babaanne mir doch erlaubt hätte, diese Menschen kennenzulernen! Kleine Kinder versteckten sich hinter den Beinen ihrer Eltern. In ihren Augen konnte ich die Angst und die Neugier sehen. Die Erwachsenen waren freundlich und höflich. Mir war genauso wie diesen kleinen Kindern zumute. Begleitet von Furcht, Misstrauen und Neugier, ging ich von Tür zu Tür. Das ungezwungene Verhalten meiner Geschwister nahm mir einen Teil meiner Angst. Ich war froh, als wir wieder zu Hause ankamen. Vor der Wohnungstür teilte die Tochter des Vermieters den Inhalt des Beutels gerecht auf. Sie verschwand mit ihrem Anteil im Treppenhaus. Wir standen da, die Hände voller Gaben von den Ungläubigen. Lebensmittel wegzuwerfen war aber auch eine Sünde. Voller Angst, als hätten wir eine große Schuld begangen, betraten wir die Wohnung. Die ganze Wohngemeinschaft saß eng um einen reich und festlich gedeckten Tisch.

Wir kamen gar nicht zu Wort, denn Babaanne hatte schon ungeduldig auf uns gewartet, um viele Fragen zu stellen. Sie war mit den mitgebrachten Sachen überhaupt nicht einverstanden. Sie betrachtete es als Demütigung und sah bekümmert aus. So als wären wir von Tür zu Tür gegangen, um zu betteln. Sie verstand den Sinn dieses Brauchs auch nicht. Da keiner von uns diese Sitte kannte, konnte keiner etwas dazu sagen. Sie überhäufte die Eltern mit Vorwürfen, dass sie uns Kindern erlaubt hatten, mitzumachen. Während alle anderen immer mehr verstummten, machte mich Babaanne zur Zielscheibe ihrer ganzen Verzweiflung und Enttäuschung. Sie klagte und schimpfte darüber, dass ihre ganzen Bemühungen um die Gesetze des Islam, die Sitten und Gebräuche unseres Landes bei uns dreien vergeblich gewesen waren. Besonders bei mir. Es sei doch meine Pflicht und Verantwortung, unsere Werte hochzuhalten, und ich würde diese Aufgabe nicht ernst nehmen. Der Bruder sei zum Beschützen da, die jüngere Schwester noch zu klein, um alles zu verstehen, sagte sie zum Abschluss.

Ich schämte mich sehr, wie damals vor der Klasse, wenn der Lehrer mich für mein Zuspätkommen bestrafte. Mit dem gleichen Gefühl stand ich nun vor unserer Wohngemeinschaft. Ich hatte die Regeln nicht eingehalten. Ich war meiner kleinen Schwester kein Vorbild. Mein Bruder hatte uns beschützt. Mein Blick war auf den Boden gerichtet, meine Gedanken waren weit weg. Ich versuchte, sie zu ordnen. Fragen über Fragen überschlugen sich in meinem Kopf. Warum hatten sich die Eltern nicht vorher über das Leben in Almanya erkundigt? Warum hatten sie nicht gefragt, welche Sitten hierzulande üblich sind? Warum hatten sie uns erlaubt, mitzugehen? So wie Babaanne uns über unsere Sitten und Gebräuche aufklärte, so musste es doch auch hier jemanden geben. Immer wenn Babaanne von den Ungläubigen sprach, sagte Papa: »Das sind Christen. Isa (Jesus) gilt auch bei uns als ein wichtiger Prophet.« Befremdend war für sie, dass Jesus für die Christen der Sohn Gottes war. Wie konnte Gott einen Sohn haben? Mehr wussten die Eltern nicht. Weil sie nur für fünf Jahre als Gäste hierhergekommen waren, war das wahrscheinlich nicht so wichtig.

Babaanne war aber beharrlich. Wie sollte ich das nun alles schaffen? Auf der einen Seite sollte ich unsere Gebräuche und Sitten aufrechterhalten und auf der anderen Seite das Neue und Fremde verstehen und kennenlernen. Mir schien das unmöglich. Ich durfte das Neue und Unbekannte nicht kennenlernen. Nach Babaannes Auffassung war das eine Sünde. Diese unlösbare Aufgabe überwältigte mich. Wieder einmal enttäuschte ich die Eltern und Babaanne. Den Schutz des Bruders hatte ich wohl bemerkt, aber ich hatte nicht meine Pflichten erfüllt. Ich hatte mich nicht an unsere Regeln und Gebräuche gehalten, war von Tür zu Tür gegangen, um Almosen zu erbetteln.

In unserem Land waren wir diejenigen, die Almosen an die Armen gaben. Jedes Jahr wurde bei uns zum rituellen Opferfest ein Schaf geschlachtet. Mit einem speziellen Schächtmesser wurden dem Tier mit einem Schnitt die Schlagader, die Luftröhre und die Speiseröhre durchtrennt. Ich fand es grausam und musste jedes Mal weinen. Papa hatte uns erklärt, dass diese Art, ein Tier zu schlachten, sehr wichtig war. Das Tier wurde sofort bewusstlos und konnte völlig ausbluten. Das Ausbluten war notwendig, damit das Fleisch rein wurde. In dem Moment, da das Fleisch zerkleinert und an arme und hilfsbedürftige Menschen verteilt wurde, bekam das Schlachten für mich einen Sinn. Außerdem hatte es sich Mama zur Gewohnheit gemacht, bei Festen, ob Zuckerfest oder Opferfest, Kinder einer mittellosen Familie ganz neu einzukleiden.

Wie sollte ich alles, was ich in mir, mit mir in ein fremdes Land gebracht hatte, leben, wenn das Leben im Außen völlig anders war? Andere Sitten, andere Gebräuche, andere Religion. Das alles war mir unbekannt. Meine Gedanken wurden durchbrochen durch die Stimmen des jungen Ehepaars. Ruhig sprachen sie zu Babaanne. »Großmütterchen, sei doch nicht so streng. Du weißt doch, wie es beim Zuckerfest ist. Die Kinder ziehen sich ihre neuen Kleider an, gehen von Tür zu Tür, um den Erwachsenen ein schönes Fest zu wünschen und um die Hand zu küssen. Die Erwachsenen fühlen sich geehrt. Sie geben den Kindern Bonbons, Taschentücher oder sogar Geld. Da sie hier im Lande kein Zuckerfest haben, wird es an Silvester gemacht!« Babaanne hörte still und aufmerksam zu.

Bevor sie eine Reaktion zeigen konnte, ergriff der Freund meines Vaters das Wort. Er war älter als mein Vater. Babaanne hatte seine Kindheit und seine Jugend miterlebt. So wurde sein Wort von ihr akzeptiert. Feierlich sprach er in die Runde: »Wir alle sind mit einem Ziel für ein paar Jahre nach Almanya gekommen. Wir befinden uns alle in einem Ausnahmezustand, und Allah weiß das! Da du die Älteste bist und regelmäßig betest, wird ER dich erhören. Segne die von den Kindern mitgebrachten Sachen. Bete für uns alle, falls wir Sünden begehen, weil wir die Gebräuche dieses Landes nicht kennen.«

Babaanne war sehr einverstanden. Sie wurde ehrenvoll behandelt. So, wie sie es aus ihrem Dorf kannte. Die Älteren wurden geehrt, denn sie brachten so viel Lebenserfahrung mit, beherrschten den Umgang mit Krankheiten, kannten die Eigenschaften der Pflanzen, konnten die Zeichen am Himmel deuten und das Wetter vorhersagen. Sie wussten über so vieles Bescheid und gaben ihr Wissen gern weiter. Immer wenn irgendetwas anders lief als gewohnt, wurden die Ältesten zu Rate gezogen. Babaanne segnete die Gaben, betete für uns, sprach ein Tischgebet, sodass wir endlich essen konnten. Die Stimmung war wie früher. Es wurde gelacht, es wurden Scherze gemacht, die Frauen lobten sich gegenseitig und tauschten Rezepte aus.

Eines war nicht wie früher. Mit mir war zu viel geschehen. In meinem Herzen war diese Ausgelassenheit überschattet von meinem Versagen und der Scham darüber. Die Sehnsucht nach der schönen alten Zeit war groß in mir. Wenn eine Situation diese glückliche Zeit wieder heraufbeschwor, freute ich mich, doch mein Herz hatte aufgehört zu lachen. Nach dem Essen erzählte jeder von seiner Heimat und wie sie sie verlas-

sen hatten. Alle hatten damals die im Rahmen der Eignungs-
prüfung durchgeführten ärztlichen Untersuchungen als am
schlimmsten erlebt. Sie waren in einer Reihe aufgestellt worden. Lange Reihen nackter Menschen, nur mit einer Unter-
hose bekleidet! Was für eine Scham. Die Ärzte gingen von
einem zum anderen, untersuchten das Gebiss, den Rücken, sie
prüften sie auf Tauglichkeit. Mit einem Scherz versuchte Papas Freund, die aufkommende Trauer zu überspielen: »Seid
froh, dass wir keine Stempel bekommen haben, wie es beim
Viehkauf üblich ist.« Anschließend begann er, Witze aus der
gemeinsamen Gegend zu erzählen, und wir lachten viel.

Die Eltern hatten uns nie erzählt, dass sie solche Untersuchungen hatten über sich ergehen lassen müssen. Ich sah sie
nackt und bedrückt in einer Reihe mit vielen anderen Menschen, empfand eine tiefe Traurigkeit. Sie wurden wie Tiere
behandelt. Wieder regten sich in mir Fragen über Fragen.
Wieso haben sie sich das gefallen lassen? Warum sind sie nicht
empört zurückgekehrt? Ich sehnte mich nach meinen Tanten
und Onkeln. Nach ihren Stimmen, nach ihren Erzählungen
über all die gemeinsam erlebten Ereignisse des vergangenen
Jahres. Gemeinsam wurde geweint oder gelacht und über das
kommende neue Jahr gesprochen, bis es Mitternacht wurde.
Dann wünschten sich alle gegenseitig das Beste und umarmten und küssten sich. Dass etwas Neues beginnen sollte,
konnte ich nie verstehen. Der nächste Tag war wie jeder Tag
zuvor. Außer wenn Sonntag war und wir freihatten.

Papa hatte uns erzählt, dass hierzulande das alte Jahr mit
einem Feuerwerk verabschiedet würde. Ein paar Minuten vor
Mitternacht zogen wir uns warm an und gingen hinaus.
Babaanne wollte lieber beten und sich solch einen Unsinn
nicht angucken. Zum ersten Mal sah ich so viele Menschen in
unserer Straße stehen. Gemeinsam zählten sie die Minuten bis
Mitternacht. Dann wurden große und kleine, laut pfeifende,

Feuer sprühende Raketen angezündet und zum Himmel geschickt. Ein Funke fiel auf Mamas Kleid. Es fing sofort Feuer. Mama schrie auf. Papa, der in solchen Momenten kühlen Kopf behielt, nahm seinen Schal und erstickte die Flamme, bevor etwas Schlimmes geschehen konnte.

Weinend lief ich zu Babaanne. Ich fühlte mich so einsam, ohne Heimat und sogar ohne Eltern. Die Raketen machten mir Angst. Das Weinen, die Tränen wollten nicht wieder aufhören. Das Schluchzen in meinem Hals erlaubte mir nicht, zu reden. Die Eltern verstanden das heftige Weinen nicht. Am nächsten Morgen war ich krank. Zwei Tage lag ich mit Fieber im Bett. Die Eule kam zu mir und zeigte sich noch einmal. Sie saß nicht mehr bei Großmutter im Baum. Gern hätte ich sie gerufen, doch meine Stimme versagte. Nach einigen Augenblicken breitete sie ihre Flügel aus und flog davon.

Im neuen Jahr hatte sich Mama ein paar Tage freigenommen, um uns in die Schule zu bringen. Wir bekamen Ranzen auf den Rücken, so etwas gab es bei uns nicht. Wir hatten damals kleine Schulköfferchen bekommen. Es war so praktisch, die Schulsachen auf dem Rücken zu tragen. Eine ältere Dame kam uns entgegen, reichte mir die Hand. Ich machte meinen eingeübten Knicks. Mama übergab mich der Lehrerin. Sie brachte mich in die Klasse. Auf dem Weg dorthin sprach sie mit ruhiger Stimme, und ich versuchte zu verstehen, was sie sagte. Doch außer »Guten Tag« und »Danke schön« konnte ich kein Deutsch. Als wir an der Tür standen, redeten alle Kinder durcheinander, zeigten auf mich. Die Lehrerin beruhigte sie. Während sie mich an meinen Platz brachte, erzählte sie irgendetwas, aber ich verstand nichts. Ich wurde neben ein Mädchen mit braunen Augen und schwarzen Haaren gesetzt. Freundlich sah sie mich an, schrieb mit großen Buchstaben irgendetwas auf einen Zettel und zeigte auf sich. Ich begriff, dass sie mir ihren Namen aufgeschrieben hatte. Danach gab sie mir einen Zettel und einen Stift, zeigte auf mich und machte eine Bewegung des Schreibens. Ich schrieb meinen Namen.

Die Lehrerin hatte meinen Namen schon an die Tafel geschrieben. Die Kinder versuchten, ihn auszusprechen. Mit Zeichensprache forderte mich die Lehrerin auf, meinen Namen zu sagen. Die Lehrerin und die Kinder der Klasse wiederholten ihn. Es klang lustig, meinen Namen zu hören. Sie sprachen ihn so anders aus. In der Pause nahm mich das Mädchen an die Hand. Sie zeigte mir den Schulhof, erzählte mir viel. Sie gab mir bunte Bonbons, die an kleine Stifte erinnerten. Sie zeigte darauf, sagte den Namen, wiederholte ihn mehrmals: »Lakritz.« So dachte ich, dass Süßigkeiten »Lakritz« heißen. Ich versuchte es nachzusprechen und steckte die Süßigkeit schließlich in den Mund.

Plötzlich fielen mir die ermahnenden Worte von Babaanne ein. Wir sollten nichts von den Ungläubigen annehmen. Ob die Süßigkeiten vielleicht etwas vom Schwein enthielten? Beim Kauen bemerkte ich den eigenartigen Geschmack dieser Süßigkeit. Ich kannte diesen Geschmack nicht, behielt den Lakritz aber im Mund, bis ich ihn unbemerkt in mein Taschentuch ausspucken konnte. Der Schreck war sehr groß. Die bunten Stifte hatten sich in meinem Mund in eine schwarze Masse verwandelt. Ich rannte zum Wasserhahn, spülte meinen Mund aus, versuchte, das Gebet von Babaanne zu erinnern, wenn sie ihre rituellen Waschungen vollzog.

Die Gedanken flogen durcheinander. Warum konnte ich nicht auf Babaannes Worte hören? Nun wurde mir gezeigt, was mit mir passierte, wenn ich nicht gehorchte. Meine Zunge war entsetzlich schwarz. Das war der Beweis! Abends erzählte ich es heimlich meinem Bruder. Liebevoll beruhigte er mich. Die Almanlar hätten wirklich so merkwürdig schmeckende Bonbons. Außerdem sollte ich mir keine Sorgen machen. Von Kindern dürfte man was annehmen. Das sei nicht schlimm.

Ich hatte keine Ahnung, woher mein Bruder das wusste, doch ich vertraute ihm.

Die ersten Wochen ging ich sehr ängstlich und voller Misstrauen zur Schule, denn es war alles sehr fremdartig, und ich wusste nicht immer, was ich durfte und was nicht. Morgens wurden wir von Babaanne in die Schule geschickt. Jedes Mal hatte ich das Gefühl, ich würde in eine feindliche Welt hinausgehen. Die Mitschüler hingegen waren sehr neugierig und nett. In den Pausen war ich immer umringt von Kindern, die mit mir reden wollten.

Nach zwei Wochen Schulzeit wollte die Lehrerin mit meinen Eltern sprechen. Sie schlug ihnen vor, sie könnte mich jeden Tag nach der Schule in der deutschen Sprache unterrichten, wenn die Eltern damit einverstanden seien. Außerdem wäre es gut, einen Fernseher anzuschaffen, damit wir Kinder so viel wie möglich mit der Sprache konfrontiert würden. Dankbar nahmen die Eltern die Vorschläge entgegen. Sie waren mit allem einverstanden, denn was der Lehrer sagt, hat bei uns einen sehr hohen Stellenwert. So kauften sie von dem Geld, das sie für die Waschmaschine gespart hatten, einen Fernseher. Es war eine große Sensation. In unserem Land gab es noch keine Fernseher. Den Sinn dieser Art von Hausaufgabe, Fernsehen zu gucken, verstand ich überhaupt nicht. Ich war damit beschäftigt, die Handlungen zu verstehen. Ich sog die Bilder in mich auf und versuchte, sie zu sortieren. Fernsehen war ermüdend und langweilig. Ich wollte lieber spielen und mir selber Geschichten ausdenken.

Babaanne hatte ihren Spaß mit diesem Kasten. Sie stellte den Ton leise und erzählte uns die Handlungen auf ihre Weise. Langsam schälten sich ihre Lieblingsfilme heraus. Sie liebte Kinderfilme, Naturfilme und Krimis, aber mit einer Einschränkung. Die Krimis durften keine freizügigen Szenen haben. Es durften keine leicht bekleideten Frauen oder sich küssende Paare darin vorkommen. Sie beschimpfte die Figuren auf dem Bildschirm, bezichtigte sie der Schande und Sünde. Bis auf diese Szenen war ihre neu entdeckte Unterhaltung keine Sünde, sondern ein spaßiger Zeitvertreib. Das hätte sie aber niemals zugegeben.

Für uns Kinder war es wie eine Erlösung, diese Sprachquelle nicht benutzen zu müssen. Der Ton war ja ausgestellt. Sogar die Eltern waren mit unserem Arrangement einverstanden, so hatte Babaanne tagsüber eine Beschäftigung. Doch das Fernsehen war nur eine Ablenkung und konnte die Heimat natürlich nicht ersetzen. Jeden Abend klagte Babaanne über ihre Einsamkeit. Ihr fehlten die Nachbarn aus der Heimat und wie sie sich früher von Balkon zu Balkon liebevolle, neckende Begrüßungen zugeworfen oder sich die neuesten Ereignisse erzählt hatten. Oder man traf sich im Laubengang vor unserer Haustür und hielt einen ausführlichen Schwatz. Sobald die Ehemänner und Schulkinder die Wohnung verlassen hatten, öffneten sich die Haustüren weit. Ein emsiges Treiben begann. Das Geländer diente zum Auslüften von Teppichen, Kilims, Kissen und Bettdecken. Beim Rein- und Rausgehen warfen sich die Frauen ermunternde Worte zu und wünschten sich ein »frohes Schaffen«. Das Geländer erinnerte inzwischen an einen Esel, der bunt beladen war.

Vor unserem Haus zogen viele Esel mit ihren Besitzern vorbei. Zwei große, längliche Körbe, voll geladen mit Kohle, Gemüse oder Textilien, hingen links und rechts an ihnen herab. Langsam schritten sie jeden Morgen an unserem Haus vorbei. Abends kamen sie mit leeren Körben wieder zurück. Die Esel zuckten lustig mit ihren Ohren. So gern wollte ich auf einem dieser Esel sitzen. Dann hätte ich mitreiten und sehen können, wohin die Körbe gebracht wurden. Niemals durfte ich mit Fremden mitgehen. Niemals durfte ich Dinge tun, die außerhalb der Familie stattfanden. So dachte ich mir

Geschichten zu den Körben aus, woher sie kamen und wohin sie gingen.

Zu den schönsten Erlebnissen gehörten auch die Markttage in der Heimat. Mein Bruder und ich durften Mama zum Markt begleiten. Meine Schwester war noch zu klein und blieb bei Babaanne. Das tat sie gern. Babaanne war mit meinen Geschwistern sehr innig, nicht aber mit mir. Es war einfach so, und so hatte alles seine Ordnung. Auf dem Markt ging es bunt und lebendig zu. Aus allen Dörfern der Umgebung kamen die Bauern. Sie brachten nicht nur ihre Waren, sondern auch eine Atmosphäre mit, die so in einer Stadt nicht vorhanden war. Sie brachten das einfache Leben mit seinen ganzen Schwierigkeiten mit. Sie brachten die Erde mit, von der ihre Hände sprachen. Diese Hände wussten viel zu erzählen von der Erde und den Tieren.

Mein Rosen liebender Onkel sagte immer: »Wenn du einen Menschen in seinen Handlungen erkennen, verstehen willst, schau dir seine Hände an.« Diese Hände waren ständig im Kontakt mit der Natur, der Erde, dem Vieh. Mit ihren braun gebrannten Gesichtern, ihren leuchtenden Augen brachten die Bauern die Sonne mit. Sie brachten ihre Herzen mit. Wie eine Landschaft lag der Markt vor uns. Frauen mit bunten Kopftüchern saßen vor ihrem zu kleinen Bergen gehäuften Obst und Gemüse. Männer standen vor ihrer Ware und versuchten, mit Einsatz ihrer Stimmen Kundschaft anzuwerben. Wieder andere Männer standen, behängt mit Luftballons und buntem Plastikspielzeug, in der Menge. Sie unterschieden sich von den Bauern. Die Natur hatte sie nicht so geprägt. Zu diesem Marktbild gehörten auch Hühner, Küken, Ziegen, Schafe, Eier, Käse, Oliven, Brot und vieles mehr.

Alle Geräusche, Stimmen und Laute flossen zusammen, formten sich zu einem Wirbelsturm über dem Marktplatz und wirbelten über die Landschaft, ohne Schaden anzurichten. Die

Gerüche der Tiere, die Gerüche der unterschiedlich säuerlich riechenden Schafskäsesorten, der Geruch der in Glut und Asche frisch gebackenen Brote durchmischten sich, wurden zu einem Ganzen, prägten sich tief in mir ein. Ich liebte es, wenn es zu einem Tauschgeschäft zwischen Ware und Geld kam. Mit kräftigen Händen wurde die Ware behutsam weitergegeben, das Geld entgegengenommen und in die Schürzentaschen gestopft. Ihr Gemüse, Obst, alles, was sie mit viel Arbeit und Mühe geschaffen hatten, verwandelte sich zu Geld und lag zusammengeknüllt in der Schürzentasche. Das waren die Momente, in denen mich Schwermut erfasste. Ich konnte nicht verstehen, warum so viel Lebendigkeit in die Schürze wanderte.

Papa erklärte mir, warum sich Natur und Geld ineinander verwandeln mussten. Denn das Geld verwandele sich wieder in die Natur zurück. Die Bauern würden das Geld für den Dünger, für Maschinen, für ihre Werkzeuge verwenden. Sie würden für sich und ihre Kinder Kleider aus Wolle und Baumwolle kaufen. Die Schwermut wich der Neugier. Ich war damit beschäftigt, wie sich Natur in Geld verwandelte und das Geld wieder zurück in Natur. Voll gepackt gingen wir nach Hause, nicht nur mit Gemüse und Obst, sondern auch mit den schönsten Eindrücken der Welt. So erlebte ich eine große Enttäuschung, als ich mit Mama und meinen Geschwistern auf dem Markt im fremden Land war. Die Bauern sahen nicht wie die Bauern aus, die ich kannte. Sie hatten keine Geschichten mitgebracht, sie schienen ihr ganzes Leben zu Hause gelassen zu haben. Es war so lautlos, so geruchlos, keine Geschichten in den Händen. Das Gemüse, das Obst war Reihe um Reihe säuberlich auf den Tischen gestapelt. Die Hände hatten sich für den Glanz und die Ordnung der Ware viel Mühe gegeben. Sie hatten längst ihre Herkunft, die Erde, die Natur vergessen. Sie hatten aufgehört zu atmen. Ihre Aufgabe war, zu glänzen und ordentlich zu sein.

Mama durfte die Ware nicht berühren. Sie durfte nicht aussuchen. Hier durften die Sinne nicht zum Einsatz kommen. Aber wo sonst, wenn nicht auf dem Markt, könnte ein Wirbelsturm an Lebendigkeit sein? Mit so vielen unterschiedlichen Menschen, Tieren und Gerüchen? Hier gab es keine um sie werbenden Männerstimmen, keine Dialekte, keine Tiere. Keine Frauen mit bunten Kopftüchern. Hier gab es keine lachenden Bäuerinnen, die zum Probieren ihrer verschiedenen, selbst gemachten Käsesorten einluden oder zum Anfassen ihres Gemüses aufforderten. Aus irgendeinem Grund waren sie stumm geworden. Nicht nur die Bauern, auch die Käufer. Keine schwatzenden Frauen mit ungeduldigen Kindern um sich herum. Traurig ging ich mit dem Gefühl der Angst, nie wieder einen Markt wie in unserem Land erleben zu können, nach Hause. Doch Mama schien das nichts auszumachen. Sie war mit der Ordnung hier sehr einverstanden.

Papa konnte mir die Frage, warum es so war, nicht wirklich beantworten. Die Almanlar legten sehr viel Wert auf Ordnung, hatte er gesagt. Mama war auch begeistert von den Läden und Kaufhäusern. Von so vielen Käse- und Brotsorten. Sie war begeistert von den Etiketten, auf denen fein säuberlich der Preis der Ware stand. Bei Kleidungsstücken und selbst auf Nahrungsmitteln hatte sie die Etiketten entdeckt und war entzückt. Papa fehlte das Feilschen. Wegen der festgelegten Preise durfte man nicht handeln. Es brachte zwar eine gewisse Ordnung mit sich, aber der Spaß, dieses Miteinander-um-die-Ware-Feilschen, konnte hier in diesem Land nicht gelebt werden.

Am schnellsten hatte sich Mama mit der neuen Situation angefreundet. Sie liebte den Fortschritt, das Moderne. Es war ihr anzumerken, dass sie in einer Großstadt aufgewachsen war und aus einer angesehenen, wohlhabenden Familie kam. Ihr Vater war ein aus Syrien stammender Textilfabrikant und Designer gewesen. Er starb leider mit zweiundvierzig Jahren

an Herzversagen. Mit sieben Jahren war Mama eine Halb-
waise und ihre Mutter mit fünfundzwanzig Jahren Witwe.
Das ganze Vermögen, das sie geerbt hatte, wurde von Großmutters Brüdern in Verwahrung genommen. Später teilten
sich ihre sieben älteren Brüder die Erbschaft. Sie übernahmen
die Verantwortung für die jüngste Schwester und deren Tochter (meine Mutter), indem sie ihr ein Grundstück mit einem
Haus überließen und ihr eine monatliche Rente zahlten. Mamas Erbe veruntreuten diese Onkel, obwohl in dieser Familie
sehr viel Wert auf Anstand und das Einhalten der gesellschaft-
lichen Erwartungen und Verpflichtungen gelegt wurde.

Mama hatte eine innige Verbindung zu ihrem Vater gehabt
und liebte ihn so sehr, dass sich damals niemand traute, ihr die
Todesnachricht zu überbringen. Er sei auf Auslandsreise, hieß
es immer wieder. Erst mit neun Jahren erfuhr sie zufällig die
Wahrheit. Kurze Zeit später musste sie bei einem ihrer Onkel
leben und wurde dort wie ein Dienstmädchen behandelt. Ihre
Mutter heiratete bald darauf ein zweites Mal. Man hatte
Mama nicht nur die Trauer um den Vater, sondern, wie sie
später erfuhr, auch ihr Erbe genommen und sie zum Dienstmädchen gemacht. Diese Demütigung, der Schmerz darüber
bekamen nie einen Platz in ihrem Leben. Sie konnte darüber
nicht weinen. In ihrem Erleben gab es keine Zeugen, so gab
es keine Täter. Es gab Opfer. Sie und ihre Mutter. Diese Lebensumstände formten Mama zu einem rastlos suchenden
Menschen. Sie wollte immer besser sein als die anderen. Das
Gefühl, sich stets verteidigen zu müssen, weil die Welt unendlich ungerecht war, begleitete sie lebenslang.

Die Herkunft unserer Eltern war unterschiedlich. Papa war
in einer Dorfgemeinschaft aufgewachsen. Der Umgang miteinander, mit der Natur, mit dem Geld war einfach und liebevoll. Für die Probleme, Streitigkeiten waren die Ältesten
zuständig, oder es wurde der Hoca zu Rate gezogen. Wenn

sich in einem Haus etwas ereignete, wusste die ganze Gemeinschaft Bescheid. Es war für jeden in Ordnung, so wie es war. Der Wissensdrang zog Papa in eine größere Stadt, wo er Mama traf und um ihre Hand anhielt. Nach seinem Studium und einem Auslandsaufenthalt in Amerika fand Papa eine gute Anstellung bei den Elektrizitätswerken unserer Heimatstadt, nicht weit entfernt von seinem Dorf. Seine Aufgabe war es, die ersten Stromleitungen zu den umliegenden Dörfern zu legen. Dafür hatte man ihm achtzig Mitarbeiter zugeteilt. Viele dieser Strommasten und Stromleitungen, die Vater gelegt hat, sind heute noch erhalten.

Papa war sehr angesehen in unserer Stadt und im Dorf. Er brachte den Menschen mit dem Strom eine große Erleichterung ins Leben. Auf diese Weise wurde Mama als etwas ganz Besonderes in die Gemeinschaft aufgenommen. Die Großstadt war ihr anzusehen, doch sie hatte die Gabe, sich den äußeren Bedingungen anzupassen. Sie behielt immer ihren Stolz. Geschickt konnte sie verbergen, dass sie sich im Vergleich mit den anderen Frauen aus der Verwandtschaft und dem Dorf tatsächlich auch als etwas Besseres, als etwas Besonderes fühlte. Auch für uns Kinder wollte sie immer nur das Allerbeste. Ihr Streben, immer besser als die anderen zu sein, hat sie so manches Mal im Leben blind gemacht bei wichtigen Entscheidungen, wie zum Beispiel dem Entschluss, ins Ausland zu gehen.

Hier in Deutschland versuchte Mama, sich den äußeren Umständen anzupassen. Sie versuchte, die Mode zu verstehen, denn sie liebte es, mit der Mode zu gehen. Es war eine Freude, ihr zuzuschauen, wie geschickt sie sich und uns Kleider nähte. Passende Schuhe und Handtaschen waren sehr wichtig für sie. Auch ich versuchte, diese neue Welt zu begreifen. Ich fühlte mich sehr einsam. Die Einzige, die aussprach, wie sie sich hier in Deutschland fühlte, war Babaanne. Das tat mir immer wieder gut. Die anderen versuchten, es mit sich auszumachen. Ich lebte in Erinnerungen, ich umklammerte sie. Ich wollte sie nie wieder loslassen. Nur das Leben in der Heimatstadt war mein Leben. Als würde alles andere nicht mehr von mir gelebt werden. Stets suchte ich nach etwas Vertrautem, nach irgendetwas, das mich an die Heimat erinnern konnte. Ich dachte, ich könnte dadurch aus meinem inneren Chaos herauskommen.

Der Frühling schob den Winter langsam wie einen Vorhang von Tag zu Tag zur Seite. Die Blätter an den Bäumen zeigten sich in ihren Farben, noch jedoch nicht in ihrer ausgewachsenen Form. Die Knospen entwickelten sich in aller Ruhe und Gelassenheit zu Blüten. Frauen mit Gummihandschuhen arbeiteten in ihren Gärten. Jede für sich, ohne über den Zaun der anderen im Garten arbeitenden Frau etwas zuzurufen und zu erzählen. Keine tobenden, spielenden Kinder um sie herum. Keine Gemüsebeete.

Wie war das Leben bei uns, wenn sich der Frühling ankündigte? Dann war es Zeit für den Frühjahrsputz! Der Mann mit dem Esel kam jedes Jahr zum Frühjahr, sammelte die Aluminium- und Kupfertöpfe ein, um sie dann mit Asche blank zu putzen. Es war wie ein Fest für uns Kinder. Aufmerksam verfolgten wir, wie er mit der feinen Asche den Töpfen zu neuem Glanz verhalf. Danach wurden sie zu Hause mit grüner Seife von der restlichen Asche befreit. Die Möbel wurden hin- und hergerückt. Wände bekamen einen neuen Anstrich. Die Inhalte der Matratzen, Wolle oder Baumwolle, wurden in der Sonne ausgebreitet. Der Winter wurde förmlich aus jeder Ecke des Hauses mit Putzen und Lüften hinausgetrieben. Der Duft von Kern- und grüner Seife wurde überlagert vom Geruch der Farbe an den Wänden. In der Küche wurde das ganze Geschirr aus den Schränken geräumt und abgewaschen. Die weißen, mit Spitze behäkelten Decken wurden gekocht; dann gestärkt und gebügelt wieder in die Regale gelegt.

Auch hier in dem fremden Land versuchten Mama und Babaanne, den Frühjahrsputz zu machen. Mama war von der Vielfalt der Putzmittel begeistert, die sie in den Regalen der Kaufhäuser fand. Wie von zu Hause gewohnt, hingen nun auch hier die aufgestapelten Teppiche, Bettdecken und Kissen zum Lüften auf dem Balkongeländer. Bei solch einem Anblick jubelte mein Herz. Nicht lange sollte es andauern, dieses Gefühl. Schimpfend kam die Vermieterin, forderte uns auf, sofort den ganzen Kram herunterzunehmen. Ohne Begründung. Sie sagte nur, wir sollten uns hier anpassen, solange wir hier lebten. Am schlimmsten war das für Babaanne. Noch nie war sie von einer jüngeren Frau so abgekanzelt worden. In diesem Land wurden ältere Menschen anscheinend nicht respektvoll behandelt. Wir sprachen nie wieder über diesen Vorfall.

Die Tage wurden länger und wärmer. Die Tochter des Vermieters kam nach der Schule, um mit uns im Garten zu spielen. Gemeinsam dachten wir uns Sprachspiele aus. Das Spielen mit der Sprache ließ zwischen uns vieren eine Freundschaft entstehen. Die Sprachkenntnisse machten große Fortschritte. Die Lehrerin gab mir jeden Tag nach der Schule Einzelunterricht. Sie versuchte, mich in die Klasse zu integrieren. Schüler, die mich wegen meiner Aussprache auslachten, mussten die von mir in meiner Sprache vorgegebenen Worte nachsprechen. Ich suchte mir die allerschwierigsten aus. Ich wollte ihnen damit zeigen, wie schwer es war, eine neue Sprache zu lernen. Wie erwartet, konnten sie es nicht aussprechen. Darüber lachten wir alle. Aus dem Auslachen wurde ein Miteinander-Lachen.

Geschickt und einfühlsam schaffte die Lehrerin eine Brücke zwischen mir und der Klasse. Ungestört konnte ich die Sprache aufnehmen. Je besser ich sie beherrschte, desto mehr ließ sie mich im Einzelunterricht von meiner Heimat erzählen. Ich erzählte von Babaannes Unglück, hier zu sein. Ich erzählte von Papas Trauer und Mamas schwerer Arbeit, die sie nicht gewohnt war. Aus dem Unterricht wurde eine Erzählstunde. Morgens, wenn ich in die Schule ging, freute ich mich auf den Einzelunterricht. Je vertrauter mir die Sprache wurde, desto mehr verschwanden meine Ängste. Ich hatte Spaß, machte immer mehr Entdeckungen in der Umgebung. Zu verstehen, was man mir erzählte, und darauf zu reagieren, war wie eine neu erworbene Freiheit.

Babaanne war sehr ärgerlich, wenn wir Kinder uns in der ihr fremden Sprache unterhielten. Die Eltern waren stolz auf uns, weil wir in kürzester Zeit so viel gelernt hatten. Wir hatten sie schon längst überholt und konnten heraushören, was für ein Durcheinander sie sprachen. Am Anfang schien es, als würden die Eltern die Sprache beherrschen. Sie verfügten über die Worte, die sie auf der Arbeit und für die Arbeit benötigten. Die Umstände ließen es nicht zu, die Sprache ausführlicher zu lernen. Außerdem wurden sie immer bequemer, je mehr wir konnten. Wir hatten überall unsere Einsätze. Zum Beispiel bei Ärzten, Banken, bei der Post, beim Einkaufen und in der Schule. In der Schule war es schon komisch, Dinge zu übersetzen, die einen selbst betrafen. Die erste Zeit machte mich das sehr stolz. Später war mir dieses ständige Dolmetschen eine große Last. Babaanne konnten wir beschwichtigen, indem wir ihr ihre Lieblingsfilme übersetzten. Auch das entwickelte sich zunehmend zu einer schwierigen Aufgabe, da ich immer mehr Filme übersetzen musste. Aber dafür hatte ich ihre Anerkennung gewonnen. Sie sprach nie darüber, aber zeigte mir mit ihren Gesten ihre Dankbarkeit.

Eines Tages brachte der Postbote einen Brief, der von einem Erwachsenen unterschrieben werden musste. Glücklicherweise war Mama zu Hause. Babaanne wäre überfordert gewesen und hätte geschimpft. Sie konnte ja nicht lesen und schreiben. Der Brief kündigte einen Beamten aus der Behörde an.

Er sollte prüfen, ob wir genug Raum zum Leben hatten. Wir fühlten uns gedemütigt. Mama war sehr aufgebracht. Auf der einen Seite bekamen wir keine Wohnung, weil wir Fremde waren und noch dazu eine sechsköpfige Familie, auf der anderen Seite wurden wir kontrolliert.

Papa versuchte die beiden Frauen zu beruhigen. Auch unsere Mitbewohner wurden zu Rate gezogen. Man redete hin und her. Zwei Zimmer waren für sechs Personen einfach zu wenig, und wir hätten bestraft werden können. Große Angst und Hilflosigkeit machten sich unter den Erwachsenen breit. Sie kannten die Gesetze nicht und wussten nicht, was in diesem Fall passieren würde. Papas Freund kam auf eine geniale Idee. Aus dem Freund wurde ein Verwandter, der sich das Zimmer mit meinem Bruder teilte. An dem besagten Tag wurde ein Bett aus dem Kinderzimmer in das Zimmer unseres neu ernannten Verwandten getragen. Babaanne betete mehr als sonst, weil das fremde Land sie zum Lügen zwang. Wir alle waren froh, dass sie die Sprache nicht konnte, denn sonst hätte sie alles, was sie über dieses Land dachte, dem Beamten entgegengespuckt.

Der Beamte kam. Ein großer, blonder Mann mit einer schwarzen Aktentasche in der Hand. Seine strengen Züge um den Mund und die stechenden, blauen Augen machten mir Angst. Am liebsten hätte ich mich aufgelöst. Meine kleine Schwester stellte sich mit verschränkten Armen vor dem Beamten auf. Ihre dunklen, großen Augen waren sehr konzentriert. Höflich fragte sie, was er in unserer Wohnung wolle. Er lächelte, streichelte ihr über den Kopf und erklärte, dass er prüfen müsse, wie viele Personen hier in der Wohnung lebten. Meine Schwester verschwand, kam mit ihrer Puppe zurück, hielt sie ihm entgegen und sagte: »Sie wohnt bei mir. Bitte schreiben Sie es auf.«

Damit war der Bann gebrochen. Der Beamte sah sich alles an, schrieb in seine Unterlagen und ging wieder. Meine Eltern waren sehr erleichtert. Die Zimmer wurden wieder hergerichtet. Diese Überprüfung war für mich unerträglich. Als hätte ich eine Sünde begangen. Eine große Scham nahm Besitz von mir. Gern hätte ich mit jemandem darüber geredet, doch nicht einmal der Lehrerin konnte ich diesen Vorfall im Einzelunterricht erzählen. Als hätten wir ein Stück Würde verloren. Auch Babaanne und die Eltern waren lange Zeit betroffen und bedrückt über diese Willkür der Behörde. In der Heimat hätte es so eine Situation nie gegeben.

Wieder machte Babaanne in ihrer großen Verzweiflung ihrem Sohn bittere Vorwürfe. Sie wollte sofort nach Hause, diese Art von Leben würde sie in ihrem Alter nicht führen wollen. Diesmal war Mama bei der Auseinandersetzung dabei. Sie versuchte, Leichtigkeit in das Gespräch zu bringen. Es war offensichtlich, dass Babaannes Geduld am Ende war. Mit Tränen in den Augen, die sie sonst nie gezeigt hätte, sprach sie sehr klar und deutlich. Sie wollte dem Leid ein Ende setzen. Sie erzählte von der Zeit bei der Großmutter und wie schrecklich es für uns alle war und dass sie nun keine Kraft mehr habe. Für mich brach eine Welt zusammen. Ich fühlte mich verraten. Das Geheimnis zwischen Großmutter und mir wurde enthüllt. Wie sollte ich Großmutter jemals unter die Augen treten?

Ich hatte die Eltern noch nie so erschrocken erlebt. Als hätte mein Bruder immer schon darauf gewartet, seine innere Last loszuwerden, schilderte auch er all die schrecklichen Szenen, die er mitbekommen hatte. Je mehr sie auspackten, desto stiller wurde ich und verstummte schließlich ganz und gar. Auf die Fragen der Eltern wusste ich nichts mehr zu sagen. Meine Stimme versagte. Die Eltern ließen mich in Ruhe. Ich war froh, denn meine Scham und mein Gefühl von Schuld waren zu groß, als dass ich jemals in meinem Leben darüber hätte sprechen können. Gemeinsam schwiegen wir über ein Geheimnis, das keines mehr war. Gern hätte ich gewusst, was die Eltern über mich dachten, ob sie mich noch liebten, obwohl ich so ungezogen gewesen war.

Die Tage wurden immer gewöhnlicher, eine gewisse Routine gab uns allen mehr Sicherheit. Der Sommer mit den Blüten und Früchten an den Bäumen und die Blumenpracht überall taten ihr Übriges. Still und unbemerkt entwickelte sich eine Freundschaft mit dem Land. Ich ging sehr gern zur Schule, denn dort hatte ich Freunde gefunden. Um mich herum wurde es immer friedlicher, nur in mir nicht. Die vielen unbeantworteten Fragen, die Erlebnisse der letzten Jahre ließen mich nicht zur Ruhe kommen. Aus Scham und Schuld konnte ich mit niemandem darüber sprechen. Die Ereignisse hatten mich zu schnell erwachsen gemacht und viele Spuren in mir hinterlassen. Das Kinderherz war tief verletzt worden, und die Heilung hatte noch nicht begonnen. Immer noch litt ich unter Appetitlosigkeit und war sehr dünn.

Die Eltern sorgten sich, sodass ich auf Empfehlung eines Arztes zu einer Kur für Kinder geschickt wurde. Es war gut gemeint, setzte mich aber noch mehr unter Druck. Mit so vielen unterschiedlichen Kindern in verschiedenen Altersgruppen war ich überfordert. Nun war ich mitten in einer neuen Welt, ohne meine vertraute Familie. Morgens schon begann die Qual. Zum Frühstück gab es Haferschleimsuppe. Ich hatte so etwas noch nie gesehen. Nach ein paar Löffeln wehrte sich mein Körper, und ich verteilte die Suppe heimlich an die anderen Kinder. Bei den anderen Mahlzeiten ging es mir nicht besser.

In der vierten Woche meines Kuraufenthaltes hatte ich ein schreckliches Erlebnis. Ich hatte mich mit meiner Zimmermitbewohnerin angefreundet. In der Freizeit spielten wir gern in dem vor dem Haus gelegenen Wald. Beim Spielen muss meine Freundin ein Wespennest aufgescheucht haben. Sie wurde plötzlich von Hunderten Wespen attackiert. Ich lief zu dem Betreuer, um Hilfe zu holen. Sofort kam sie in ein Krankenhaus und kämpfte dort mit dem Tod. Sie hat den Wespenangriff überlebt. Wir haben uns nie wiedergesehen. Obwohl die Betreuer mein Verhalten lobten, blieb in mir ein Schmerz zurück: das Gefühl, sie im Stich gelassen zu haben. Dieses Gefühl packte ich in die Kiste, in der schon andere unangenehme Dinge, die ich nicht mit anderen teilen konnte, aufbewahrt wurden. Ich war froh, als die sechs Wochen vorbei waren.

Die Eltern hatten in der Zwischenzeit eine Wohnung gefunden, die wir zum späten Herbst beziehen sollten. Ich konnte mich nicht freuen, denn es bedeutete, wieder einmal Abschied zu nehmen. Abschied zu nehmen von Menschen, mit denen ich Freundschaften geschlossen hatte, von der Liebe zwischen der Lehrerin und mir. Die neue Umgebung, die mir anfänglich solche Schwierigkeiten bereitet hatte, war mir inzwischen vertraut geworden, und ich kannte sogar alle aus unserer Straße. Jetzt sollte wieder alles von einem Tag auf den anderen der Vergangenheit angehören? Wie oft war das in meinem bisherigen Leben geschehen?

Sogar die Eule hatte ich nicht wieder gerufen, weil ich fürchtete, sie könnte sich hier nicht wohlfühlen. Sie half bestimmt einem anderen Kind in seiner Not. Mit der Zeit hatte ich sie vergessen. Die Tochter der Vermieterin, die ich am Anfang so schrecklich fand, hatte ich ins Herz geschlossen. Sogar Babaanne hatte sich im Sommer ein bisschen wohlgefühlt. Sie konnte die ganze Zeit auf dem Balkon verbringen, entweder Gemüse putzend oder uns beobachtend, während wir im Garten spielten. Doch jeder Tag brachte uns näher an den Umzugstermin heran.

Papa hatte viel zu tun. Die Wohnung, die wir beziehen wollten, war äußerst renovierungsbedürftig. Unsere Vorgänger waren sehr kranke, alte Leute gewesen. Sie hatten ihr ganzes Leben dort verbracht – Kinder großgezogen, den Krieg überstanden. Der Mann verstarb, und die alte Dame mochte nicht mehr in einer Fünf-Zimmer-Wohnung leben. Einen Nachteil hatte die Wohnung: Es gab kein Badezimmer. Papa zauberte aus dem neben der Toilette liegenden Zimmer ein Bad. Er nutzte die Anschlüsse der Toilette. Da es eine Wohnung mit Ofenheizung war, baute er einen mit Kohle beheizbaren Warmwasserbereiter in das Zimmer ein. Nach ein paar Wochen hatten wir ein Bad.

Später zeigten sich noch andere Nachteile dieser Wohnung. Aus Unkenntnis und aus dem Druck heraus, eine größere Wohnung zu beziehen, hatten die Eltern die Umgebung außer Acht gelassen. Die neue Umgebung war nicht mehr so schön wie die alte. Es waren Altbauten mit mehreren Stockwerken. Von außen sehr schön anzusehen, innen mit Stuck und Verzierungen. In diesen Häusern wohnten Menschen anderer Nationalitäten, Kulturen und auch Menschen, die hier den Krieg überlebt hatten. Mir fehlten die Gärten, die vielen Blumen und Bäume. Wir waren umgeben von Häusern und Straßen. Vor unserer Wohnung verliefen die Schienen der Straßenbahn.

Auf der gegenüberliegenden Seite der Straße stand eine Kirche. Ich erwähne sie deshalb, weil Babaanne am Anfang große Schwierigkeiten damit hatte. Man konnte sie vom Wohnzimmerfenster aus sehen. Als Babaanne sie erblickte, versteinerte sich ihr Gesicht, wie angewurzelt stand sie am Fenster und sagte eine ganze Weile nichts. Sie starrte den Kirchturm an. Es war so erschreckend, weil sie sonst immer mit ihrer Meinung herausgesprudelt war. Diese alte Frau sehnte sich nach einer Moschee, nach einem Minarett mit einem an Allah und an das Gebet erinnernden Muezzin. Nun stand eine Kirche gleich vor der Haustür. Das war für sie das Allerschlimmste. Das Läuten der Glocken erlebte sie jedes Mal als eine Verletzung ihrer islamischen Seele.

Meine Geschwister und ich bekamen mit der Zeit heraus, dass die Glocken durch das Läuten die Uhrzeit angaben. Als Analphabetin konnte Babaanne auch die Uhr nicht entziffern, sodass sie immer auf uns angewiesen war. Wir teilten ihr unsere Erkenntnisse über die Glocken mit. Gemeinsam zählten wir die Schläge. Sie wurde aufmerksam für die Schläge der Glocken und hatte Spaß zu zählen – bis auf den Sonntagmorgen. Da wollten die Glocken nicht aufhören zu schlagen, worauf sie ziemlich unwirsch reagierte. Papa versuchte, ihr zu erklären, dass auch Christen beten und ebenfalls ihren Glauben haben. Sie wurden mit Glockenklängen an den Gottesdienst erinnert. Babaanne blieb stur, wollte davon nichts wissen und die Kirche nur als Zeitansage nutzen. Schließlich gab Papa auf und ließ sie einfach in Ruhe.

Durch das Einrichten der Wohnung versuchten die Eltern, die alte Ordnung herzustellen. Es war nicht möglich, denn wir lebten nun in einer anderen Umgebung, und auch die Lebensumstände hatten sich verändert. Papa arbeitete in drei Schichten. Das bestimmte unser Leben sehr. Mama ging äußerst früh zur Arbeit. Anschließend kam sie erschöpft und nervös nach Hause. Die Zeit, die wir sonst immer miteinander verbracht hatten, wurde immer weniger. Ich war froh, Babaanne bei uns zu haben.

Ein paar Monate später verließ sie uns aber. Sie ging einfach fort. Papas Freund, mit dem wir zusammengewohnt hatten, fuhr in die Heimat, um seine Familie zu besuchen. Als sie das hörte, war sie nicht mehr zu halten. Es war die Gelegenheit für sie, in die Heimat zurückzukehren, da sie die beschwerliche Reise nicht allein hätte bewältigen können. Für sie war es das Beste. Für uns Kinder war das ein Unglück.

Obwohl sie die Küche für sich hatte und den ganzen Tag alles tun und lassen konnte, wurde sie von Tag zu Tag schweigsamer. Sogar in ihren Gebeten war sie still geworden. Die sonst den Raum füllenden Gebete gab es nicht mehr. Ich dachte an den Rosen liebenden Onkel. Immer wenn seine Rosen bewundert wurden, sagte er: »Ich pflege die Erde, damit sich die Wurzeln wohlfühlen, alles andere ist Allahs Werk.« Babaanne wurde jeden Tag welker, ihr Stamm kraftloser. Sie hatte ihre Wurzeln verloren. Sie konnten nicht mehr gepflegt werden. Sie musste zurück, damit sie nicht krank wurde. Ihre schwindenden Kräfte machten ihr und uns Sorgen. Sie sprach häufiger vom Tod. Die Angst, dass sie in fremder Erde begraben werden könnte, ließ sie nicht mehr los.

Über ein Erlebnis, bevor sie fortging, war ich sehr dankbar und froh. Eines Morgens wurde ich von sehr starken Schmerzen geweckt. Ich dachte, mein Bauch würde in Stücke gerissen. Ich hatte Angst, zu sterben. Doch schlimmer war noch die Angst, die auch Babaanne hatte. Die Angst, ich könnte in der fremden Erde begraben werden. Ich lief zu Babaanne, um ihr zu sagen, dass ich sterben werde. Sie guckte mich an, legte ihre Hand sanft auf meinen Bauch und sagte: »Ich glaube, das Kindsein verabschiedet sich von dir. Nun wirst du ein junges Mädchen.« Die Bedeutung ihrer Worte verstand ich nicht, aber sie beruhigten mich. Ich brauchte nicht zur Schule zu gehen. Gegen Mittag nahmen die Schmerzen ab, dafür lief Blut aus mir heraus. Ich rief verzweifelt nach Babaanne. Sie schmunzelte und sagte: »Wusste ich's doch! Das ist der Beweis. Nun bist du ein junges Mädchen!«

Auf so eine Situation war ich nicht vorbereitet. Wenn ich ein junges Mädchen wurde, gab es Schmerz und Blut. Warum hatte mir das niemand gesagt? Babaanne hatte diese Neuigkeit Mama erzählt. Mama klärte mich über die Pflege während der Zeit des Blutens und über die rituelle Waschung danach auf. Sie sprach über die Pflichten und was es bedeutete, ein junges Mädchen zu sein. Es hieß, den Haushalt zu führen. Putzen, Wäsche waschen, bügeln, Essen zubereiten und vieles mehr zählte Mama auf. Ich durfte keine Freundschaften haben, die unsere Ehre hätten beflecken können. Die Jungen sollte ich meiden; nicht neben ihnen sitzen und nur das Nötigste mit ihnen sprechen, auch in der Schule. Sie sagte: »Das ist die Vorbereitung auf die Ehe. Wenn du alles lernst, wirst du es später einfacher haben im Leben und in deinem Haushalt.«

In unserer Kultur durfte ein junges Mädchen keine körperlichen Berührungen haben, bis sie den für sie erwählten Mann heiratete. Große Aufgaben kamen auf mich zu. Wie sollte ich diese Aufgaben ohne Babaannes Anleitung schaffen? Mama arbeitete, sie hatte kaum noch Zeit für sich und uns. Meine Trauer über Babaannes Abreise wurde immer mehr von der Angst vor der Zukunft überschattet. Erst jetzt merkte ich, wie stark mein Leben mit dem ihrigen verwoben war. Ein Teil meines Lebens ging mit ihr, es konnte nicht fortgesetzt werden. Ich fühlte mich leer. In diese Leere drängte sich die Angst vor dem, was auf mich zukam. Ich zitterte innerlich wie Espenlaub im Sturm. Nachdem sie uns verlassen hatte, bröckelte unsere Familie auseinander, Stück um Stück.

Alles wird gut!

Hastig hatte ich Fatmas zweiten Brief geradezu verschlungen, und nun lag er auf meinem Schreibtisch. Ich hatte nach dem Lesen gemischte Gefühle. Eine ganze Weile schaute ich aus dem Fenster hinaus und beobachtete, wie der Wind die Baumkronen sanft hin- und herwiegte. Es hatte etwas Beruhigendes. Langsam wurde mir klar, dass ich mir in meiner Phantasie eine glückliche Fortsetzung ausgemalt hatte, für mich, aber auch für Fatma. Alles wird gut, hatte ich gedacht. Alles sollte gut werden, damit das Gefühl von Sicherheit, das Gefühl, getragen und geborgen zu sein, wiederhergestellt werden konnte. Auch Fatma hatte diesen Wunsch und wartete voller Sehnsucht und alter Erinnerungen darauf, dass die Eltern in die Heimat zurückkehren würden.

Da ich keine Idee, keine Vorstellung hatte, wie es hätte weitergehen können, hatte ich diese Lücken mit bunten, fröhlichen Bildern der Begegnung und des Neubeginns in einem fremden Land gefüllt. An die entgegengesetzte Variante, die quälenden Bilder und bedrohlichen Vorstellungen, hatte ich nicht zu denken gewagt. Nein, meine Phantasie lief nur in eine Richtung. Vielleicht, weil ich die Realität damals nicht zulassen wollte. Irgendwie hatte es Fatma auch geschafft, mir zwischen den Zeilen zu vermitteln, wie es ihrer Familie und vielen anderen der ersten Generation, vielleicht auch uns, damals ergangen war. Vor meinem geistigen Auge sah ich Züge mit all den Menschen aus meiner Heimat, wie sie in das gelobte, goldene Land reisten. Das Land bot viel Arbeit. Von meinen Eltern wusste ich, dass auch England und Frankreich Arbeitskräfte suchten. Meine

Eltern hatten sich für Deutschland entschieden, weil es die leichtesten Einreisebedingungen bot. Deutschland brauchte gesunde, kräftige, arbeitswillige junge Menschen.

Wieder sah ich vor meinem geistigen Auge die Züge. Nun waren sie gefüllt mit Vorstellungen und Träumen, mit Menschen in gehobener Aufbruchsstimmung und mit dem Wunsch nach einem Neubeginn. Alle brachten sie ihre Geschichten, ihre Bilder und Werte aus ihrer Kultur und Religion mit. Mit Taschen voller Geld wollten sie in die Heimat zurückkehren und etwas Neues aufbauen. Ich sah, wie sie ausstiegen und mit der Lebensrealität des goldenen Landes zusammenstießen. Wie viele hatten sich wohl ein realistisches Bild von dem gemacht, was sie erwartete?

Es scheint eine menschliche Schwäche zu sein, aus Sehnsucht idealisierte Bilder zu entwickeln und eine realistische Vorstellung von der Zukunft auszublenden. Erst kürzlich war eine meiner deutschen Freundinnen mit ihrer Familie nach achtjährigem Amerikaaufenthalt nach Deutschland zurückgekehrt. Wie überrascht war sie, als sie feststellen musste, dass sie immer nur bis zur Abreise gedacht, geplant und organisiert hatte. So als ob ihr Leben hier wie dort weitergehen würde. Es war ihr nicht in den Sinn gekommen, an ihre Ankunft in Deutschland zu denken. Sie als Deutsche mit Germanistikstudium hätte es wissen müssen, dachte ich. Sie hatte zum Beispiel weder an Versicherungen, Kindergärten, Schule, Krankenkassen, Rente noch an Einkaufsmöglichkeiten gedacht. Wie hatte sie über all die Formalitäten und Änderungen im deutschen System geklagt. Ihr dreijähriger Sohn wollte abends wochenlang »wieder nach Hause«. Er und seine Geschwister trauerten lange Zeit um ihre Freunde und ihr altes Umfeld. Mit dieser intensiven Trauer hatte sie ebenfalls nicht gerechnet.

Um wie viel schwieriger war es wohl für die erste Generation der Einreisenden und ihre Kinder? Ohne Sprachkenntnisse, ohne Wissen über die Kultur, das deutsche System, das deutsche Recht und Gesetz. Es wunderte mich nicht, dass Fatmas Babaanne in der Fremde, in der sie nichts Vertrautes finden konnte, erkrankte und zu verkümmern drohte.

Ich merkte, wie ich abschweifte, wie ich mit meinen Gedanken hin- und hersprang zwischen der Betrachtung von Einzelschicksalen und dem eher distanzierenden Blick auf eine ganze Generation. Ich beobachtete, wie ich zwischen Fatmas und meinen Erfahrungen hin- und herwanderte. Was für ein Aufruhr in mir! Ich versuchte, Zusammenhänge zu finden, dem Gelesenen, meinen Gedanken und Gefühlen eine Richtung zu geben, damit sie nicht hilflos umherirrten. Wie war es in meiner Familie abgelaufen? Auch wir waren damals mit dem Zug nach Deutschland eingereist. Wir Kinder hatten es als ein Abenteuer erlebt, tobten die ganze Zeit im Abteil und genossen die gemeinsame Zeit mit den Eltern. Sie hatten uns in langen Briefen von ihren Erlebnissen nur Positives berichtet und uns viele Fotos geschickt. Irgendwie schienen wir unbekümmert. Es gab bei uns auch keinen festgelegten Zeitpunkt für die Rückreise. Vielleicht hat es einen Zeitpunkt gegeben, und die Eltern haben es uns gegenüber nicht erwähnt. Mich beschlich das Gefühl, dass meine Eltern alle Schwierigkeiten von uns ferngehalten und uns nicht mit einbezogen hatten.

Ich war froh und dankbar, dass wir unbekümmert sein konnten und nicht schon in jungen Jahren so schwere seelische Lasten tragen mussten. Vor meinem geistigen Auge sah ich meine Eltern fast nackt in einer Reihe mit anderen Menschen auf die ärztlichen Untersuchungen warten. Ich spürte einen Stich in meinem Herzen, auch ich fühlte mich beschämt. War es bei meinen Eltern auch so gewesen? Ich traute mich nicht, sie zu fragen. Auch meine Eltern hatten geklagt, weil sie vieles nicht verstanden. Auch sie verteidigten die aus ihren Wurzeln gewachsenen Werte. Aber waren es nicht Werte, die universell waren? Hatten sie vielleicht auf dem kleinsten gemeinsamen Nenner, den universellen Werten, eine Basis gefunden, um der Fremde begegnen und hierbleiben zu können?

Viele scheinen sich mit dem »Nur für fünf Jahre«-Gedanken abgeschottet, sich vor dem Gefühl der Fremdheit und Angst geschützt zu haben. »Es sind ja nur fünf Jahre.« Was sind schon fünf Jahre im Leben? Wir beißen die Zähne zusammen, halten durch, um dann in fünf Jahren, in der Zukunft, glücklich leben zu können, wie früher. Ich glaube, es wurden für viele fünf Jahre ihres Lebens, die nicht gelebt wurden. Und für so viele ist daraus ein Leben in Deutschland geworden. Eine Geschichte voller Sehnsucht, Abschied, Hoffnung und Überlebenskampf.

Auch Fatmas Eltern wollten nach fünf Jahren in die Heimat zurückkehren, und gleichzeitig wussten sie insgeheim, sie würden länger bleiben. Eine Art Schwebezustand, der Entscheidungen, Trennung, Abschiede und das Einlassen, den Neubeginn erschwert. Ein Verlust, der nicht wirklich als Verlust erlebt werden kann. Ein Neubeginn, der nicht wirklich begonnen werden kann.

Hin und wieder dachten auch meine Eltern an Rückkehr. Doch warteten sie mit ihrer Entscheidung, bis sich unsere Lebenswege klarer herausgeschält hatten. Weil wir Kinder nicht zurückkehren wollten, haben sie eine kleinere Wohnung bezogen und wollten im Rentenalter zwischen der Heimat und Deutschland hin- und herpendeln. Für die Eltern ist die Heimat immer noch die Türkei. Für uns Kinder ist Deutschland inzwischen eine Heimat geworden.

Ist Deutschland wirklich zu meiner Heimat geworden? Waren nicht meine Sehnsucht, mein Schmerz, meine Trauer vielmehr zurückgetreten, weil es so viel Neues zu bewältigen gab und ich mich hinweggetröstet habe, ohne wirklich Trauer zu empfinden? Beim Lesen der Briefe von Fatma öffneten sich die Türen zu meiner Sehnsucht nach meiner Heimat. Wie gut konnte ich mich in die Bilder und Szenarien aus der Türkei einfühlen. Was für eine Liebe war plötzlich in mir erwacht! Ich holte den alten Schuhkarton mit den Fotos meiner Großeltern hervor. Ich spürte eine tiefe Sehnsucht nach ihnen und meiner Heimat. Ich hatte aber kaum Erinnerungen. Das verunsicherte mich. Wo waren meine Erinnerungen geblieben? Was für eine große Sehnsucht Fatma nach der Heimat hatte und wie gut sie sich erinnern konnte! Hatte sie all die vielen Erinnerungen so intensiv gespeichert, weil sie sich an ihnen festhalten musste, um zu überleben? Ich musste nicht überleben, ich durfte leben. Konnte ich mich vielleicht auch deshalb nicht so intensiv erinnern?

Die Bilder meiner Verwandtschaft, meiner Großeltern, meiner Vergangenheit lagen liebevoll geordnet auf dem Fußboden. Beim Betrachten dieser Fotos war ich froh, dass meine Babaanne uns nicht in die Fremde begleitet hatte! Meine Babaanne hätte an jeder Ecke unserer Wohnung große Schutzgebete aufgehängt. Sie hätte zusätzlich zu den Gebetszeiten gegen die Kirchenglocken angebetet, um ihren sündigen Einfluss zu bannen. Sie hätte uns ebenfalls stark kontrolliert und vieles verboten. Auch in unserer Gegend wurden die alten Menschen sehr geschätzt, geehrt und geachtet, auch wenn sie es nicht immer verdienten. Ich hatte gelernt, dass es letztendlich darum ging, dass sie ein langes Leben hinter sich hatten. Ein Leben mit vielen schmerzlichen und schönen Erfahrungen, die Spuren hinterlassen hatten. Wichtiger war es, so begriff ich, sie zu fragen und von ihnen zu lernen, statt sie zu verachten. Eines Tages würden auch wir alt werden. Wie gut, dass meine Babaanne diese Art der Entehrung nicht erleben musste.

Fatmas Babaanne hielt die Tradition aufrecht, bot eine gewisse Sicherheit, Geborgenheit, Beständigkeit und war durch ihre Präsenz eine Art Heimatbasis in der Fremde. Aber in was für einer großen Zerrissenheit mussten die drei Geschwister leben! Auf der einen Seite die Babaanne, die sich an ihre Religion, ihre

Werte und an ihr bisheriges Leben klammerte, um zu überleben. Auch sie konnte nur auf das Alte zurückgreifen und versuchen, es in bester Absicht an ihre Enkel weiterzugeben. Auf der anderen Seite freundeten sich die Geschwister in der Schule immer mehr mit dem Gastland an und mussten dort die entsprechenden Spielregeln einhalten. So wurden sie in eine Zerrissenheit hineingezogen, die sie kaum überwinden konnten. Die Zerrissenheit wurde zu einem Teil ihres Lebens.

Als ältestes Mädchen der Familie traf es Fatma besonders schwer. Sie hatte die Pflicht, in der Fremde die Ehre der Familie aufrechtzuerhalten, sie den Geschwistern zu vermitteln und sie dementsprechend anzuleiten. Was für eine unlösbare Aufgabe! Insbesondere für ein kleines zierliches Mädchen, das schon so viel Gewalt erlitten hatte, so viele Narben in sich trug. Wie viele nicht zu bewältigende Abschiede hatte sie erlebt? Der Abschied vom Vater, der Abschied von Vater und Mutter, als sie gemeinsam nach Deutschland fuhren, der Abschied von der Heimat, der Abschied von dem ersten Wohnumfeld im fremden Land, der Schule, der Abschied von Babaanne. Ich wurde Zeuge, wie eine Kinderseele verzweifelt versuchte, mit all diesen Veränderungen, ihren Erfahrungen und Abschieden in zwei unterschiedlichen Welten zurechtzukommen, wie sie in den Augen anderer nach Freundlichkeit, Wohlwollen und Wärme suchte. Mit Beginn der Menstruation, von einem Tag auf den anderen musste Fatma, die sich weder in der einen noch in der anderen Kultur verwurzeln konnte, erwachsen werden und sollte dazu noch den Platz der Babaanne übernehmen.

Wo waren die liebenden Eltern von damals geblieben? Warum haben sie Fatma nicht geschützt? In einem Moment der Verzweiflung hatten die Babaanne und der Bruder über Fatmas schweren Leidensweg bei der Großmutter berichtet. Warum haben sie Fatma nicht in den Arm genommen, sie getröstet? Warum haben sie sie »in Ruhe« gelassen, sie verstummen lassen? Wie wütend ich war! Aber dann begriff ich: Die Eltern waren nicht fähig, die Verantwortung für Fatmas Leiden auf sich zu nehmen. Sie hätten sich ihre Schuld eingestehen müssen.

Je länger ich mich mit ihrem zweiten Brief beschäftigte, desto mehr Fragen stürmten auf mich ein. Warum jetzt? Warum nicht früher? Hatte sie nicht geschrieben, sie käme erst wieder aus ihrer Schneehöhle heraus, wenn die Eltern in die Stadt ihrer Kindheit zurückkehrten? Der Vater und die Babaanne lagen begraben in der Türkei, sie waren heimgekehrt. Jetzt erst verstand ich, warum Fatma für eine längere Zeit in die Türkei reisen musste. Eine innere Weisheit schien sie hingeführt zu haben, damit sie dort sich selbst begegnen konnte, dem Anteil, den sie abgespalten, in einem Kasten, in einer Schneehöhle abgelegt hatte. Ich nahm Fatma nun mit anderen Augen wahr. Ich sah, dass die perfekte, schöne Fatma eine aus einer Not geborene gut funktionierende Fatma war. Was für ein Geschenk, was für ein Vertrauens-, Liebes- und Freundschaftsbeweis, dachte ich. Ich bin die Erste, die die andere Fatma kennenlernen und erleben darf, die wirkliche, echte, authentische Fatma.

Ich fühlte mich benommen und schwindlig, als es an der Tür klingelte. Ich hatte nicht bemerkt, wie dunkel es bereits geworden war. Mein Mann kam mit den Kindern vom Ausflug zurück. Beide hatten gegessen und schliefen im Auto. Ich war froh, dass sie schliefen, denn ich war in eine andere Welt hineingetaucht und hätte nicht wirklich auf die Kinder eingehen können. Wir legten beide behutsam in ihre Betten. Ich musste an die Luft und fuhr mit dem Fahrrad wahllos durch die Straßen, um mich wieder spüren zu können. Zu Hause angekommen, nahm ich ein warmes Entspannungsbad und schlief aufgewühlt, aber auch bereichert ein.

In dieser Nacht träumte ich viel von meiner Verwandtschaft und meiner Heimat. An das meiste konnte ich mich nicht mehr erinnern. Nur an den Schluss. Meine Babaanne kam mir strahlend entgegen, klopfte sich, vornübergebeugt, vor Freude immer wieder auf die Schenkel und umarmte mich innig. Sie wühlte in ihrer Schürzentasche und holte etwas heraus. Es war eine Kristallkugel, die das Sonnenlicht in bunten Farben schimmernd reflektierte, auch mich, den Garten, die Stadt, das Land bis hin ins Universum. Sie überreichte sie mir gerade, als der Wecker klingelte. Es war Zeit für mich, aufzuwachen. Ja, es ist auch für mich Zeit, aufzuwachen, dachte ich. Innerlich vor Freude vibrierend, stand ich auf und hatte ein tiefes Gefühl von Geborgenheit und Glückseligkeit. Es war, als ob eine neue Lebendigkeit mich durchflutete. Ich war Fatma so dankbar. Verflogen war die Angst, sie am nächsten Wochenende zu treffen. Verflogen waren meine Unsicherheit und all die ermahnenden, kritischen Gedanken. Ich sah der Begegnung mit Fatma mit einer einfachen, stillen Freude entgegen.

3. Teil Abschied von der Kindheit

Hoffen

Die Begegnung mit Fatma war sehr herzlich. Sie hatte uns Geschenke aus der Heimat mitgebracht. Kleidung und Spielzeug für die Kinder, frischen Mokka, Musikkassetten für mich und Lokum für meinen Mann, der sehr gern Süßes mag. Die Kinder spielten ausgelassen miteinander. Sie sah erholt und entspannter als vor der Reise aus. Wir plauderten über die alltäglichen Vorkommnisse und über ihren Urlaub in der Heimat. Ihr Ehemann hatte sie und die Kinder sehr vermisst und war froh, dass sie wieder da waren.

Hin und wieder nahm ich wahr, wie zerbrechlich und dünnhäutig Fatma hinter ihrem geschäftigen Tun wirkte. Ich gab mir Mühe, keine Fragen zu stellen oder Kommentare abzugeben, die eine Verbindung zu den Briefen hätten haben können. Ich war in der Begegnung mit ihr stiller als sonst. Tief in mir spürte ich Schmerz und Sehnsucht, und ich fragte mich, ob es Fatmas Schmerz und ihre Sehnsucht nach einer heilen Welt waren, die ich mitempfand. Ich versuchte, unseren früheren unbeschwerten Umgang miteinander aufrechtzuerhalten. Die Lebendigkeit unserer Kinder erleichterte es uns, so zu tun, als wäre alles so wie immer.

Auch in den folgenden Begegnungen mit Fatma spürte ich ihre tiefe Einsamkeit. Wie gern hätte ich mit ihr über die Briefe gesprochen, ihr mein Mitgefühl gezeigt, mit ihr geweint. Doch mein Versprechen hielt mich davon ab.

Im Verlauf der nächsten Wochen konnte ich sehen, wie Fatma zunehmend depressiver wurde. Sie wirkte immer häufiger müde, angespannt, hatte Schwierigkeiten, ihren Alltag zu bewältigen. Morgens schon fühlte sie sich gebremst und antriebsarm. Eines blieb unverändert: Sie sah dabei immer akkurat und sehr gepflegt aus. So oft wie möglich nahm ich ihr die Kinder ab, damit sie in Ruhe ihren Haushalt und ihren Einkauf erledigen konnte. Ich hatte die Hoffnung, auch wenn ich nicht wirklich daran glaubte, dass sie sich professionelle Hilfe suchen würde. Ich fühlte mich dieser Situation nicht recht gewachsen, doch trotzdem glaubte ich, dass ich ihr ein wenig Unterstützung bot. Ich hoffte auf einen dritten Brief, der womöglich den schwer erträglichen Zustand beendete. Und zugleich fürchtete ich, dass die Mauer des Schweigens zwischen uns bestehen bleiben würde.

Dann endlich lag ein Brief von ihr in meinem Briefkasten. Ich hatte schon gar nicht mehr damit gerechnet. Sonderbar, dachte ich, als ich sah, dass sie ihn persönlich eingeworfen haben musste. Es fehlte die Briefmarke und der Absender. Mir war ein wenig mulmig zumute. Ich konnte und wollte ihn nicht gleich lesen. Ich wartete geduldig bis zum nächsten Tag. Ich bat meinen Mann, die Kinder in den Kindergarten zu bringen, damit ich mehr Zeit zum Lesen hatte.

Obwohl ich Fatma versprochen hatte, mit niemandem über die Briefe zu sprechen, habe ich in meiner Not meinen Mann eingeweiht. Ich habe ihm nicht viel erzählt. Nur so viel, dass es Fatma schlecht ging und sie mir schrieb, weil das Schreiben ihr offenbar leichter falle als das Sprechen. Ich bat ihn, mit niemandem darüber zu reden. Ich öffnete ihren Brief. Es waren wieder hastig geschriebene, kaum lesbare Sätze auf losen Blättern. Diesmal wieder ohne Anrede. Ich begann zu lesen.

Fatmas dritter Brief

Ein unsichtbarer Faden verbindet uns nun durch Deine Mitwisserschaft über meine dunkle Geschichte. Es quält mich, dass meine dunkle Seite kein Geheimnis mehr ist. Ich fühle mich ausgeliefert. Ich weiß nicht, ob mir das Schreiben eine Erleichterung verschafft, wie es anfänglich der Fall war. Vielleicht ist es nicht gut, was ich hier mache. Ich kann nicht vor und nicht zurück. Ich habe mich verfangen in den Widersprüchen meines Lebens und zwischen den Bildern, die mich erstarren lassen. Eine bleierne Trauer umhüllt mich. Alles, was ich in den letzten Jahren aufgebaut habe, wird zerstört. Von Tag zu Tag verliere ich das Gefühl dafür, wer ich bin, wer ich sein könnte.

Mit zwölf Jahren nahm ich den Platz von Babaanne ein. Ich versuchte zu putzen, zu bügeln, aufzuräumen und abzuwaschen, so gut ich es vermochte. Ich konnte nicht so gut kochen. Dafür hatte ich aber die Liebe für das Backen entdeckt. Papa war sehr stolz auf mich. Liebevoll nannte er mich immer wieder »unsere kleine Babaanne«. Ich arbeitete, so viel ich schaffte. Ich wollte den Eltern helfen, damit wir schnell wieder in die Heimat zurückkehren konnten. Die neue Schule machte mir große Schwierigkeiten. Zwischen den Schülern und Lehrern und unter den Mitschülern herrschte ein ganz anderer Ton als in meiner alten Schule. Die Schüler waren hier ohne jedes Benehmen. Sie lachten andere wegen ihrer Aussprache oder wegen ihres Aussehens aus. Die Lehrer unternahmen nichts. Sie sahen darüber hinweg. Ich war froh, wenn der Unterricht vorbei war und ich nach Hause gehen konnte. Als

Babaanne noch bei uns wohnte, konnte ich ihr während des gemeinsamen Mittagessens alles erzählen. Ihre Reaktionen taten mir gut. Ohne sie fühlte ich mich sehr einsam. Traurig ging ich morgens zur Schule, weil ich wusste, dass uns zu Hause niemand erwartete, der begierig war, zu erfahren, was wir in der Schule erlebt hatten. Es war niemand da, der unserem Leben zuhörte, uns durch Schimpfen und Klagen eine Richtung gab.

Noch etwas quälte uns sehr. Unter uns wohnte ein älteres Ehepaar. Es bereitete uns große Schwierigkeiten und machte uns das Leben zur Hölle. Seit unserem Einzug klingelte und klopfte die ältere Frau täglich an unserer Haustür, um uns zu beschimpfen, weil wir angeblich zu laut waren. Jedes Mal entschuldigten wir uns, obwohl wir uns wirklich sehr leise verhielten. Aus Angst schlichen wir in der Wohnung umher und sprachen fast im Flüsterton. Wir hatten Angst, die so mühsam erworbene Wohnung zu verlieren. Ich fühlte mich ausgeliefert. Ich mochte nicht mehr die Treppen hinaufgehen, weil ich an ihrer Tür vorbeimusste. Als würde ihre tägliche Tyrannei nicht reichen, schaltete sie auch die Verwaltung ein. Niemand glaubte uns, denn es gab keinen Erwachsenen, der unsere Schilderung bestätigt hätte. Die Eltern unternahmen nichts. Sie wollten keinen Ärger. Wir fühlten uns von ihnen verraten.

Ein halbes Jahr lang beherrschte uns diese alte Frau. Eines Tages, als sie wieder einmal schimpfend vor der Tür stand, baute sich meine kleine Schwester vor ihr auf. »Wenn Sie noch einmal kommen, werden wir Fußball auf dem Flur spielen, damit Sie endlich einen Grund haben, mit uns zu schimpfen«, sagte sie. Mit weit aufgerissenen Augen stand die Frau vor ihr. Meine Schwester wartete noch nicht einmal, dass sie etwas sagte oder wegging. Sie machte einfach die Tür zu. Danach kam die alte Frau nie wieder an unsere Haustür.

Meine kleine Schwester war sehr mutig. Sie konnte Ungerechtigkeiten überhaupt nicht ertragen. Sie weigerte sich, zu glauben, dass Mädchen schwach sein sollten. Sie verteidigte sich und andere. Wenn es darauf ankam, schlug sie sich auch. Mein Bruder fand das großartig, denn lange hatte er darunter gelitten, dass er keinen Bruder hatte. Da meine kleine Schwester wie ein Junge war, betrachtete er sie als seinen jüngeren Bruder. Und so kamen die beiden gut miteinander aus. Ich hatte mich mit Bauchschmerzen und Blutungen vom Kindsein verabschiedet. Ich hatte meine häuslichen Pflichten und konnte nicht mehr mit ihnen toben und spielen. Ich befand mich in der Vorbereitungszeit auf das baldige Frausein.

Meine Schwester hatte herausgefunden, dass das tyrannische Ehepaar eine sehr nette alte Dame als Untermieterin hatte. Mit ihr hatte sie Freundschaft geschlossen. Wenn sie zweimal an der Tür klingelte, öffnete die nette Dame. Wir wunderten uns darüber, dass so eine liebe Frau mit diesem Ehepaar zusammenwohnen konnte. Meine Geschwister und ich kamen zu dem Schluss, dass die andere Frau keine Dame, sondern eine böse Hexe war. So nannten wir sie »die böse Hexe«, wenn die Eltern nicht da waren. In Gegenwart der Eltern durften wir niemals Schimpfworte benutzen, egal wie ein Mensch war. Durch meine Schwester gewann ich Vertrauen zu dieser alten Dame und ging mit, wenn sie sie besuchte. Mit der Zeit wurde sie zu einer Art Babaanne für uns, auch wenn sie kein richtiger Ersatz war. Sie war eine gebildete Dame; half uns bei den Schulaufgaben, hörte zu. Sie erzählte vom Krieg. Ihren Mann und ihre Söhne hatte sie im Krieg verloren. Ihre Tochter war vor langer Zeit an einer Krankheit gestorben.

Zum ersten Mal, seit wir in Deutschland lebten, erfuhr ich von Dingen, die uns noch nie jemand erzählt hatte. Kriege kannte ich nur aus Geschichtsbüchern. Die alte Dame hatte einen Krieg erlebt. Bei einem Bombenangriff hatte sie alles verloren. Sie berichtete uns, wie sie Flüchtlingen geholfen hatte. Fast jeden Nachmittag waren wir bei ihr. Schnell erledigte ich die häuslichen Pflichten und ging dann zu ihr und machte mit ihrer Hilfe die Hausaufgaben. Anschließend hörte ich gebannt ihren Erzählungen zu. Eines Tages erzählte sie von Hitler und den Juden. Sie hatte viele jüdische Freunde gehabt, die abgeholt worden und nie wieder zurückgekehrt waren. Wenn sie von Hitler und dem Schicksal der Juden sprach, kam eine schwere, schwarze Wolke in den Raum. Eigentlich mochte ich diese Geschichten nicht hören, gleichzeitig wurde ich neugierig. Nicht nur im Krieg kamen Menschen um. Es wurden Menschen ermordet, weil sie anders waren! Sie erzählte, dass dafür extra Orte geschaffen worden waren. Das Land sollte von den Nichtdeutschen gesäubert werden.

Ich fragte Papa, ob er das alles gewusst hatte. Ich konnte nicht verstehen, warum wir gerade in dieses Land gekommen waren, wo vor nicht langer Zeit Menschen sterben mussten, weil sie anders waren. Papa beruhigte mich und sagte: »Das haben Kriege an sich, dass es viel Gewalt, viele Tote und Verletzte gibt. Wir wollen nicht ewig hierbleiben. Steigere dich nicht in die Geschichten hinein!« Ich wollte mich nicht in die Geschichten hineinsteigern, sondern die Wahrheit wissen. Wieder blieben bedrängende Fragen, die mir sehr viel Angst machten. Keiner wollte sie mir beantworten. Ich fragte die alte Dame, ob diejenigen, die die Juden nicht haben wollten, auch ihre Strafe bekommen hätten. Als sie das bejahte, beruhigte mich, dass alle, die diese schrecklichen Sachen veranlasst hatten, ihre gerechte Strafe bekommen hatten. Aber es waren so viele Menschen, die mitgemacht hatten. Was war mit ihnen? Die alte Dame meinte, dass die Zeit es zeigen würde.

Der Versuch, mit Papa zu sprechen, scheiterte immer wieder. Er war der Auffassung, ich würde mir zu viele Gedanken machen und wollte mir die Gespräche mit der alten Dame verbieten. Deshalb behielt ich meine Gedanken, Ängste, Fragen für mich und wurde von ihnen noch mehr beherrscht. Wussten diese Menschen, was für ein Unrecht sie getan hatten? Wenn sie sich immer noch im Recht fühlten, dann würden wir eines Tages auch abgeholt werden! Ich hatte Angst, wollte zurück in die Heimat, drängelte. Aber wir waren noch nicht einmal zwei Jahre hier. Also musste ich mich noch dreieinhalb Jahre gedulden. Ich nahm mir vor, so viel wie möglich zu beten. Ich konnte die Eltern nicht verstehen, dass sie mit uns in einem Land lebten, in dem Menschen wegen ihrer Herkunft umgebracht worden waren. Babaanne hätte mich sicher unterstützt. Ich konnte das über die Nazizeit und den Krieg Gehörte nicht mehr aus meinem Kopf verbannen. Ich fühlte, wie sich in mir etwas verändert hatte. Ich wollte immer auf der Hut sein, aufpassen. Ich hatte Angst, diese Bilder verfolgten mich. Bis meine Eltern mir verboten, zu der alten Dame zu gehen. Meine kleine Schwester besuchte sie weiterhin.

Damals fingen die Vorbereitungen für die Ostertage in der Schule an. Wir bastelten Ostereier und Hasen. Ich verstand nicht, warum Ostereier und Osterhasen so im Vordergrund standen. Ich konnte es nicht mit den religiösen Geschichten in Verbindung bringen. Meine Schwester und ich wollten der alten Dame unbedingt etwas schenken. Mama war einverstanden. Sie kaufte ihr fein bestickte Taschentücher und einen Strauß Blumen. Sie durfte keine Schokolade essen, weil sie Diabetes hatte. Mama bestand darauf, dass wir dem tyrannischen Ehepaar Schokolade schenkten.

Die alte Dame freute sich so sehr über unsere Geschenke, dass ihr Tränen über die Wangen liefen. Beim Überreichen der Schokolade, die wir dem Ehepaar mitgebracht hatten, fürchtete ich, sie würden sie zurückweisen und uns wegschicken. Sie nahmen sie an, konnten aber ihre Freude nicht zeigen. Seit dieser Begegnung wurden wir von ihnen sogar auf der Straße gegrüßt, was sie bisher immer vermieden hatten. Bald darauf durfte ich wieder zu der alten Dame gehen, um meine Hausaufgaben mit ihr zu erledigen. Sie hat nie wieder vom Krieg gesprochen. Ich glaube, Papa hatte sie darum gebeten. Nun erzählte sie uns nach den Hausaufgaben Märchen. Sie konnte so wunderbar Märchen erzählen.

Eines Tages, als ich bei ihr Hausaufgaben machte, klopfte es, und ihre Vermieterin stand an der Tür, um uns zum Kaffeetrinken zu holen. Gemeinsam gingen wir ins Wohnzimmer. Ihr Mann saß in einem Rollstuhl. Er hatte im Krieg seine Beine verloren. Der Raum war dunkel, und es herrschte eine beklemmende Atmosphäre. An der Wand hing ein großes Foto von einem Offizier. Der Mann sagte, er sei der Mann auf dem Foto. In diesem Moment wäre ich am liebsten davongelaufen und nie wiedergekommen. Obwohl sie freundlich zu mir waren, hatte ich Angst vor diesem Mann. Ich war froh, als das Kaffeetrinken vorbei war. Beim Abschied bekam ich Schokolade für mich und meine Geschwister. Zu Hause musste ich immer wieder an dieses Foto denken. Ich wusste nicht, mit wem ich reden sollte. Ob dieser Mann auch Menschen wegen ihrer Herkunft getötet hatte? Ich kam von dieser Frage nicht los und wusste nicht, was ich tun sollte. Die Angst ließ meine Besuche bei der alten Dame immer weniger werden.

Eines Tages wurde sie von einem Krankenwagen abgeholt. Sie kam nie wieder zurück. Viel später haben wir erfahren, dass sie im Krankenhaus gestorben war. Wieder hatten wir einen Menschen verloren, der uns sehr viel geholfen hatte. Ich bereute sehr, dass ich sie nicht mehr so oft besucht hatte. Nun hatte ich gar keine Freundin mehr, der ich vertraute und die uns so schöne Märchen erzählen konnte. Die alte Dame hatte uns über den Verlust von Babaanne hinweggeholfen. Jetzt kehrte das Gefühl, etwas sehr Wertvolles verloren zu haben, wieder zu mir zurück. Und es war bedrückender, als ich je gedacht hätte.

Der Abschied vom Kindsein kam für mich viel zu früh. Jeden Monat wurde ich daran erinnert. Von meinem Wesen her war ich noch sehr kindlich. Ich wollte so gern spielen und toben. Heimlich spielte ich mit meinen Puppen, schaffte mir eine eigene Welt. Ich war noch so unreif, so unvorbereitet für das, was plötzlich geschehen war. Die Blutung veränderte mein Leben. Babaanne hätte mich in dieser Übergangsphase begleiten können, bis ich reifer geworden wäre für all die körperlichen Veränderungen, die ich an mir wahrnahm und die ich als beschämend empfand. Ich wollte nicht, dass sich mein Körper veränderte. Ich wollte doch so gern ein Kind bleiben, musste aber von einem Tag auf den anderen erwachsen werden. Babaannes Fortgehen hatte das Erwachsenwerden beschleunigt. Mama sah nur die äußerlichen Veränderungen an mir, mein Innenleben hatte sie schon längst aus den Augen verloren. In meinem Innern war ich noch ein Kind. Neugierig, misstrauisch, mit Tausenden Fragen. Die Erwachsenenwelt war mir so unverständlich. Mir fehlte eine Brücke.

Genau diese Brücke war Babaanne gewesen. Auch sie hatte uns alleingelassen. Nicht nur das! Sie hatte die Tradition, die uns zusammengehalten hatte, mitgenommen. Ihre Gebete hatten Segen und Ruhe in uns, in unsere Räume gebracht. Sie war immer da gewesen, wenn wir aus der Schule kamen, hatte uns neugierig zugehört, hatte wissen wollen, was sich in der Schule der Ungläubigen abgespielt hatte. Wir hätten ihr erzählen können, wie schrecklich diese neue Schule war. An ihrer Mimik konnte ich immer erkennen, mit was für einer Genugtuung sie uns zuhörte. In ihrem Erleben war die Schule der Ungläubigen Gift für uns. Sie schimpfte über die Schule und über die Eltern. Das tat mir immer wieder gut und gab mir Sicherheit. Nichts mehr war davon übrig geblieben. Wie vermisste ich ihre Strenge und ihr Schimpfen!

Die Eltern waren von einer Arbeitswut gepackt. Sie wollten so schnell wie möglich und so viel wie möglich sparen und wieder in die Heimat zurückkehren. Papa sagte immer: »Wir wollen nicht ewig hierbleiben!« So wuchs die Hoffnung in uns: Es ist bald alles vorbei, und wir werden wieder in der Heimat leben. Was es bedeutete, wie das Leben dann aussehen sollte, wussten wir nicht. Dieser Gedanke gab uns aber Hoffnung und Halt. Die Besessenheit der Eltern von dieser Idee machte sie gänzlich blind für das, was wir brauchten und in welchen Nöten wir uns befanden. Unsere Seelen gingen uns verloren, und sie merkten es nicht. Jeder von uns war einsam und alleingelassen, aber keiner sprach darüber. Im Gegenteil, die Eltern appellierten an unsere Vernunft, unsere Geduld und baten uns um Verständnis. Als Babaanne noch bei uns lebte, nutzte sie jede Gelegenheit, um kundzutun, dass sie »unfreiwillig« in diesem Land war. Was sie damit sagen wollte, verstand ich nicht, denn keiner von uns war freiwillig in diesem Land. Wichtig war doch, dass wir zusammen waren, dachte ich damals. Nun spürte ich am eigenen Leib, was sie mit »unfreiwillig« meinte.

Die Eltern jagten hinter einer Idee her, hatten den Blick für unsere Bedürfnisse verloren und entfernten sich unaufhaltsam von sich und uns. Wir wurden nur versorgt. Mit Essen und Kleidung. Alles andere fehlte. Wir waren nicht mehr miteinander zusammen. Jetzt erst ging mir auf, dass auch ich unfreiwillig und nur wegen der Ideen der Eltern hier lebte. Jetzt musste ich in der Fremde ohne Babaanne mehr Anforderungen erfüllen, die ich zudem nicht überblickte. Langsam schlich sich außerdem ein sonderbares Phänomen in mein Denken ein. Ich begann, türkisch zu denken und zu empfinden und auch deutsch zu denken und zu empfinden. Das war mir unheimlich. Es passte so gar nicht zusammen. Wir sollten uns immer wie Gäste benehmen. Egal, was passierte, höflich bleiben, nicht auffallen. Babaanne wollte sich in ihrem Alter diesen Strapazen nicht mehr aussetzen und ging. Mir war das Weggehen nicht erlaubt. Ich musste bleiben und die sich täglich vermehrenden Regeln und Verhaltensanweisungen hundertprozentig befolgen. Ich gab mir viel Mühe. Auch hatte mir meine Mutter seit Beginn meiner Blutung verboten, ohne Begleitung die Wohnung zu verlassen. Das diene meinem Schutz, hatte sie gesagt. Ich durfte nur den kürzesten Weg zur Schule allein hin- und wieder zurückgehen.

Lange Zeit war ich so mit dem Verlust von Babaanne beschäftigt gewesen, dass ich all die neuen Verhaltensregeln nicht als bedrohlich oder gar als eine Art Gefangenschaft empfunden hatte. Erst als ich begann, mich mehr für meine Umgebung und die Gleichaltrigen um mich herum zu interessieren, rückte die Trauer um Babaanne immer mehr in den Hintergrund. Erst jetzt war es mir möglich, meine Situation ein wenig genauer wahrzunehmen. Mir wurde immer klarer, dass ich die Aufgaben von Babaanne wirklich komplett übernommen hatte. Es war nicht nur vorübergehend gewesen! Bis auf das Essenkochen kümmerte ich mich um alle häuslichen Belange. Spaß machte mir nur das Backen. Ich entwickelte mich zu einer kleinen »Möchtegernhausfrau«. Dafür bekam ich anfänglich sehr viel Anerkennung, weil ich Babaanne so gut ersetzte.

Die Beziehung zu meinem Bruder änderte sich, als er die Aufgabe bekam, auf mich aufzupassen. Unsere geschwisterlichen Streitereien hörten auf. Er ließ mich immer spüren, dass er über mich zu bestimmen hatte. Nun hatte ich nicht nur die Eltern, die mir strenge Regeln auferlegten. Auch mein Bruder, der knapp zwei Jahre älter war, fing an, mir seine Regeln vorzuschreiben, um mich zu kontrollieren. Diese Veränderung tat mir in der Seele weh. Die Liebe zwischen uns wurde überschattet von seiner Verantwortung, auf meine Ehre und Unschuld aufpassen zu müssen. Wie konnte das passieren? Wir waren doch ein Herz und eine Seele gewesen! Es war nicht lange her, dass er mir das Radfahren auf seinem Fahrrad beigebracht hatte. Von einem auf den anderen Tag lauerte er, wie die Eltern, auf Dinge in mir, von denen ich keine Kenntnis hatte. Mein Wissen ging damals nicht über die Tatsache der monatlichen Blutungen hinaus. Die ganzen Zusammenhänge habe ich erst später im Biologieunterricht erfahren.

Außerdem machte mir mein Körper sehr zu schaffen. Ich konnte zusehen, wie er immer mehr auseinanderging. Das Essen nahm einen sehr wichtigen Teil in meinem Leben ein. Dabei empfand ich eine gewisse Wärme. Ich aß, wenn ich traurig oder wütend war, oder stopfte das Essen wahllos in mich hinein, wenn ich mich unverstanden fühlte. Das bisher so zierliche Mädchen wurde innerhalb kürzester Zeit ein dickes Mädchen mit aufgedunsenem Gesicht und einer sehr großen Oberweite. Ich fühlte mich als eine Gefangene in meinem Körper. Er war mir so fremd geworden, dass ich keine andere Wahl hatte, als ihn zu verdammen und zu verlassen. Ich fühlte mich verloren. Mich gab es schon längst nicht mehr. Das Gefühl, nicht mehr »ich« zu sein, wurde durch die zunehmende Strenge meiner Mutter gesteigert. Sie bestimmte, wie ich mich zu kleiden, zu sitzen, zu stehen hatte. Die dunklen, lockigen Haare mussten zu einem strengen Knoten nach hinten gebunden werden. Sogar die Sprache gehörte mir nicht mehr.

Die vielen Regeln, die ich nun als »junges Mädchen« einzuhalten hatte, betrafen auch das Sprachverhalten. In Gegenwart von Erwachsenen durfte ich nur noch sprechen, wenn ich gefragt wurde. Die Antworten mussten wohlgesetzt sein. Besonders wichtig war, dass ich niemals meine eigene Meinung äußern durfte. Für meine Mutter war es außerdem von größter Bedeutung, dass andere durch meine Sprache und durch mein Verhalten unsere gute Herkunft erkennen konnten. Hier in Deutschland waren wir alle gleich. Egal, aus welcher Schicht wir kamen, wir waren Arbeiter. Die Eltern empfanden das als eine Kränkung. Sie waren ein anderes Leben gewohnt. Papa hatte hier eine ganz andere gesellschaftliche Position als in unserem Land. Er war hier ein Arbeiter aus dem Ausland, wie alle anderen auch. Kein Mensch wusste, was für ein schönes Leben wir gehabt hatten und wie Papa in unserer Heimatstadt geachtet und geehrt wurde. Eines Tages wird diese Zeit wieder zurückkehren, dachte ich. Papas traurige Augen würden sich, hoffte ich, so wie früher in lachende Augen verwandeln.

Obwohl ich für meine Höflichkeit und mein wohlerzogenes Benehmen sehr gelobt wurde, war meine Mutter nie mit mir zufrieden. In meinem Beisein beklagte sie sich des Öfteren bei ihren Freundinnen über mich. Ich könne nicht einmal Ordnung in meinem Kleiderschrank halten. Sie habe große Mühe, mir die Körperpflege beizubringen. Es waren so beschämende Momente! Wie konnte sie mich so vorführen? Meine intimsten Bereiche, die mir solche Schwierigkeiten bereiteten, preisgeben? Mutters Freundinnen stürzten sich mit ihren guten Ratschlägen und Verhaltensregeln auf mich, unterstützten meine Mutter. Erschrocken bemerkte ich, mit welcher Selbstzufriedenheit meine Mutter dabei zusah. Ich konnte nicht verstehen, warum sie mich so demütigte.

Wie ein Roboter tat ich alles, was mir aufgetragen wurde. Nach der Schule räumte ich die Wohnung auf. Wenn meine Mutter von der Arbeit kam, ging ich mit ihr zum Einkaufen, half ihr beim Kochen. Nach dem Abendessen wusch ich ab. Dann endlich durfte ich meine Schularbeiten machen. Mittlerweile konnte ich vor Erschöpfung kaum noch einen Finger rühren. Die schlimmsten und einsamsten Momente erlebte ich, wenn ich merkte, dass ich die Aufgaben nicht mehr schaffen konnte. Ich war zu erschöpft und hatte sie in der Schule schon nicht richtig verstanden. Ich versuchte sie trotzdem zu erledigen, begriff, dass ich Hilfe brauchte. Ich sehnte mich nach jemandem, der mir half, damit ich sie am nächsten Tag wie die anderen Mädchen stolz vorzeigen konnte. Verzweifelt saß ich davor und dachte an die früheren Zeiten, die Hunderte von Jahren zurücklagen. Ein Vorhang hatte sich zwischen das Jetzt und die Vergangenheit in der Heimatstadt geschoben.

Alles, was hinter dem Vorhang war, konnte ich nicht mehr spüren. Geduldig hatten mir die Eltern damals geholfen, die Buchstaben richtig zu schreiben. Wie gern hatte ich sie verdreht, weil sie in meiner Kinderwelt so viel schöner und lustiger aussahen als das, was ich in der Schule lernte. Die Eltern hinter dem Vorhang waren gütig. Nun waren sie nur noch Schattenfiguren. Sie konnten mir nicht mehr helfen. Mir kamen noch nicht einmal mehr Tränen. In solchen Situationen hatte ich mir zur Gewohnheit gemacht, Babaanne Briefe zu schreiben. Briefe, die niemals ihre Empfängerin erreichten, denn sie abzuschicken wäre sehr unklug gewesen. Babaanne hätte sie sich vorlesen lassen müssen. Jeder im Dorf hätte erfahren, in was für einer seelischen Not ich und meine Geschwister waren.

Die Eltern hatten alles aufgegeben, um ein »noch« besseres Leben zu haben, und es sollte dabei eine »noch« bessere Schulbildung für uns Kinder herausspringen. Es wäre eine Schande gewesen, wenn ich meine Briefe an Babaanne abgeschickt hätte. Die Eltern hätten ihr Gesicht verlieren können, vor allem mein Vater. Sein älterer Bruder war so sehr gegen die Pläne der Eltern gewesen. So mussten wir nach außen hin so tun, als ginge es uns hier sehr gut. Die Kinder hatten schnell die Sprache gelernt, hatten sich gut in der Schule eingelebt – alles war perfekt!

Liebe Babaanne,

Du weißt, dass es hier nicht perfekt ist. Du weißt, wie schwer das Leben hier ist. Diese Schule ist total anders. Unsere Klassenlehrerin ist sehr streng mit mir. Außerdem hat sie ihre Lieblingsschüler, sicherlich gehöre ich nicht dazu. Immerzu schimpft sie mit mir. Ich vermisse Dich sehr.

Die Hausarbeit ist mir zu schwer. Am Anfang war Mama sehr zufrieden mit mir. Nun ist sie überhaupt nicht mehr zufrieden. Sie schimpft sehr viel. Zu Hause schimpfen sie mit mir und in der Schule auch. Ich bin sehr mutlos. Am liebsten würde ich bei Euch leben. Doch die Eltern würden das niemals erlauben. Abends, wenn ich im Bett liege, lassen mich die Bilder der Heimatstadt nicht schlafen. Tagsüber habe ich keine Zeit zum Nachdenken. Wenn es Nacht wird und die Dunkelheit sich ausbreitet, ist das Sehnen umso größer. In dieser dunklen Stille wird mir bewusst, wie schutzlos, einsam und verloren ich bin. Ich habe keinen Menschen, dem ich anvertrauen könnte, wie es mir wirklich geht.

Das Schreiben an Babaanne erleichterte mich ein bisschen. Aber wo war ein Mensch, der mir Trost gab, mir bei den Schulaufgaben half, damit ich endlich auch von der Lehrerin Lob erhielt? Oder der in die Schule kam, um mit der Lehrerin zu reden, damit die Ungerechtigkeiten aufhörten? Weinend schlief ich ein.

Ich war froh, dass es noch zwei ausländische Mädchen in meiner Klasse gab. Die eine kam aus Griechenland, die andere aus Portugal. Auch sie waren nur für ein paar Jahre nach Deutschland gekommen. Sie kannten sich besser aus, weil sie von Anfang an diese Schule besucht hatten. Eines Tages erzählten sie mir Dinge, die mich ziemlich durcheinanderbrachten. Sie meinten, dass die Lehrer gegen Ausländer seien und uns nicht in der Klasse haben wollten. Immer wieder machten sie mich auf Situationen aufmerksam, in denen das deutlich wurde. Ich wollte und konnte das nicht glauben. Warum war mir das nicht früher aufgefallen? Ich hatte immer schon ein merkwürdiges Gefühl meiner Lehrerin gegenüber gehabt, dachte aber, dass es an mir läge, weil ich nicht gut in der Schule war.

Als ich meinen Eltern davon erzählte, war ich überzeugt davon, unser Leben würde sich augenblicklich ändern. Ich malte mir schon die Abreise in allen Einzelheiten aus, so sicher war ich mir, dass dieser Anlass uns in die Heimat zurückbringen würde. Aber nichts dergleichen trat ein. Mein Vater meinte, es sei zumutbar für die kurze Zeit unseres Aufenthaltes, Unangenehmes in Kauf zu nehmen. Das gehöre einfach dazu. Außerdem solle ich mich nicht in solche Gedanken hineinsteigern. Meine Mutter verbot mir den Umgang mit den beiden Mädchen, weil sie einen schlechten Einfluss auf mich hätten.

Unverstanden und allein blieb ich mit meinen durcheinandergeratenen Gefühlen. Ich zweifelte an meiner Wahrnehmung und wusste nicht, ob sich alles nur in meinem Kopf abspielte. Ich hatte schon die Neigung, mir Geschichten auszudenken, aber doch nicht solche. Ich hatte Menschen kennengelernt, die durchaus sehr freundlich und hilfsbereit waren. Meine erste Lehrerin und die erste Freundin gehörten dazu. In einem hatte Papa recht, wenn er sagte: »Überall auf der Welt gibt es Menschen, die freundlich sind, und es gibt Menschen, die nicht lieben können und alles ablehnen.« Ich war mir sicher, dass meine Klassenlehrerin zu der letzteren Sorte gehörte.

Eines Tages sprach die Lehrerin über die verschiedenen Religionen in der Welt. Sie fragte mich nach unserer Religion. So viel ich konnte, erzählte ich und war mächtig stolz. Ich wünschte, Babaanne hätte es gehört. Ich erzählte, wie groß und mächtig unsere Religion war, und im Koran standen

Gesetze von Allah! Nach dem Unterricht hänselten mich die Mädchen. »Allah ist groß. Allah ist mächtig, hat einen Bart und ist drei Meter sechzig«, riefen sie mir auf dem Schulhof zu. Die Aufsichtslehrer guckten zu und schritten nicht ein. Ich versuchte zu erklären, was für eine große Sünde es war, derart zu reden. Sie hörten nicht auf. Im Gegenteil, sie ärgerten und verletzten mich noch mehr. Die Aufsichtslehrer sahen weiter tatenlos zu. Ich fühlte mich ohnmächtig. Irgendwann war ich so außer mir, dass ich auf eines der Mädchen losging und sie an den Haaren packte. Ich wollte sie so lange nicht loslassen, bis der Schmerz in mir aufhörte, bis ich mich nicht mehr machtlos fühlte. Ich schrie mir die Seele aus dem Leib. Mit Mühe konnten mich die Lehrer von ihr losreißen.

Das Mädchen weinte und wurde getröstet. Ich wurde nach Hause geschickt und sollte am nächsten Tag mit meinen Eltern kommen. Außerdem musste ich einen Aufsatz schreiben: »Warum ich andere Mädchen nicht schlagen darf«. Ich versuchte den Lehrern zu erklären, wie sie das, was mir heilig war, in den Schmutz gezogen hatte. Sie hatten kein Verständnis dafür. Am Abend erzählte ich den ganzen Vorfall den Eltern und dass die Lehrer mit ihnen reden wollten. Papa schwieg, er sagte gar nichts. Ich kannte dieses Schweigen von ihm. Es war die größte Bestrafung. Ich wünschte, er hätte irgendetwas gesagt. Vielleicht »Es war nicht gut, was du getan hast« oder »Es war richtig, wie du gehandelt hast«. Nichts, er sagte gar nichts. Es blieb offen, ob er am nächsten Morgen in die Schule kommen würde.

Ich lag sehr lange wach. Die Gedanken kreisten in meinem Kopf. Ich versuchte herauszubekommen, was mein Vater dachte, war froh, dass Mama nichts gesagt hatte. Das hätte ich nicht ertragen können, denn normalerweise hätte sie mich angeschrien. Anscheinend fand sie mein Verhalten richtig. Und dann war da noch der Aufsatz. Ich hatte Strafarbeiten bekommen, den Aufsatz nicht geschrieben und es den Eltern verschwiegen. Ich fürchtete mich vor dem Moment, wenn mich die Lehrer in Gegenwart meines Vaters nach der Strafarbeit fragen würden. Aus Angst hatte ich es nicht erzählt. Das Schreiben dieses Aufsatzes hätte doch bedeutet, »Ja« zu einer Ungerechtigkeit zu sagen.

Am nächsten Morgen wachte ich wieder mit den Gedanken auf, mit denen ich eingeschlafen war. Das gab mir das Gefühl, überhaupt nicht geschlafen, sondern die ganze Nacht nachgedacht zu haben. Ich hörte das Klappern in der Küche, horchte genau hin, um herauszufinden, ob meine Eltern in der Küche waren. Ja, sie unterhielten sich. Das bedeutete, sie würden beide in die Schule kommen, und wir würden beim Frühstück miteinander reden. Mit klopfendem Herzen betrat ich die Küche. Sie hatten sich beide fein angezogen. Für einen Augenblick erinnerte mich die Situation an unsere Heimat, wenn Papa in seinem Anzug am Frühstückstisch gesessen hatte. Er sah so gut aus, so fein. Am liebsten wäre ich zu ihm hingelaufen, hätte ihn umarmt. Doch eingehüllt in ein grausames Schweigen saßen sie vor mir. Ich war froh, als meine Geschwister dazukamen und einfach draufloserzählten. So hatte die schweigende Anklage ein Ende.

Wenn ich sage, das war der schlimmste Schulweg meines Lebens, dann lüge ich nicht. Sie sprachen beide nicht mit mir. Ich wusste nicht, was sie damit bezwecken wollten. Als wir das Besprechungszimmer betraten, warteten die Klassenlehrerin und die Rektorin schon auf uns. Leider verfügten meine Eltern immer noch nicht über ausreichende Sprachkenntnisse, sodass ich alles über mich Gesprochene hin und her übersetzen musste. Ich fühlte mich wie auf einer Anklagebank für Schwerstverbrecher. Die Lehrerin sprach so, als wäre ich durchgehend aggressiv, unbeherrscht und ungehorsam. Beim Übersetzen versuchte ich, den Eltern zu beteuern, dass so etwas wirklich nur einmal vorgekommen war und auch nur deshalb, weil man mich so provoziert hatte.

Erschreckend empfand ich die Reaktion meines Vaters. Sie zog mir den Boden unter den Füßen weg. Er sprach wie ein Ehrenmann und behandelte mich so, als wäre ich nicht seine Tochter. Wie ein Roboter übersetzte ich seine Worte: »Ihre Beschreibung passt nicht dazu, wie sich meine Tochter zu Hause verhält. Anscheinend richtet sie in der Schule sehr viel Schaden an. Daher sollte sie von Ihnen die gerechte Strafe bekommen.« In den Gesichtszügen der Klassenlehrerin konnte ich die Genugtuung erkennen. Freundlich gaben sie sich die Hände zum Abschied. Ich musste bleiben, um den Aufsatz zu schreiben. Beim Weggehen sagte mein Vater: »Ich will deinetwegen nie wieder in so eine peinliche Situation gebracht werden!« Ich konnte die Eltern nicht verstehen. Warum hatten sie die Lehrer nicht nach der Motivation meines aggressiven Verhaltens gefragt? Wieder einmal hatten sie mich total im Stich gelassen.

So schrieb ich alles säuberlich bis ins kleinste Detail auf, wie es sich aus meiner Sicht zugetragen hatte. Ich konnte die Antwort, warum ich andere Mädchen nicht schlagen durfte, nicht finden. Ich wollte diese Antwort von den Lehrern wissen, und so stellte ich ihnen ganz zum Schluss eine Frage: »Was würde passieren, wenn ich auf dem Schulhof Schimpfwörter über Jesus Christus benutzen würde, um die anderen Mädchen zu ärgern?« Die Strafarbeit gab ich bei der Rektorin ab. Sie schien mir menschlicher als die Klassenlehrerin. Sie las es durch und schickte mich in die Klasse, ohne Kommentar. Wahrscheinlich war sie einverstanden damit, denn ich wurde nie wieder angesprochen.

Die betroffenen Mädchen machten nun einen Bogen um mich, so hatte ich meine Ruhe. Obwohl es mir verboten war, meine Freundschaft mit den beiden ausländischen Mädchen fortzusetzen, verbrachte ich die Pausen trotzdem mit ihnen. Ich fühlte mich wohl bei ihnen. Zu Hause erzählte ich nicht mehr, was in der Schule geschah, und versuchte, so unauffällig wie möglich zu sein.

Trotz aller Schwierigkeiten gab es Fächer, die mir Spaß machten. Zum Beispiel der Sportunterricht. Ich ging gern zum Sport, weil die Lehrerin sehr nett war. Eines Tages erfuhren wir, dass sie einen Unfall erlitten hatte und für längere Zeit nicht unterrichten konnte. Wir bekamen einen Sportlehrer von der nebenan gelegenen Jungenschule als Vertretung. Ich hatte große Schwierigkeiten, vor einem Lehrer Sport zu machen. Ich versuchte trotzdem mein Bestes. An diesem Lehrer war etwas merkwürdig. Die Art und Weise, wie er mich anfasste, verursachten mir große Schamgefühle. Anfänglich dachte ich, es wäre ein Versehen und versuchte sehr aufzupassen, dass es nicht noch einmal passierte. Irgendwie ließ es sich aber bei seinem Sportunterricht nicht vermeiden, unsittlich berührt zu werden. Ich erzählte es meinen beiden Klassenfreundinnen. Ihnen ging es genauso. Also stimmte meine Wahrnehmung. Ich bildete mir diese Berührungen nicht ein. Am liebsten wäre ich dem Sportunterricht ferngeblieben. Ich fühlte mich beschmutzt und konnte es zu Hause nicht erzählen. Ich wusste nicht, wie meine Eltern reagieren würden. Das Schlimmste für mich wäre gewesen, wenn sie mich wieder einmal beschuldigt hätten, ich hätte mir das ausgedacht. Warum sollte ich mir so was Ekliges ausdenken?

Und dann kam der Tag, an dem ich im Sportunterricht explodierte, weil er mich wieder einmal unsittlich berührt hatte. Am liebsten hätte ich ihm die Augen aus dem Gesicht gekratzt, damit er nie wieder sehen, und seine Hände zerbissen, damit er nie wieder Mädchen berühren konnte. Das konnte ich nicht, weil er mich festhielt. Nachdem er sich von diesem Schock erholt hatte, schimpfte er mit mir und sagte, ich sei ja bekannt für meine unkontrollierten Ausbrüche. Er würde diesen Vorfall nicht melden, um mir einen Rausschmiss aus der Schule zu ersparen. Die Mädchen, denen es genauso ging, hielten den Mund und unterstützten mich nicht. Die anderen starrten mich an, als wäre ich ein merkwürdiges Wesen von irgendeinem anderen Planeten. Zum Glück war es die letzte Stunde. Auf dem Weg nach Hause nahm ich mir vor, nie wieder mit den Freundinnen zu sprechen, weil sie mich im Stich gelassen hatten. Ich war in der Klemme. Ich musste irgendetwas tun, damit ich diesem Unterricht fernbleiben konnte. Abends schrieb ich wieder einen Brief an Babaanne, um bei ihr Trost zu finden:

Liebe Babaanne,

ich bin wieder mal in größter Not. Du weißt, mit den Eltern kann ich nicht über die Situation in der Schule sprechen. Sie haben mich in die Hände der Lehrer gegeben. Stell Dir vor, der Sportlehrer kam neulich sogar in den Umkleideraum! Ich war sehr froh, dass ich schon angezogen war. Wenn er mich in Unterwäsche gesehen hätte! Was für eine Schande wäre das gewesen!

Mir glaubt keiner. Im Moment sehe ich keinen anderen Ausweg als zu lügen. Den Eltern werde ich erzählen, dass ich beim Sportunterricht Herzschmerzen bekomme. Diese Notlüge wird mir Allah verzeihen. Außerdem hatte ich doch früher wirklich eine Herzkrankheit. Es ist nur eine kleine Lüge. Wärst Du noch hier, hättest Du das alles nicht zugelassen. Morgen Abend werde ich Dir über meine Schwierigkeiten erzählen. Hoffentlich bestraft mich Allah nicht für diese Notlüge.

Mit vielen Ängsten ging ich ins Bett. Am folgenden Tag ließen mich die Lehrer in Ruhe, also hatte er es niemandem erzählt. Ich wurde nicht ins Lehrerzimmer gerufen. Nun konnte ich meinen Plan, dem Sportunterricht fernzubleiben, in die Tat umsetzen. Innerlich betend erzählte ich meiner Mutter am Nachmittag, dass ich beim Sport unter Kurzatmigkeit und Herzschmerzen litte. Ihre Sorge war mir zwar unangenehm, aber es gab keinen Weg mehr zurück. Sie schickte mich sofort zu unserem Hausarzt und kam glücklicherweise nicht mit – ich hätte ja sowieso dolmetschen müssen. Ganz genau beschrieb ich dem Arzt die Beschwerden und fügte hinzu, dass es im Sportunterricht am schlimmsten sei.

Als Kind hatte man bei mir eine zu große Herzklappe diagnostiziert. Ich erinnerte mich ganz genau an die damaligen Beschwerden. Die Ärzte hatten den Eltern versichert, dass sich das Herz bis zur Pubertät zurechtwachsen würde. So geschah es auch. Unser Hausarzt wusste über die ganzen Zusammenhänge Bescheid. Nach der Untersuchung guckte er mich mit seinen sanften, blauen Augen an und sagte: »Nun erzähl mir mal, warum du nicht am Sportunterricht teilnehmen willst.« Ich war nicht in der Lage, zu antworten. Mein Schluchzen hinderte mich daran, zu sprechen. Ich schämte mich so sehr, dass ich noch nicht einmal die Wahrheit offenbaren konnte. Irgendwann hörte ich eine piepsige Stimme sagen: »Ich bin in einer sehr großen Not. Ich bitte Sie um ein Attest.« Er gab mir ein Attest. Beim Hinausgehen sagte er: »Es müssen sehr wichtige Gründe sein, warum du nicht über deinen Herzschmerz sprechen magst. Ich höre dir gern zu, wenn du etwas erzählen willst.«

Das Weinen hatte mir gut getan. Wie merkwürdig, ich war erleichtert, dass er mich bei der Notlüge ertappt hatte. Obwohl ich nicht die Wahrheit gesagt hatte, fühlte ich mich verstanden. Wie gern hätte ich ihm mein Herz ausgeschüttet! Mein Misstrauen war aber tausendmal größer, als dass ich ihm etwas hätte erzählen können. Mit ruhigem Gewissen konnte ich den Eltern berichten, dass ich nichts Besorgniserregendes hatte. Für eine gewisse Zeit sei es allerdings besser, nicht am Sportunterricht teilzunehmen und mich auch sonst nicht anzustrengen.

Ein paar Wochen später gab es einen Riesenaufstand in der Schule. Eltern hatten sich zusammengetan, um den Sportunterricht bei diesem Lehrer zu unterbinden. Wie schön wäre es gewesen, wenn meine Eltern auch mitgemacht hätten. Ich war aufgewühlt. Es gab Eltern, die ihren Kindern glaubten! Es gab Kinder, die vertrauensvoll alles ihren Eltern erzählen konnten! Für mich gab es keine Menschenseele, der ich mich anvertrauen konnte. Beinahe hätte ich mir selbst noch nicht einmal vertraut, denn ich zweifelte wieder an meiner Wahrnehmung. Also war alles wahr. Der Unterschied zu den anderen Mädchen war, dass ich den Mund halten musste. Meine Eltern hätten mir niemals geglaubt. Niemals!

Meine Mutter empfand mich nur als ständiges Sorgenkind. Ich habe nie begriffen, warum. Ich ging brav zur Schule, nach der Schule erledigte ich die häuslichen Verpflichtungen, nach dem Abendessen die Schularbeiten. Niemandem konnte ich erzählen, wie qualvoll alles war und wie sehr ich außerdem unter meinem Körper litt. Manchmal verstand ich den Sinn nicht, warum ich lebte. Manchmal wünschte ich mir, dass Allah den Atem, den er mir zum Leben gab, wieder zurücknehmen würde. Weder in der Schule noch zu Hause fühlte ich mich wohl. Die schönsten Momente erlebte ich mit meiner Schwester. Auch wenn wir uns oft stritten. Sie war ja jünger als ich und durfte mit meinem Bruder spielen gehen. Sie bekam noch keine Verbote oder strengen Regeln auferlegt, während ich das Haus nicht verlassen durfte, außer um zur Schule zu gehen.

Zu den vielen Dingen, die ich nicht verstand, die ich niemanden fragen durfte und auch nicht konnte, gehörte die Enthaarung am ganzen Körper. Meine Mutter bereitete aus

Zucker, Wasser und Zitrone eine Art Wachs zu. Unter größten Schmerzen wurde damit die Körperbehaarung entfernt. Meine Mutter erklärte mir, dass Frauen oder junge Mädchen keine Behaarung haben durften. Es galt als schmutzig und schamlos. Meine Fragen nach dem Warum und Wieso konnte Mama mir nicht beantworten und empfand mich als ziemlich anstrengend und unverschämt.

Ich machte mir viele Gedanken. Wenn Gott uns so erschaffen hatte, gehörte doch die Körperbehaarung dazu. Es wuchsen Haare aus mir heraus, die ich sofort entfernen musste, weil sie mich sonst zu einer schamlosen und schmutzigen Person machten. Wenn ich ehrlich bin, nicht lüge (bis auf die sehr seltenen Notlügen), jeden Tag bete, so wie Babaanne es mir aufgetragen hat, und die vorgeschriebenen Waschungen mache, wie konnte ich schmutzig oder schamlos werden?

Ich versuchte, diesen Schmerz zu vermeiden, und suchte nach Argumenten, die mich von dieser Tortur hätten befreien können. Ich beobachtete die Mädchen in meiner Klasse; fand heraus, dass sie solche schmerzhaften Aktionen nicht kannten. Der Versuch, meiner Mutter die Ergebnisse meiner Nachforschungen stolz vorzutragen, endete mit einer heftigen Ohrfeige. Tagelang dröhnte es in meinem Ohr und brannte auf meiner Wange. Ich sei unmöglich, wir seien nicht nach Deutschland gekommen, um uns die Sitten der Deutschen anzueignen, hatte sie geantwortet. Ich konnte ihr nicht verständlich machen, dass diese Enthaarung mir wehtat. Außerdem empfand ich es immer noch als unbegreiflich, warum mich Haare schamlos und schmutzig machen sollten.

Ich tat, was sie sagte. Überhaupt tat ich alles, was sie sagte. Nun, ich hatte keine andere Wahl. Wir waren gekommen, um bald wieder zu gehen. Jeder von uns musste sich anstrengen. Aber wie lange noch? Wenn sie irgendein bestimmtes Datum festgelegt hätten, dann hätte ich ein Ziel gehabt. Ich glaube, mit einem Ziel hätte ich jede Qual, jeden Schmerz auf mich genommen, weil jeder Tag mich dem Ziel näher gebracht hätte, egal, wie dieser Tag verlaufen wäre. In meinem Leben gab es keine schönen Tage mehr bis auf die Momente mit meiner Schwester.

Mein armer Bruder, den ich über alles liebte, wurde viel zu früh ins Mannsein gepresst. Ohne dass er sich selbst als einen heranwachsenden Jungen hätte erfahren können, der sich mit anderen Jugendlichen maß. Er, der so ein weiches Herz hatte. Er, der von sich aus gern beschützte, obwohl er genauso viele Ängste wie wir Mädchen hatte. Dieses Behütenwollen war ihm angeboren. Er, der nach der Schule irgendwelche Tätigkeiten suchte, um den Eltern und uns mit seinem verdienten Geld kleine Geschenke zu machen. Auch seine Gutherzigkeit war ihm angeboren, keiner hatte ihm das beigebracht.

Aber dann kam der Bruch. Er wurde aus seiner Welt herausgerissen, weil die Eltern besessen von ihren Ideen waren und die wunderbaren Eigenschaften in ihm nicht sehen konnten. Er, der sensible Sohn mit dem riesengroßen Herzen. Dieser Sohn musste stark, tapfer, männlich werden, damit er die Ehre seiner Schwestern beschützen konnte. Mein Vater war bekannt für seine Ehrenhaftigkeit, so musste mein Bruder dem entsprechen. Weil ich das ältere der Mädchen war, musste er genauestens darauf achten, dass ich keine Schande über die Familie brachte, dass ich unberührt und rein blieb. Er stand unter dem überwältigenden Druck, der größte Beschützer sein zu müssen. Seine schönen Eigenschaften verwandelten sich, und er entwickelte sich zu einem Tyrannen. Was für eine Tragik! Warum konnte das niemand aufhalten? Ich hatte meinen Bruder verloren, er hatte sich verloren! Meine Liebe zu ihm musste ich verheimlichen. In seinen Augen war ich nur noch das Mädchen, das beschützt werden musste, damit es unberührt in die Ehe ging.

Als heranwachsendes junges Mädchen war ich eine Bedrohung für die Ehre der Familie. Dieses Gefahrenpotenzial musste im Keim erstickt werden. Ohne dass ich irgendetwas tat, war ich eine Gefahr. Unser Umfeld, Deutschland, verstärkte diesen Wahn der Familie, dass ich eine Gefahr war, dass ich die Ehre aller hätte beschmutzen können, noch mehr. Die Art, wie Frauen und Männer in der Gemeinschaft lebten, wie sie ihre Kinder erzogen, war Grund genug, die deutsche Kultur als Feindbild hochzuhalten. Ihre Freizügigkeit hätte uns Mädchen ins Verderben und Schande über die Familie bringen können. Das weibliche Geschlecht erlag so leicht den teuflischen Verführungen. So wurde in meinen Bruder, in seinen zarten, sensiblen Jugendjahren, ein Frauenbild eingepflanzt, das weit von dem entfernt war, was ich als junges heranwachsendes Mädchen wirklich war.

Generation um Generation wurde dieses Bild weitergegeben, ohne es zu überdenken oder infrage zu stellen. Für mich hatte das viele Konsequenzen. Ich musste zurückhaltend, schamhaft und rein sein. Schwach und ängstlich. Ich durfte mir keine eigene Meinung bilden, denn das hätte bedeutet, dass ich meine Augen hätte öffnen und mich mit meiner Umwelt hätte auseinandersetzen müssen. Die Einflüsse von außen hätten mich verdorben. Jedes eigenständige Denken, jede Regung in mir musste sofort erstickt werden. Ich musste gezähmt und zu einem Wesen ohne eigene Bedürfnisse, ohne eigene Liebe zurechtgestutzt werden. Das andere Geschlecht und die freizügige deutsche Gesellschaft durften mich nicht berühren.

Ohne nachzudenken atmete ich dieses Frauenbild in mich hinein, versuchte dem zu entsprechen und wurde zu dessen Trägerin. Außerdem entwickelte ich eine hohe Sensibilität dafür, wie meine Eltern mich haben wollten, wie ich für die in Deutschland lebende türkische Gemeinde »sein sollte«. Ich wurde so programmiert, dass sich mein Denken auf die eine

Frage: Was könnten andere über unsere Familie denken, wenn ich mich so oder so verhielte? beschränken musste. Ich hatte mittlerweile vergessen, wie und wer ich war und mich immer mehr in ein ängstliches Wesen verwandelt, was aber niemandem weiter auffiel. Sie vermuteten immer noch, in mir könnte eine schamlose Person stecken. Dieses Phantasiegebilde bekämpften sie in mir, um die Familienehre zu schützen und mich vor Bösem zu bewahren.

Demgegenüber war ich machtlos und ertrug diesen Zustand mit größtem Schmerz. Um gegen diese grundlosen Verdächtigungen anzukommen, entwickelte sich in mir der Zwang, mir ständig beweisen zu müssen, wie rein ich war. Mit der Zeit konnte mein Bruder seiner Aufgabe, auf mich aufzupassen, nicht mehr nachgehen. Er hatte die Discowelt, deutsche Mädchen und das Rauchen entdeckt. Neben der Schule suchte er sich Jobs, um seine Freizeit zu finanzieren. Mein Vater war sehr stolz auf ihn und meinte: »Wer die Welt kennenlernt, wird den Unterschied zwischen Gut und Böse begreifen. Er wird seine Schwestern besser vor dem Bösen bewahren können.« Meine Mutter versuchte ihm mehr Grenzen zu setzen. Die ständigen Diskussionen um das Verhalten meines Bruders bestimmten den Alltag. Anfänglich hielt sich alles im Rahmen. Später entwickelte seine Freizeit eine eigene Dynamik, und er wehrte sich immer mehr gegen die Einschränkungen durch die Eltern.

Meine Mutter war sehr oft in Sorge um ihn und litt sehr, weil sie mit meinem Vater uneinig war. Dabei wurde ich zu ihrer Zuhörerin gemacht. Ihr Klagen und Schimpfen über den Bruder, den ich sehr liebte und der auf mich aufpassen sollte, nahmen mich sehr mit. Ich konnte kein Urteil über ihn fällen. Ich betrachtete ihn als einen »welterfahrenen« jungen Mann und bewunderte ihn dafür. Für mich war diese Welt da draußen bedrohlich und gefährlich. Ständig wurde ich von Augen beobachtet, die darauf achtgaben, ob ich mich auf dem rechten Weg befand. Ich brauchte keinen Aufpasser mehr. Zu Hause fühlte ich mich am sichersten. Abends im Bett ließen mich die Kontrollaugen los.

Ich hatte aufgehört, Babaanne zu schreiben, weil ich mich fürchtete, jemand könnte die Briefe entdecken, die ich nie abschickte. Alles spielte sich nun in meinen Gedanken ab. In meinem Kopf trug ich eine ganze Welt. Eines Tages sah ich im Fernsehen eine Sendung über Ballett. Das gefiel mir so sehr, dass ich mir sofort Bücher über das Thema auslieh. Ich wollte noch mehr darüber wissen. In einem der Bücher wurden sogar Übungen gezeigt. Jeden Tag nach der Schule versuchte ich, diese Übungen zu machen. Innerlich fühlte ich mich dabei genauso zierlich wie diese Tänzerinnen, die ich in der Sendung gesehen hatte. Es waren Augenblicke, in denen ich mich in meinem so hässlichen, unförmigen Körper wohlfühlte. Endlich hatte ich etwas, worauf ich mich nach der Schule freuen konnte.

Bis meine Mutter von der Arbeit nach Hause kam, musste ich mir die Zeit gut einteilen. Zuerst erledigte ich schnell die Hausarbeit, damit mir noch Zeit für die Übungen blieb. Auf Drängen meines Bruders hin bekamen wir einen Plattenspieler, weil er unbedingt seine Discomusik spielen wollte. Endlich war es für uns möglich, Musik aus der Heimat zu hören. An den Wochenenden, wenn Mamas Freundinnen kamen, tanzten sie gemeinsam. Die Erinnerungen aus der Heimat durchfluteten dann unsere Räume. Früher hatte mir meine Mutter Tänze beigebracht und war stolz gewesen, wenn ich mit meinem zierlichen, kindlichem Körper vortanzte.

Die Schallplatten brachten Lebendigkeit in mein Leben. Zuerst machte ich die Ballettübungen, danach tanzte ich wie früher; dachte mir Schritte aus und fühlte mich so, als wäre ich in der Heimat. Einmal hatte ich die Zeit vergessen und das

Heimkommen meiner Mutter nicht bemerkt. Mitten in meinem Tanzen hörte die Musik auf, und meine Mutter stand vor mir. Ohne dass ich überhaupt etwas hätte sagen können, prügelte sie auf mich ein, beschimpfte mich mit den schlimmsten Worten, die ich bis dahin nicht einmal gekannt hatte. Erst später habe ich deren Bedeutung erfahren. Ohne es zu merken, musste ich etwas ganz Schlimmes getan haben. Abends erzählte sie diesen Vorfall meinem Vater. »Unsere Tochter hat vor, Tänzerin zu werden. Sie trainiert schon fleißig, um wie eine Hure vorzutanzen.« Ich schämte mich sehr für mein Verhalten, versuchte einzuwerfen, dass ich nicht Tänzerin werden, sondern wie früher tanzen wollte. Ich konnte mich nicht rechtfertigen oder ihnen erzählen, dass ich Spaß am Tanzen hatte. Ich durfte keine Platten mehr hören. Die Ballettbücher brachte ich sofort in die Bücherhalle. Wie durch ein Wunder waren sie unentdeckt geblieben.

Abends im Bett kullerten mir die Tränen unaufhörlich die Wangen hinunter. Ich konnte all das nicht verstehen. Ich fühlte mich sehr schlecht, gleichzeitig hatte ich aber das Gefühl, als wäre das Ganze ungerecht. Als das Weinen endlich aufhörte, konnte ich mit meiner Schwester sprechen. Sie meinte: »Sie denkt, dass du eine Tänzerin werden willst. So dick, wie du bist, könntest du sowieso keine Tänzerin werden.« Endlich hatte ich den Beweis! Ich konnte gar keine Tänzerin werden, weil ich viel zu dick war. Wie konnte sie so ungerecht zu mir sein? Wie konnte sie so über mich denken, zumal sie mir selbst den Tanz beigebracht hatte und sie selbst so schön tanzen konnte? Als ich jünger war, hatte ich immer vortanzen müssen. Damals war sie so stolz. Was hatte sich verändert?

Meine Schwester meinte, ich solle trotzdem weitertanzen, wenn es mir Spaß mache. Sie würde mich nicht verpetzen. Das tat ich auch, denn in diesen Momenten war ich voller Freude.

Ich tanzte mit meiner ganzen Seele. Ich tanzte mein Leid, meinen Schmerz, mein so unglückliches Leben. Ich stellte den Wecker, damit sie mich nie wieder erwischen konnte. Auf den Feierlichkeiten hätte ich mit den anderen Frauen tanzen können, aber ich wollte nicht. Ich mochte nicht, wenn andere mich tanzen sahen. Der Tanz war meine heimliche Freundin, mit der ich mich wohlfühlte, keiner sollte es merken. Wie gut, dass meine Schwester mich ermutigt hatte. Ohne ihren Zuspruch hätte ich den Mut, weiter zu tanzen, nicht gehabt. Ich war froh, dass sie da war. Ich brauchte sie, obwohl sie drei Jahre jünger war als ich. Sie konnte mich aus meinem »Wie und Was«-Gedankengewirr herausholen.

Ich hatte eine Welt in mir, von der niemand etwas wissen durfte. Das war eine Welt, die sich von der, in der ich lebte, vollkommen unterschied. Wenn ich tanzte, war ich in dieser Welt. Dort war das Leben viel schöner und einfacher. Aber umso komplizierter und schwieriger erschien mir die Kommunikation mit der Außenwelt. Solange ich keine eigene Meinung und Bedürfnisse äußerte, ging es gut. Am schwierigsten fand ich, mir gegenüber begangene Ungerechtigkeiten und mir unbegreifliche Situationen zu verarbeiten. Ich pendelte ständig zwischen meiner Innenwelt und der Außenwelt hin und her.

In den Augenblicken, in denen ich meine Welt betrat, verwandelte ich mich sofort. Lange weiße Kleider bedeckten meinen zierlichen Körper. Das Blut in meinen Adern war Liebe. Ich war rein. Die Menschen dieser Welt liebten mich. Unser Gott erlaubte uns zu lachen, zu tanzen und miteinander glücklich zu sein. Unser Mund war zum Lachen, unsere Herzen zum Sprechen da. Wir hatten eine Sprache für alle Wesen, ob Mensch, Pflanze oder Tier. Die Regeln dieser Welt waren, niemals zu lügen, andere zu beschimpfen oder zu beschuldigen. Solche Gedanken durften noch nicht einmal sein. Die

Strafe dafür war die Verbannung in die dunkle, schwarze Welt, regiert von Teufeln. Niemals wollte ich im Reich der Teufel sein, niemals! Es gab noch eine Regel: keinem Menschen von dieser Welt zu erzählen. Sogar meine geliebte Schwester musste ich ausschließen, obwohl wir sonst keine Geheimnisse voreinander hatten.

Innerlich betete ich, dass sie selbst dahinterkommen möge und wir uns eines Tages dort treffen könnten. Dann würden wir uns umarmen, nie wieder auseinandergehen und nie wieder zurückkehren, für immer dort bleiben. Ich brauchte meine Schwester, um leben zu können. Sie war mir eine Brücke. In den Zuständen der Verwirrung fühlte ich mich lebensunfähig, verloren, schutzlos. Sie hatte die Fähigkeit, mich immer wieder aus dieser Gefangenschaft hinauszuführen. Mit ihren großen, dunklen Augen schaute sie mich liebevoll an. Ihre Kinderstimme passte so gar nicht zu diesen Augen, die tausend Jahre alt waren und mich zurückholten aus einer Welt der Verwüstung. Die Erinnerung an eine Szene lässt mich heute noch schaudern. Als sie unser gemeinsames Zimmer betrat, kauerte ich vor dem Kleiderschrank, schnitt mir in die Fingerkuppen, damit die Liebe aus mir herausfließen, damit ich jedem zeigen konnte, dass ich rein war. Liebevoll guckten mich zwei dunkle Augen an, nahmen mir die Nagelschere weg, und eine Kinderstimme sagte: »Du blutest ja ganz doll.« Wie aus einem bösen Traum erwachte ich.

Der Auslöser dafür war gewesen, dass Mutter zuvor, gleich nach der Arbeit, in unser Zimmer gestürzt kam und den Kleiderschrank aufgemacht hatte. Sie packte mich an den Haaren und belegte mich mit schrecklichen Schimpfwörtern wie »du Schlampe« und vieles andere. Mein Verschulden war gewesen, dass ich nicht ihre Ordnung, die Ordnung, die sie für meinen Kleiderschrank für richtig hielt, übernommen hatte. Aus Zeitmangel hatte ich einige Wäschestücke einfach in meinen Kleiderschrank hineingestopft. Bis sie von der Arbeit kam, musste die Wohnung in Ordnung gebracht sein. Das Aufräumen hatte ich auf das Wochenende vertagt. Mit der einen Hand hielt sie mich an den Haaren gepackt und räumte mit der anderen den Kleiderschrank aus und warf die Wäsche mitten ins Zimmer. Dann kamen die Bücherregale und der Schreibtisch an die Reihe. Zum Schluss wurde der Inhalt meines Ranzens ausgekippt. Als sie hinausging, sagte sie: »Bis zum Abendessen bringst du alles in Ordnung. So, wie ich es dir beigebracht habe! Sonst wird sich alles wiederholen.«

Ich hörte, wie sich die Haustür schloss. Ich war allein in der Wohnung, irgendwo zwischen den Haufen von Kleidungsstücken und Büchern tickte der Wecker und machte die Stille hörbar. Mein Körper war taub geworden. Alles war leer um mich herum, Schränke, Regale und der Schreibtisch und mitten im Zimmer das Durcheinander. Was hatte ich getan? Ich fühlte mich abgrundtief elend, schämte mich sehr, wusste nicht, wie ich aufräumen sollte. Da wollte ich beweisen, dass ich gut war, rein war. Und schnitt mir in die Fingerkuppen. Meine Schwester schimpfte sehr über den Zustand des Zimmers. Voller Entrüstung sagte sie, Mutter habe kein Recht, unser Zimmer so durcheinanderzubringen. »Außerdem hilfst du ihr so viel im Haushalt!« Sie schimpfte und schimpfte über all die Ungerechtigkeiten. Sie wurde immer wütender und versprach: »Ich werde mit Papa reden. Mutter hat die Unordnung gemacht, sie muss es wieder in Ordnung bringen.« Ich saß und staunte, hatte Angst, Mutter, die gerade gekommen war, könnte sie hören. Sie setzte sich an ihren Schreibtisch und machte ihre Schulaufgaben.

Ich begann aufzuräumen, ich traute mich nicht, das Zimmer zu verlassen. Nach einer Weile half mir meine Schwester, ohne etwas zu sagen. Sie merkte, wie entkräftet und benommen ich war. Sie spürte meine innere Not, sah die Tränen, die nach innen flossen. Es tat gut, nicht reden zu müssen. Dann, als es mir ein wenig besser ging, konnte ich sie bitten, Vater nichts von dem Vorfall zu erzählen. Ich wollte nicht mehr reden, mich nicht rechtfertigen, keinen Streit zwischen den Eltern. Außerdem hätte Vater sicher Mutter in Schutz genommen und mich getadelt. Meine Schwester willigte ein und machte sich, nachdem alles an seinem Platz war, wieder an ihre Hausaufgaben. Sie war sehr gut in der Schule, denn sie war außerordentlich intelligent. Ich bewunderte sie maßlos. Ich war mir nicht sicher, ob den Eltern wirklich bewusst war, dass sie so eine schlaue Tochter hatten. Vielleicht wussten sie es doch, denn in der Schule hatten die Lehrer ihnen nahegelegt, sie zu fördern. Die schulischen Leistungen waren so herausragend, dass sie vermuteten, sie gehöre zu den Kindern mit überdurchschnittlicher Intelligenz.

Vaters Wunsch war es, dass sie Medizin studierte. Bei ihren Hausaufgaben brauchte sie nie Hilfe. Sie war immer schnell damit fertig. Wäre sie älter gewesen, hätte sie mir sicherlich geholfen, und ich hätte in der Schule geglänzt, hätte immer die richtigen Hausaufgaben gehabt und wäre sogar gelobt worden. Mit meinem wirren Kopf war ich nicht gut in der Schule. Ich war immerzu damit beschäftigt, die Welten auseinanderzuhalten. Jeden Morgen nahm ich mir vor, sehr gut aufzupassen. Auf dem Weg zur Schule ging ich in meine eigene »weiße Welt«. Des Öfteren gelang mir der Sprung in die andere Welt nicht, sodass ich den Unterricht kaum mitverfolgen konnte. Eines Tages schrieb ich in mein Tagebuch:

Eine sumpfige Landschaft umgibt mich.
Jede kleinste Bewegung zieht mich
tiefer und tiefer nach nirgendwo.
Es gibt keine Tränen mehr, die über meine
Wangen fließen.

Mehr und mehr werde ich umarmt,
warm und dumpf werde ich
eingesogen und unbeweglich gemacht.

Ich rieche die modrige Erde.
Bin ich begraben ... lebend?!
Die Augen, die Gedanken
sind in der »weißen Welt«,
dort ist meine Heimat, dort lebe ich,
dort bin ich zu Hause,
dort bin ich frei,
dort will ich bleiben und
nie wieder zurück!

Doch die tausendjährigen dunklen Augen rufen mich zurück. Immer wieder sagt die Kinderstimme: »Wir müssen zusammenhalten.« Ich gebe meiner Schwester das Versprechen. Ich werde noch eine Weile hierbleiben.

Wegen des bevorstehenden Schulwechsels hatte ich einen Brief bekommen. Abends übersetzte ich ihn den Eltern. Die Lehrer empfahlen mir, die Hauptschule zu Ende zu machen und nicht auf eine weiterführende Schule zu gehen. Meine Eltern waren empört. Sie erlebten es als eine große Kränkung. Sie, die so viel Mühe auf sich genommen hatten. Sie wollten mit erhobenen Köpfen in die Heimat zurückkehren. Die Taschen voll mit Geld, um ein neues Leben aufzubauen. Die Kinder voll mit Wissen, damit sie in der Heimat studieren konnten. So war es gedacht, so geplant, nichts durfte anders sein. Störungen, die das Ziel in Gefahr brachten, waren nicht vorgesehen.

In ihren Vorstellungen war für mich als eigenständige Person und für mein Erleben kein Platz, obwohl sie angeblich alles, was sie taten, für uns taten. Mich von der Umwelt abzuschirmen, war ihre Art von Schutz für das junge Mädchen von vierzehn Jahren. Ohne dass ich gewusst hätte, was und welche Handlungen mich sündig machten, waren mein Körper, meine Gedanken von ihren Vorstellungen infiziert. Durch meine Ohren wurden Worte in mich injiziert, die einen Seuchenherd entstehen ließen, mit Beschimpfungen wie »du Hure«, »du Schlampe«, »steh nicht dumm herum«, »zu nichts bist du tauglich«, »mit deinen zwei linken Händen«. Zu einem Stück Dreck war ich geworden, ohne je gegen die religiösen Regeln und Gebote verstoßen zu haben. Ich glaubte ihren Worten. Ihre Urteile waren zu einem Teil von mir geworden. Immerzu gab es einen Krieg in mir zwischen dem Seuchenherd und meiner »weißen Welt«.

Ich kämpfte, um gut zu sein. Kein Beweis reichte aus, um diesen Krieg zu gewinnen. Ich bin gut, ich bin sehr gut. Ich bin rein, ich bin sehr rein. Am liebsten hätte ich mich aufgeschlitzt, damit sie in mich hätten hineingucken können. Sie hätten sehen können, wie rein ich war. Auch in der Schule musste ich beweisen, dass ich gut war. Ich war eine Fremde, also war ich anders. Sie dachten, ich wäre faul. Vor allem wusste ich nicht, wie ich der Lehrerin verständlich machen sollte, dass ich nicht dumm war. Ich konnte ihr nicht erzählen, dass der Kampf der beiden Welten mich davon abhielt, das gesprochene Wort zu verstehen, das Gelesene zu begreifen. Das Lernen dauerte zu lange, erschöpfte mich. Ohne Erfolg setzte ich mich immer wieder an die Schulaufgaben.

Jeden Tag ging ich unter enormem Druck zur Schule. Manchmal fragte mich die Lehrerin, warum ich die Schule überhaupt besuchen würde. Ich fühlte mich so gedemütigt, wünschte mir, nicht mehr zu leben. Vielleicht war ich sehr krank, und niemand bemerkte es, und alle dachten, ich wäre faul und dumm. Gedanken über Gedanken wirbelten in meinem Kopf, und der Kampf der beiden Welten wurde immer überwältigender.

Es kam der Tag, an dem meine Eltern wegen des Briefes mit den Lehrern sprechen wollten. Selbstverständlich war ich die Übersetzerin. Mein Vater äußerte seine Empörung, fragte, ob es daran läge, weil wir Ausländer seien, weil Kindern von Ausländern Stolpersteine in den Weg gelegt würden. Endlich sprach mein Vater Dinge aus, die ich schon längst empfunden hatte. Als die Lehrerin die Gründe erläuterte, warum sie bei mir keine weiterführende Schule empfehlen würde, fühlte ich mich sehr einsam. Ich wollte nicht die sein, über die sie sprachen. Sie hatte recht mit ihren Vermutungen und Beobachtungen. Die Lehrerin befürchtete, dass mich eine andere Schule überfordern würde. Sie sagte: »Sie beherrscht die Sprache sehr gut, aber im Unterricht ist sie abwesend. Sie nimmt am Unterricht nicht teil.«

Ich schämte mich. Ich versuchte, mich zu einer Maschine zu machen, damit ich nur übersetzte und nichts fühlte. Ich kämpfte mit meinen Tränen. Wie gern wäre ich verschwunden. Mein Vater übernahm nun das Wort, wartete nicht auf meine Übersetzung und redete in einem gebrochenen und schlechten Deutsch auf die Lehrer ein. Ihn so abgehackt und manchmal unverständlich sprechen zu hören, war für mich sehr beschämend. Er kämpfte um die Familienehre. Um sie zu erhalten, musste die Tochter gut in der Schule sein. Anscheinend hatten die Worte der Lehrerin ihn nicht erreicht, oder hatte ich nicht richtig übersetzt? Ich wünschte, sie hätten nachgefragt, warum ich im Unterricht nicht mitkam und so abwesend war. Ich wünschte, sie hätten sich dafür interessiert. Ein ziemlich verschrecktes, ängstliches Wesen hätte sich ihnen offenbart, das lautlos um Hilfe schrie. Die Lehrer und die Eltern einigten sich darauf, dass ich mich bis zum Versetzungszeugnis mehr am Unterricht beteiligen sollte.

Auf dem Heimweg redeten Papa und Mama auf mich ein. »Wir tun alles für euch. Wir haben keine großen Ansprüche an euch, außer dass ihr nützliche Menschen werdet.« Die Verzweiflung ließ mich erstarren. Ein Panzer umschloss meine Brust und ließ kein Atmen zu. Ich beschloss, alles zu tun, was sie sagten.

»Sei verständnisvoll gegenüber den Lehrern.«

»Ja, werde ich sein.«

»Halte dich fern von den Deutschen, denn sie sind zu anders, zu freizügig, sie wissen sich nicht zu benehmen.«

»Ja, das werde ich tun, denn ich habe Angst vor ihnen. Sie sind so anders.«

»Mache den Haushalt ordentlich.«

»Ja, das tue ich.«

»Rede nicht so laut und zeige deine Zähne nicht beim Lachen. Halte deine Hände vor den Mund.«

»Ja, das tue ich.«

Ich werde alles tun, was sie sagen.

Ich sollte gut sein in der Schule, ich wollte auch in der Schule gut sein. Die verwirrenden Gedanken nahmen Besitz von meinem Gehirn. Jeden Abend wollte Papa die Hausaufgaben kontrollieren. Wie sinnlos, denn er verstand sie sowieso nicht. Meine Mutter wollte die Schränke kontrollieren, ob ich auch alles ordentlich einräumte. Ich war ratlos. Wie sollte ich das alles schaffen? Ich wollte ihnen erzählen, klagen, weinen und schreien. Ich entschloss mich, zu schweigen, denn meine verwirrten Gedanken verhinderten jeden klaren Satz. Ich hatte Angst vor den verletzenden Worten der Mutter.

Wieder einmal half mir meine Schwester. Sie gab mir den Tipp, so viel wie möglich auswendig zu lernen. Ich kämpfte mich durch den Lernstoff, ohne den Sinn zu verstehen. Im Unterricht wiederholte ich alles, was die Lehrerin sagte, innerlich noch einmal. Das hielt die wirren Gedanken in Schach. Die Abneigung gegen die Lehrerin wurde geringer. Ich hatte keine Zeit, mich damit zu beschäftigen, ob sie mich mochte oder nicht. Doch die Angst und das Misstrauen allen Menschen gegenüber blieben bestehen. Sie bestimmten mein Leben. Ständig verfolgten sie mich. Sie banden mir die Zunge, damit ich nicht sprechen konnte. Sie fesselten mir die Füße, damit ich nicht laufen konnte. Sie kontrollierten meine Gefühle, mein Verhalten. Die Angst, etwas falsch zu machen, wurde jeden Tag größer.

Ich fühlte mich verfolgt von unsichtbaren Gestalten. Sie wollten mich umbringen, mich aufschlitzen, auf mich einstechen, mich vernichten. Auch nachts in meinen Träumen wurde ich verfolgt. Es nützte nichts, mit den Eltern über die Ängste zu sprechen, denn der Versuch endete immer mit »Das sind doch Hirngespinste!«. Obwohl ich mir so viel Mühe gab, hörte die Verfolgung nicht auf. Meine Schwester schlug mir vor, damit zu unserem Arzt zu gehen. Nie wäre ich auf diese praktische Idee gekommen! Ich saß vor dem Arzt und erzählte wie ein Wasserfall. Genauso schnell wie die Worte kamen, schossen mir auch die Tränen aus den Augen.

Mit seinen sanften blauen Augen sah er mich an und sagte: »Ich müsste mit deinen Eltern reden.« Das wollte ich auf keinen Fall. Ein Skandal, dass ich über die Familie gesprochen hatte! Wir waren eine Vorzeigefamilie. Meine Mutter hätte mich zu Tode geprügelt, wenn sie erfahren hätte, was für Hirngespinste ich erzählt hatte. Wie ein Blitz traf mich der Gedanke: »Ich habe die Eltern verraten.« Eine panische Angst überwältigte mich. Noch nie zuvor hatte ich von zu Hause erzählt! Der Arzt versuchte, mich zu beruhigen, erklärte mir, er müsse wegen der Medikamente mit den Eltern reden. Er versprach mir, niemals ohne meine Erlaubnis mit den Eltern zu sprechen.

Ich bekam Tabletten, die ich vor dem Schlafengehen einnehmen sollte. Drei Tage später wollte er mich wiedersehen. Ich hatte mich zwar beruhigt, bemerkte aber auf der Straße, wie verstört ich noch war. Wieder packte mich die nackte Angst. Mein Misstrauen gegenüber dem Arzt wuchs über mich hinaus, wurde übermächtig: Er gehörte mit zum Komplott der Verfolger. Ich konnte mich noch nicht einmal in meine weiße Welt retten. Zum ersten Mal hatte ich den sehnlichsten Wunsch, in das Reich der Toten zu fliehen und so dem überwältigenden Leid ein Ende zu setzen. Ein Sog zog mich hinein in die dunkle Freiheit. Ich stand an der Kaimauer, die Füße so hingestellt, dass die Fußballen den Boden nicht berührten, sie schwebten frei. Ich schaukelte hin und her, erprobte mein Gleichgewicht. Jeder Moment hätte der Moment sein können, wo die Freiheit begann. Das Wasser hatte eine starke Anziehungskraft auf mich. Ich wollte mich fallen lassen, tief eintauchen, mich umarmen lassen, nie wieder zurückkehren.

Mein Körper vibrierte vor Aufregung. Mein rasendes Herz übernahm die Führung und schlug mir bis zum Hals. Die Erregung bildete einen dicken Kloß in meiner Kehle. Eine Kinderstimme rief mich zurück: »Wir müssen zusammenhalten!« Völlig erschöpft setzte ich mich hin. Die Beine baumelten herunter. Ich weinte und weinte um mein verlorenes Leben. Ich hatte alles verloren. Mein Land, meine Eule, meine Träume. Ich war nur noch ein schrecklicher Fleischkloß mit Knochen. Ich hatte meine Seele verloren und meine Geschichten. Es war eine überraschende Entdeckung: Der Gedanke an den Tod gab mir die Freiheit, über mich selbst zu bestimmen. Immer wenn ich verstört, verrückt, verloren war, ging ich zu der Kaimauer. Die Möglichkeit der Entscheidung für oder gegen den Tod gab mir ein kleines bisschen Leben, ein bisschen Würde zurück. Die Kinderstimme, die Augen meiner Schwester waren wie ein feiner unsichtbarer Faden, der mich vor diesem letzten Schritt bewahrt hat.

Ich nahm die Tabletten. Sie mussten aber auf die Hälfte reduziert werden. Die Ängste wurden geringer, aber dafür war es sehr schwierig, sich zu konzentrieren. Tatsächlich hatte der Arzt sein Versprechen gehalten, aber ich war trotzdem vorsichtig. Ich erzählte nichts mehr von zu Hause. Nur noch von der Schule und den Ängsten.

Die Ferien näherten sich. Es herrschte eine große Aufregung. Die Eltern hatten sich ein Auto angeschafft. Nach vier Jahren wollten wir endlich in die Heimat, und zwar mit dem Auto. An den Wochenenden nähte meine Mutter Sommerkleider für sich und für uns Mädchen. Das sparte Geld, denn es mussten viele Geschenke für die Verwandten und für Freunde gekauft werden. Meine Mutter stand ziemlich unter Druck, neben der Arbeit alles schaffen zu müssen. Deswegen musste ich ihr noch mehr helfen. Ich wusste selbst kaum, wie ich Schule und Haushalt bewältigen sollte.

Die Lehrer hatten angekündigt, dass ich versetzt werden würde. Ich meldete mich bei der neuen Schule an. Mein Vater war ziemlich froh. Alle freuten sich auf die Ferien in der Heimat. Ich war zu erschöpft, hatte kein freudiges Gefühl. Ob es wohl an den Tabletten lag?

Babaanne hinterlässt eine Lücke

So hastig, wie der Brief geschrieben worden war, so hastig hetzten meine Augen über die Zeilen. Beim Lesen verlor ich das Gefühl, dass es Fatmas Brief war. Wie vielen Kindern, deren Eltern aus der Türkei nach Deutschland gekommen waren, musste es ähnlich ergangen sein. Wieder war ich froh, dass sie mich nicht mitten in einer der zahlreichen quälenden Situationen zurückgelassen hatte. Ihr Brief klang am Ende sogar ein wenig zuversichtlich. Der Urlaub in der Heimat stand bevor, der Schulabschluss und der Neubeginn nach den Ferien waren gesichert. Doch dieses Mal konnte ich mir keine positive Fortsetzung ausmalen. Es konnte sich alles gar nicht mehr zum Positiven wenden, so wie sich die Familie und ihre Mitglieder in der Fremde entwickelt hatten, dachte ich. Ganz im Gegenteil, die familiäre Situation schien sich zuzuspitzen. Fatma hatte die Sündenbockrolle zugewiesen bekommen, wurde systematisch zum idealen Opfer gemacht.

Ich spürte eine innere Unruhe. War es ein Zufall, dass sie in ihrem Brief von ihrer Selbstmordabsicht geschrieben hatte? Konnte es sein, dass sie jetzt ähnliche suizidale Gefühle und Gedanken wie damals hegte? Hin und wieder war sie in der letzten Zeit nicht so gepflegt wie sonst gewesen. Ich hatte mir deswegen Sorgen gemacht. Plötzlich begriff ich: Sie hatte Tagebuch geschrieben. Auf der Suche nach Antworten, auf der Suche nach sich selbst las sie offenbar in ihren Tagebüchern. Ich schwankte ständig zwischen der Angst, dass sie sich das Leben nehmen könnte, und der Überzeugung, dass sie es nicht tun würde, hin und her. Ich war ratlos. Um Abstand zu gewinnen, bat ich meinen Mann, mit den Kindern am Wochenende einen Ausflug zu machen. Ich brauchte Zeit zum Fühlen, Nachdenken und Schreiben.

Ich war unruhig und unsicher, wollte die Situation einschätzen, sie anrufen, bei ihr vorbeigehen und vieles mehr. Gleichzeitig spürte ich, dass mein Helfenwollen keine wirkliche Unterstützung sein konnte. Fatma befand sich in einer schweren Lebenskrise. Sie hatte all das Grauen überlebt. Wenn sie all das schreiben konnte, hatte sie sich offenbar einen geschützten inneren Raum geschaffen. Ich durfte jetzt nicht durch mein Handeln in diesen Raum eindringen. Unter allen Umständen musste ich ihr Vertrauen erhalten.

Nachdem ich den Brief am Wochenende ein zweites Mal gelesen hatte, lehnte ich mich zurück und ließ ihn wieder auf mich wirken. Als Erstes kam mir der Begriff »Kulturschock« in den Sinn. Ich ärgerte mich, dass mir nichts Besseres einfiel. Was bedeutete er eigentlich? Ich sah eine Schublade, in die alles Unangenehme hineingestopft worden war. Da lagen Schmerz, Trauer, Gewalt, Demütigung, Freiheit, Rettung, Missbrauch, verzweifelte Kinder und ihre Familien, Werteverlust, Entwurzelung und vieles mehr wahllos nebeneinander.

Als Nächstes fiel mir die Babaanne ein. Sie war die Einzige in der Familie, die den Kindern eine Art Beständigkeit geboten hatte. Sie lebte seit der Geburt der Kinder mit in der Familie, war ein nicht wegzudenkender Teil geworden. Sie musste eine weit größere Rolle in der Familie gehabt haben, als ich bisher angenommen hatte. Sie schien die Familie getragen und zusammengehalten zu haben. Ihre Abreise musste für alle Beteiligten ein großer Schock gewesen sein, den vielleicht nur Fatma so wahrgenommen und gefühlt hatte. Die Geschwister waren nach ihrem Weggehen ganz auf sich gestellt, sich selbst überlassen. Als älteste Tochter sollte nun Fatma diese große Lücke schließen, die die Babaanne hinterlassen hatte. Vor meinem geistigen Auge sah ich ein kleines, zierliches, widerwillig in die Pubertät hineingleitendes verlorenes Mädchen, dem enorme Lasten auf die Schultern gelegt wurden. Wie konnten Eltern einem heranwachsenden jungen Mädchen so viel aufbürden? Den gesamten Haushalt, die Versorgung der Geschwister, das Aufrechterhalten der Familienehre, der Tradition und des Zusammenhalts der Familie. Ja, sie hatte alles getan, was man von ihr erwartete. Doch ihr fehlte die Autorität des Alters und die gefestigte Stellung in der Familie. So blieb ihr nur die Rolle des Sündenbocks.

Die Babaanne hatte den Geschwistern und den Eltern die verloren gegangene Gemeinschaft der Heimat ersetzen können. Der Bedrohung ihrer Werte begegneten die Eltern in ihrer Hilflosigkeit mit strengen Regeln, Verhaltensdiktaten und einer engstirnigen Rückbesinnung auf die eigene Kultur.

Ich fühlte mich durch Fatmas Erfahrungen überwältigt. Ich ging in den Garten und setzte mich auf den Sandkistenrand. Der leichte Wind strich kühlend über meine glühend heißen Wangen. Das tat gut. Ich beobachtete einen fleißigen Käfer, wie er einen Sandhügel zu erklimmen versuchte und dabei immer wieder abrutschte. Ich war beeindruckt, mit welcher Ausdauer er dabeiblieb und es nach langer Zeit endlich schaffte. So banal es auch klingen mag, ohne mich hätte er keinen liebenden, seine Leistung wertschätzenden und anerkennenden Beobachter gehabt, dachte ich. Ich hatte seine Erfahrung beobachtet und irgendwie eine Weisheit in mir erfahren, die ich nicht benennen konnte. Das machte mir Mut. Plötzlich sah ich meine Aufgabe als stille Beobachterin und Mitwisserin. Ich wollte da sein und wahrnehmen, Fatmas Mühe, ihr Streben und irgendwann vielleicht auch ihren Erfolg.

Ich saß wieder vor dem Brief und las einzelne Passagen noch einmal. Mit dem Eintreten der ersten Menstruation wurde Fatma gefangen genommen. Die Familienehre, die traditionellen Pflichten eines türkischen Mädchens bildeten die Mauern ihres Gefängnisses. Ich weiß noch, wie stolz ich war, als ich in den Ferien das erste Mal meine Menstruation bekommen hatte. Nun gehörte ich endlich auch dazu. Es muss in etwa die Zeit gewesen sein, in der man in Deutschland erstmals über »wilde Ehen ohne Trauschein« und das Wohnen in Kommunen diskutierte. Deutschland schien damals in einer Aufbruchsstimmung zu sein, auf der Suche nach neuen Werten. Traditionen, Konventionen und Autoritäten wurden kritisch hinterfragt. Das hatte uns Vater damals erzählt und uns gebeten, uns an den Werten unserer Heimat, unserer Wurzeln, zu orientieren. Es gäbe keine Eile im Leben. Wir hätten noch genug Zeit, um uns später anders zu entscheiden. Das half mir damals sehr.

Ich kann mich auch heute noch sehr gut an das Gefühl erinnern, es war, als hätte ich mich über Nacht vollkommen verändert. Flüsternd und kichernd berichtete ich diese Neuigkeit meinen türkischen Freundinnen. Wir feierten dieses Ereignis mit Tee und Gebäck und waren stolz auf unsere Jungfräulichkeit. Wir wollten sehr achtsam sein und so lange warten, bis der »Richtige« käme. Kichernd musterten wir die Jungen in unserer Nähe und verglichen sie miteinander. Irgendwie waren wir nun alle etwas ganz Besonderes und in einem Ausnahmezustand. Mein Bruder war sehr genervt und enttäuscht von uns. Er konnte mit uns nichts mehr anfangen. Meine Eltern trösteten ihn, baten ihn um Geduld und versicherten ihm, es würde sich alles wieder legen.

Ich versuchte, mich in Fatmas Situation zu versetzen. Was für ein Schmerz über die plötzliche große Veränderung des geliebten Bruders! Was für ein Bruch auch für ihn. Er wurde von den Eltern auf einen Platz zwischen der Schwester und Deutschland gesetzt, um sie vor der hier herrschenden freizügigen Moral zu schützen. An Fatmas Verhalten musste der einwandfreie Zustand der Familienehre für die türkischen Landsleute abzulesen sein.

Während er die Schwester streng überwachte, probierte er seinerseits den Konsum von Zigaretten, Alkohol und Drogen aus. Discobesuche und wechselnde Freundinnen gehörten dazu.

Mein Bruder hatte auch eine Zeit lang regelmäßig Discos besucht. Mein Vater hatte ihn auf die damit verbundenen Gefahren hingewiesen. Es hatte nicht allzu viel genützt. Mein Bruder hatte Alkohol getrunken und auch das Rauchen angefangen. Das legte sich später wieder. Aus Neugier war mein Vater sogar einmal mit in die Disco gegangen und hatte sich von meinem Bruder alles erklären lassen. Er blieb nicht lange und kam nach Rauch stinkend wieder zurück. In der Heimat gab es Veranstaltungsorte, wo die gesamte Familie hingehen und gemeinsam tanzen und feiern konnte. Mein Vater bedauerte es sehr, dass es hier nicht etwas Vergleichbares gab.

Aus meiner täglichen Arbeit mit meinen Landsleuten weiß ich, dass diese Doppelmoral – Jungen dürfen alles, Mädchen nichts – die allermeisten in Deutschland lebenden türkischen Familien beherrscht. Die Leidtragenden sind junge Mädchen in ihren sensibelsten Jahren, denen ihrer Pubertät. Auch meine Freundin Fatma war dem ausgesetzt. Auf ihren Kinderschultern lag die ganze Verantwortung für die Familienehre. Außerdem erhielt sie keine Unterstützung, sich in der Zeit der verwirrenden Gefühle zurechtzufinden, ja, ihr wurden sogar jeder Lebensimpuls, jedes Aufkeimen der Weiblichkeit verboten.

Ich stutzte, wunderte mich, dass die Gewalt im Namen der Ehre ausschließlich von der Mutter ausging. Was für ein Verrat an der eigenen Tochter! Es war keine traditionell patriarchalische Familie, in der Fatma aufgewachsen war. Die Gewalt ging von der Mutter aus. Und es gab keinen Vater, zu dem Fatma wirklich hätte flüchten können, obwohl er immer als ein gutmütiger und liebevoller Mensch beschrieben worden war. Ich selbst hatte ihn doch so kennengelernt. Nun wirkte der Vater konturlos, von Frau und Ehe enttäuscht.

Warum hat die Familienehre einen so hohen Stellenwert? Wie kann man durch Gewalt und schändliches Verhalten die Ehre der Tochter, die Ehre der Familie retten? Was ist das für eine große Lebenslüge, mit der versucht wird, Gewalt zu rechtfertigen und zu verschleiern? Wie viele Seelenmorde wurden als Rettung der Ehre kaschiert? Wie viele Menschen sind wirklich wegen der Ehre getötet worden? In der deutschen Kultur ist mir etwas Vergleichbares bisher nicht begegnet. Niemand würde seine Tochter misshandeln oder töten, weil sie mit einem Jungen nach Hause gegangen ist oder sich mit ihm getroffen hat.

Meine Eltern brachten uns Kindern bei, dass Ehre, ehrenhaftes Verhalten universelle Güter sind. Ein ehrenhafter Bösewicht sei ihnen lieber als ein unehrenhafter selbst ernannter Heiliger, sagten sie. Unsere Aufrichtigkeit, unser Vertrauen und unsere Bereitschaft, mit ihnen ein neues Miteinander zu wagen, waren ihnen wichtig. Auch sie waren mit diesen traditionellen Vorstellungen von Ehre aufgewachsen, wollten sie aber nicht an uns weitergeben.

Ich vertiefte mich wieder in Fatmas Brief. Bei all dem Leid hatte ein gütiges Schicksal die Geschwister und die nette alte Dame zusammengeführt. Mit ihrer Hilfe konnten sie wenigstens noch ein wenig Zeit gewinnen, sich an die neue Situation ohne Babaanne zu gewöhnen. Wie gut konnte ich Fatmas kindliche Überlegungen und Ängste über Verfolgung, Verschleppung und Vernichtung verstehen. Ich kramte in meinem Innern, und versteckt in einem Winkel fand ich, dass auch ich einige Zeit gedacht hatte, unsere Familie könnte verschleppt und vernichtet werden. Ich hatte es einfach vergessen!

»Was ist der Unterschied zwischen Türken und Juden?« Ich erinnerte mich, was die Frage dieses Mannes, sein Blick, seine Mimik in mir ausgelöst hatten. Ich konnte mich nicht rühren, war wie gefesselt. »Die Juden haben es schon hinter sich, ihr noch vor euch!« So schnell ich konnte, rannte ich nach Hause, weinte und wollte nie wieder auf die Straße. Die Eltern redeten mit mir, den Lehrern und den Nachbarn. Es hat lange gedauert, bis ich mein Sicherheitsgefühl und mein Vertrauen wiedererlangte.

Ich riss mich aus meiner Erinnerung zurück und wandte mich wieder Fatmas Schicksal zu. Vor mir sah ich einen sonderbaren Käfig. Die kleine Fatma saß darin. Die Gitterstäbe waren stärker als Metall. Sie bestanden aus Worten, die tief in ihre Seele drangen. Träumerin, faule Fatma, impulsive Fatma, schmutzige Fatma, unehrenhafte Fatma, Schlampe, Hure, nichts kriegst du zustande, dumme Fatma, ungeschickte Fatma, du Dickschädel, Fatma hat keinen Respekt, unordentliche Fatma, man hätte dich wegmachen sollen. Wie hätte sie sich aus diesem Käfig befreien, wie sich gegen die sexuellen Übergriffe des Sportlehrers zur Wehr setzen können?

Wieder war es ein Arzt, der ihr half, ohne wirklich umfassend helfen zu können. Er muss die innere Not gesehen haben. In dieser Situation war es wohl nur möglich, mit ruhigstellenden Medikamenten wirksam einzugreifen. Fatma litt unter Ängsten, Essstörungen, sie litt unter ihrem Übergewicht, neigte zu einem selbstverletzenden Verhalten und war selbstmordgefährdet. Was ist das für eine tiefe innere Verzweiflung, wenn ein junger Mensch bis zum äußersten Rand seiner Existenz gehen muss, um sich ein bisschen Würde und den letzten Rest seines Lebenswillens zu erhalten?

Fatma hatte im Laufe ihrer Leidensgeschichte ein höchst differenziertes Wahrnehmungs- und Alarmsystem in sich entwickelt. Aber was nützte das? Die schönen Erinnerungen verblassten, ihre Träume versiegten. Die schützenden Feen und die Eule waren längst geflohen. Was konnte sie nun noch am Leben erhalten? In ihrer größten Not hatte sie einen kreativen Ausweg gefunden. Sie hatte sich einen inneren Raum geschaffen, in dem sie sich sicher fühlte und sich trösten lassen konnte, ihre »weiße Welt«. Und sie hatte geschrieben!

Für einen Moment spürte ich etwas Unfassbares, Unbenenn-bares, das uns zusammengeführt haben musste. In mir wurde der Wunsch immer stärker, der Fatma der Briefe zu begegnen. Die Intensität ihrer Schilderungen löste in mir so viele Gefühle und Fragen aus. Ich hätte viel darum gegeben, um mit ihr über unsere Erfahrungen zu sprechen, auch wenn mein Leben in Deutschland anders verlaufen war.

4. Teil Gewalt und Isolation

Die unsichtbare Briefleserin

Gedankenverloren saß ich vor Fatmas viertem Brief und versuchte, mich zu ordnen. Die Besonderheit der Briefe hatte mein Mann begriffen und nannte mich liebevoll »die unsichtbare Briefleserin«. Ohne viele Worte fühlte ich mich von ihm verstanden. Er unternahm nicht den Versuch, mich über den Inhalt auszuhorchen. Dem anderen seinen Raum und seine Geheimnisse zu lassen, gehörte zu seinen Stärken. Überhaupt verlief unsere Ehe bis auf kleine Auseinandersetzungen, die meistens durch mein ungestümes Temperament ausgelöst wurden, sehr harmonisch. Damit ich mich nicht in der Beschäftigung mit Haushalt und Kindern verlor, unterstützte er mich, wo er nur konnte, und ermöglichte mir so, in einer Beratungsstelle für Frauen zu arbeiten.

Plötzlich sah ich all die Frauen, wie sie Hilfe suchend vor mir saßen und von ihrem Schicksal berichteten. Während ihre Münder das Schweigetabu brachen, irrten ihre Augen ängstlich im Raum umher, als könnten die Täter durch die Wände kommen und sie für das Aussprechen von Dingen bestrafen, die nie erwähnt werden durften. Die Frauen waren geschlagen, vergewaltigt und in ihrer Seele zerstört worden und kämpften mit letzter Kraft um ihr Überleben. Ich versuchte, ihnen zu helfen, sie bei der Bewältigung ihrer schlimmen Situation zu unterstützen. Doch mir wurde auf einmal klar, dass ich mich nie wirklich mit dieser dunklen, zerstörerischen Welt der Gewalt auseinandergesetzt hatte. Erst Fatmas Briefe hatten mich so tief berührt, dass ich mich dieser Konfrontation nicht länger entziehen konnte.

Wie mutig war meine Freundin! Sie brach das Schweigen, indem sie mir Briefe schrieb. Wie mächtig musste das Tabu sein, das eigene Innere nicht zeigen zu dürfen, wenn sie noch nicht einmal mit ihrem liebevollen deutschen Mann darüber reden konnte. Unversehens überfiel mich die Frage, ob ich mich, hätte ich ein ähnliches Schicksal wie Fatma erlitten, meinem Mann anvertraut hätte. Und ich musste mir eingestehen, dass die Angst, dadurch womöglich meine Ehe zu gefährden, mich daran gehindert hätte. Auch in mir wirkte unbewusst das Schweigetabu. Innerlich verneigte ich mich voller Dankbarkeit vor meiner Freundin, dass sie mich durch ihre Briefe dazu gebracht hatte, mich mit meiner eigenen Geschichte auseinanderzusetzen. Mit einer neuen Offenheit und Berührbarkeit begann ich, ihren vierten Brief zu lesen.

Fatmas vierter Brief

Liebe Freundin,

die Vergangenheit lastet mehr als ich dachte auf meiner Seele. Bei unserem Wettlauf hat sie mich eingeholt. Ich dachte, ich hätte ein Mittel gefunden, ihr zu entkommen, indem ich durch das Schreiben einen Weg zu Dir hin gebahnt habe.

Meine Tagebücher bewahren ein leidgeprägtes Leben voller Verstrickungen auf, die ein Teil von mir sind. Das Leben aus den Tagebüchern soll nicht länger zu mir gehören. Ich möchte es auslöschen, weggeben. Ich bin in einer Sackgasse. Es geht nicht weiter. In ein paar Tagen werden wir in die Berge fahren. Vielleicht helfen sie mir dabei, mich aus den Verstrickungen zwischen heute und der Vergangenheit zu befreien. Ich packe mechanisch die Koffer. In Gedanken vermischt sich das Heute mit dem Gestern.

Eine unerträgliche Aufregung und Spannung beherrschte unser Leben, je mehr sich der Tag der Abreise in die Türkei näherte. Gestresst, genervt und mit viel Streit wurden die letzten Einkäufe getätigt. Einen Tag vor der Abreise wurde für vier Tage Reiseproviant vorbereitet. Ich konnte mich nur heimlich auf die Reise freuen. Meine Mutter führte nur noch Krieg. Die Reisevorbereitungen verwandelten sich in einen Kriegsschauplatz mit einer Kriegstreiberin. Der Feind war unsichtbar, oder wir alle waren der Feind. So gehörte es bis zur Abreise zur Tagesordnung, dass sie bei jeder Kleinigkeit ausrastete. Kein falsches Wort durfte sein, obwohl alle Wörter der Welt falsch gewesen wären. Es hagelte ständig Ohrfeigen und Schimpfkanonaden.

Ich war froh, als wir endlich im Auto saßen, und noch froher, als wir nach vier Tagen Reisestrapazen, Hitze, Enge und Streitereien an der Grenze die türkische Fahne sahen. Nie werde ich diesen Augenblick vergessen. Die erste Moschee nach vier Jahren! Um mich herum der Lärm der Heimat. Autohupen, Männergelächter, Kindergeschrei, der Ruf des Muezzins wurden zu einem großen Klang. Ich sog diesen Klang in mich hinein.

Unsere erste Station sollte bei der Großmutter in Istanbul sein. Am liebsten wäre ich diesem Ort für den Rest meines Lebens ferngeblieben. Ich wusste nicht, wie ich mich verhalten sollte. Ich wusste nicht, ob die Eltern mit ihr reden würden. Der Klang, den ich eingeatmet hatte, verlor sich. In mir wurde es wieder düster. Ich konnte mich noch nicht einmal mehr heimlich freuen.

Wir kamen bei ihr an. Mit Freude umarmte sie uns alle. Wie eingefroren, wie fremdgesteuert lächelte ich. Ich bemerkte, wie sich die Vergangenheit in mir ausbreitete. Ich wollte nicht mehr an diese Zeit denken. Ich wollte sie lieben, weil sie so krank war. Ich wurde stumm, geriet durcheinander, fühlte mich schuldig, eine unsichtbare Hand drückte mir die Kehle zu. Ich versuchte, alles zu vergessen, als wäre nie etwas gewesen. Doch die Wände hatten die Szenen, die Schreie des kleinen Mädchens in sich aufgesogen. Sie flüsterten mir die Erinnerung zu. Das nicht enden wollende unerträgliche Leiden des kleinen Mädchens. Wie verzweifelt sie war. Erstarrt in ihrem überwältigenden Schmerz. Ihr Schreien war erstickt in ihrer Kehle. Nur die Eule hatte sie gehört.

An diesem Ort zu bleiben, war für mich sehr qualvoll. Die Wände hatten es nicht vergessen. Der Geruch des Erbrochenen stieg in meine Nase. Die Szenen spielten sich an den Wänden ab. Ich hörte, wie die Stimmen mir zuriefen, wie schrecklich unartig ich war. Ich hörte die furchtbaren Worte: »Gott möge dich seelenlos machen. Der Tag möge verdammt sein, an dem du geboren wurdest.« Ich war plötzlich wieder acht. Das Geflüster wurde immer lauter. Das verschwiegene große Leid verschaffte sich Gehör. Körperlich war ich den Qualen entkommen, aber die Räume zeigten mir ihren unauslöschlichen Eindruck in meiner Seele. Ganz gleich, wo ich mich befand, ich war verurteilt, mit diesem Wahnsinn zu leben. Bis ans Ende meiner Tage. Trotzdem versuchte ich, nicht nachtragend zu sein, zu lieben, ihr zu zeigen, dass ich, lieb und gut war. Ich ging in meine Welt, um alles auszuhalten. Ich war abwesend, fühlte nicht, eingefroren lächelte ich. Sie dachten, ich wäre freundlich. Ich war stumm.

Endlich kam der Abschied von diesem Ort. Endlich fuhren wir weiter in die Heimatstadt am Schwarzen Meer. Es war fast eine ganze Tagesreise. Als wir uns dem Ort meiner Kindheit näherten, war der Klang wieder da. Warm wurde mir ums Herz, und ich konnte es kaum noch erwarten, Babaanne zu sehen.

Dann fuhren wir auf den Hof. Plötzlich fühlte ich mich wieder zu Hause. Durch die Ereignisse der letzten Tage und der letzten sieben Jahre war dieses Gefühl komplett zugeschüttet worden. Mein Gott, dieses unglaubliche Bild! Mein Onkel stand vor seinen Rosen. So kannte ich ihn. Meine Tante holte Wasser aus dem Brunnen. Babaanne saß auf der Bank vor dem Haus. Ihre Augen waren nicht mehr so gut. Sie rief meinem Onkel zu, er solle sich um die Fremden kümmern. »Seit wann sind wir Fremde?«, rief mein Vater ihr zu. Babaanne schrie vor Freude so auf, wie ich es nur aus dieser Gegend kannte. Worte der Freude wurden so in die Länge gezogen, dass sie sich wie schrille Schreie anhörten. Danach rief sie: »Mein Junge ist gekommen!« Alle Frauen, alle Kinder stürmten aus dem Haus heraus. Sie waren außer sich, schrien, lachten, weinten, umarmten uns immer wieder. Wie ein Lauffeuer verbreitete sich die Nachricht durch das Dorf und weiter in die umliegende Gegend. Das ganze Dorf versammelte sich auf dem Hof, um uns wiederzusehen. Wir wurden umarmt, geherzt, geküsst. Hier war mein zu Hause. Hier war meine Heimat.

Es wurden Tiere geschlachtet, es wurde gekocht, es wurde frisches Brot gebacken. Ich fühlte mich zurückversetzt in die Kindertage, als wäre die Zeit stehen geblieben. Ich vergaß alles. Diese Menschen machten mein Herz leicht. Ich lief hin und her, um zu sehen, ob sich etwas verändert hatte. Sogar der Geruch war genauso wie damals. Die glücklichere Zeit meiner Kindheit hatte ich hier verbracht. Die Rückkehr erweckte mich zum Leben. Konnte ich nicht für den Rest meines Lebens hierbleiben? Bei diesen Menschen, wo ich geliebt wurde und willkommen war?

Abends saßen wir zusammen, erzählten uns die Ereignisse der letzten Jahre. Mein Onkel strich mir liebevoll über den Kopf. »Ich habe gehört, wie es dir ergangen ist.« Am liebsten wäre ich in Tränen ausgebrochen; sah die erstarrten Gesichter der Eltern und hielt inne. Plötzlich erzählte meine Mutter über die deutsche Ordnung beim Einkaufen. Irgendwann im Laufe des Abends fragte mein Onkel, wann mein Vater zurückzukehren gedenke. Papa sagte, es würde sich noch ein paar Jahre hinauszögern, weil die Kinder gerade einen Schulwechsel hinter sich hätten. Mein Herz wurde schwer. Sie hatten sich schon entschieden, noch länger zu bleiben. Bis tief in die Nacht blieben wir wach und erzählten und lachten. Am nächsten Morgen wurde ich mit dem so lange vermissten Morgenduft geweckt: frisch gemolkene Milch, frisch gebackenes Brot, Tomaten und Gurken aus dem Garten, Oliven, gebratene Kartoffeln und Tee. Es roch nach meinem Dorf.

Leise schlich sich ein Gefühl von Liebe und Glück in mein Herz. Die alten Tage waren wieder gegenwärtig. Sie schoben die wirren Gedanken beiseite, ließen mich vergessen, was geschehen war. Ich genoss jede Sekunde in vollen Zügen. Ich fühlte mich wie eine Hummel, die von einer Blüte zur anderen fliegt und dort verweilt, wo es am meisten Nektar gibt. Mal backte ich Brot mit meiner Tante, dann saß ich mit Babaanne schweigend auf der Bank, dann wieder hörte ich den Rosen zu, wie früher. Nachmittags gingen wir mit meinen Cousinen durch das Dorf. In den Vorgärten saßen strickende Frauen, die uns zum Teetrinken heranwinkten. Neugierig fragten sie mich nach dem magischen Land. Ich mochte nicht erzählen, mir wurde schwer ums Herz, und die Leichtigkeit, die kurz zuvor noch da war, entschwand. Ich wurde stumm, verlor die Sprache, die unsichtbare Hand drückte mir die Kehle zu. Ich war froh, wenn meine Schwester zu quengeln begann, weil sie Langeweile hatte, und wir weiterzogen.

Ich hatte panische Angst, dass mich die wirren Gedanken einholen könnten. Wir liefen zum Fluss, suchten uns eine Stelle aus, wo das Wasser ruhiger war, gingen bis zu den Knien hinein. Das eiskalte Wasser löschte meine Panik aus. Meine Cousinen und die Mädchen aus dem Dorf fingen an, sich gegenseitig nass zu spritzen und sich samt der Kleidung ins Wasser zu schubsen. Ich hatte vergessen, wie es war, ohne Bedenken zu lachen und einfach Spaß zu haben. Sie lachten und kreischten, während ich mich umsah, ob wir unbeobachtet waren. Auch ich wurde plötzlich mit ins Wasser gezerrt. Überrascht hörte ich mich kreischen und lachen wie noch nie. Bis unsere Kleider einigermaßen trocken waren, saßen wir kichernd in der Sonne. Momente der Unbeschwertheit hatte ich kosten dürfen und wünschte, sie behalten zu können.

Am Abend kündigte mein Vater an, für ein paar Tage in die Stadt zu fahren, um seine ältere Schwester und die Freunde zu besuchen. Ich freute mich darauf, meine Tante wiederzusehen und auch unsere alte Wohngegend. Gleichzeitig fürchtete ich mich davor.

Nachbarn und Freunde begrüßten uns voller Herzlichkeit. Mich erkannten sie kaum. Aus einem zierlichen kleinen Mädchen war ein dickes, verschlossenes junges Mädchen geworden. Die Wohnung aus der Kinderzeit wiederzusehen, gab mir einen Stich ins Herz. Unbekannte saßen auf dem Balkon. Die in mir verborgene Hoffnung, eines Tages wieder nach Hause kommen zu können, starb. Jetzt hatten wir kein Zuhause mehr in der Heimat.

Später, bei meiner Tante, legte sich der Schmerz wieder. Ich genoss es, als wir durch die Einkaufsstraße gingen. Fast jeder kannte meine Eltern und begrüßte sie so wie früher. Wir trafen ehemalige Kollegen und Mitarbeiter meines Vaters. Sie erkundigten sich, wann er wieder zurückkehren wolle und sagten ihm, sie würden ihn sehr vermissen. Mein Vater war wie ausgewechselt. Seine Augen strahlten wie früher, und seine gewohnte Schweigsamkeit war wie weggeblasen. Er fühlte sich so sichtlich wohl, und trotzdem wollte er nicht zurückkehren. Sie wollten noch ein paar Jahre bleiben! Bei diesem Gedanken verkrampfte sich mein Körper. Diese »paar Jahre« erschienen mir unendlich, ohne Perspektive, schwarz und finster.

Die Zeit verging viel zu schnell. Der Tag des Abschiednehmens kam. Wie gern wäre ich bei meinen Verwandten geblieben, doch das war mir nicht erlaubt. Ich tröstete mich damit, dass ich mich sicher nach meiner Schwester gesehnt hätte. Die Verwandten standen um das Auto. Wir lagen uns in den Armen und weinten. Der zerreißende Schmerz in meinem Herzen wuchs und wuchs. Das Weinen wollte nicht aufhören. Als wir losfuhren, sahen und hörten wir, wie uns meine Tante Wasser aus einem Eimer hinterhergoss. Damit wir fließend fortgingen und fließend wiederkehren würden. Ich hatte das Gefühl, nie mehr hierher zurückkommen zu können. Wie aussichtslos, wie grausam konnte das Leben doch sein. Die unaufhörlich strömenden Tränen verschafften mir keine Erleichterung. Das unbeschwerte Leben lag hinter mir. Das Leben vor mir war nicht lebenswert. In Deutschland wurde ich wie ein Tier gehalten, eingesperrt, dressiert, domestiziert. Ich fuhr in ein Leben hinein, das ohne jede Hoffnung war. Ich konnte mich weder auf meine Mutter noch auf meinen Vater verlassen. Weder Mutter noch Vater fühlte ich mich zugehörig.

Ich saß hinten im Auto zwischen meinen Geschwistern. Dort hatten mich die Eltern platziert, weil Bruder und Schwester am Fenster sitzen wollten und keiner bereit war, auf seinen Platz zu verzichten. Das gehörte zu meinen Aufgaben, auszugleichen, zu vermitteln, zu schlichten, das Unvereinbare zu vereinbaren, indem ich verzichtete – auf meine Bedürfnisse, Wünsche und Träume. Vielleicht war ich in dieser Welt, um platziert zu werden. Eine Figur mit großer Opferbereitschaft, ohne eigene Bedeutung, die hin- und hergeschoben wurde. In Gedanken versunken, weinte ich immer noch leise vor mich hin, bis ich durch die schrille Stimme meiner Mutter herausgerissen wurde. Sie schimpfte über die Verwandten, denen sie so viele Geschenke mitgebracht hatte. Ihre Geschenke seien nicht genügend gewürdigt worden. Die Verwandtschaft sei sowieso nur auf unser Geld aus. Zwischen den Eltern entstand ein heftiger Streit.

Meine Mutter keifte, sie würde nie wieder ins Dorf fahren. Eine Lähmung erfasste mich. Nie wieder an diesen Ort zu kommen, hätte für mich »nie wieder lebendig sein« bedeutet. Am liebsten hätte ich geschrien. Ich verstand nicht, warum meine Mutter so aufgebracht reagierte. Wir hatten alle gelacht, waren alle ausgelassen, fröhlich gewesen. Auch sie. Hatte ich alles geträumt, hatte ich mir etwas vorgemacht, waren es womöglich Phantasien? Nein, diese Menschen liebten uns, schätzten meine Eltern. Es war nicht richtig, sie mit Dreck zu bewerfen, wie sie es tat. Später war es mir nicht erlaubt, in ihrem Beisein von den schönen Tagen in der Heimat zu erzählen oder die Liebe zu erwähnen, die ich für diese Menschen empfand. Meine Gefühle erzeugten eine Gegenbewegung in ihr, je liebevoller ich mich äußerte, desto hasserfüllter reagierte sie.

Ich verbannte die Liebe in die Geheimecke in mir. Dort hatten sich schon so viele Geheimnisse angesammelt. Ich war eine Geheimnisträgerin. Ich wahrte sie mit meinem Schweigen. Mein wirkliches Wesen verbannte ich, hielt mein Inneres verborgen, tarnte mich mit den Kleidern, die mir Mutter und Vater ausgesucht hatten.

Obwohl ich nie wieder in Deutschland ankommen wollte, war ich froh, zu Hause zu sein, dieses enge Auto zu verlassen. Mein Bruder fühlte sich von mir bedrängt, weil ich zu dick und stinkig sei. Er wollte lieber neben meiner Schwester sitzen. Meine Schwester wollte den Mittelplatz nicht. Er stieß mich ständig von sich weg. Darüber regte sich meine Schwester auf und schob mich zu meinem Bruder hin. Meine Mutter forderte mich auf, vernünftig zu sein. In den vier Tagen der Fahrt wusste ich zum Schluss nicht mehr, was ich tun sollte, war verzweifelt.

Der Gedanke an die neue Schule bedrückte mich. Sie war mit einem Bus zu erreichen. Ich hatte Angst davor, denn ich war nie allein mit dem Bus gefahren, weil mir das nicht erlaubt war. Ich wurde mit Verhaltensregeln überschüttet. Wenn ich unsere Wohnung verließ, sollte ich nicht nach rechts oder links gucken, der Blick sollte nach unten gerichtet sein. Wenn mir Bekannte oder Freunde der Eltern entgegenkamen, durfte ich sie erst dann grüßen, wenn ich gegrüßt worden war, um deutlich zu machen, dass ich kein Interesse an der Umwelt hatte. Mitschüler durften überhaupt nicht begrüßt werden. Deutsche Freundinnen durfte ich nicht haben. Die Haare band meine Mutter immer mit einem Gummiband zu einem strengen Knoten. Davon bekam ich Kopfschmerzen. Ich durfte keine Hosen tragen.

Den ersten Schultag werde ich niemals vergessen. Wie ein scheues Tier stieg ich in den Bus. Vor lauter Aufregung hatte ich den Namen der Haltestelle vergessen. Beim Versuch, die Haltestelle zu erinnern, stotterte ich beim Lösen der Fahrkarte so sehr, dass es schien, als könne ich kein Deutsch. Dem Busfahrer ging es nicht schnell genug. Genervt meinte er: »In diesem Land musst du lernen, mit einem Bus zu fahren. Wir haben hier keine Esel.« Die Menschen lachten, sahen mich dabei an. Ich fühlte mich gedemütigt. Ich war wie gelähmt. Die nächsten Fahrgäste schubsten mich zur Seite, gingen an mir vorbei. Ich senkte den Blick, verkroch mich noch weiter nach innen, versuchte mich unsichtbar zu machen, damit ich die Busfahrt überleben konnte.

Verwirrt kam ich in der Schule an. Im Unterschied zu der letzten Schule waren wir eine gemischte Klasse mit Jungen und Mädchen. Damit hatte ich überhaupt nicht gerechnet. Aus Angst vor den Jungen wurde ich schüchtern und verschlossen, hatte Angst vor meiner eigenen Stimme. In solchen überwältigenden Situationen machte die Stimme, was sie wollte. Entweder blieb sie weg, stotterte oder wurde piepsig. Als Nächstes überfiel mich der Gedanke, wie ich es den Eltern erzählen sollte, dass es eine gemischte Schule war. Vielleicht wussten sie Bescheid, und wir hatten nur nicht darüber gesprochen. Wir sprachen ja nie miteinander. Es wurden Verbote und Anweisungen erteilt, ansonsten kämpfte jeder für sich.

Mein Kampf fand im Kopf statt, in der Auseinandersetzung mit dem, was mit mir körperlich und seelisch passierte. Wie oft war ich wie betäubt, wie gelähmt und zitterte zugleich in meinem Innern. Ich musste immer in Habtachtstellung sein. In mir herrschte ein dauerhafter Alarmzustand. Jeden Augenblick konnte eine Bombe explodieren, weil ich mal wieder nicht richtig war. Im Laufe der Zeit entwickelte ich Tausende Antennen. Ich konnte mich in den anderen einfühlen und mich so benehmen, wie er mich haben wollte. Wie ein Chamäleon, dessen Haut sich der Farbe der jeweiligen

Umgebung anpassen kann. Mein Bedürfnis nach Harmonie wuchs von Tag zu Tag in dieser Familie der Disharmonie.

Mein Bruder kämpfte um seine neu entdeckte Welt der Mädchen und Discos, des Rauchens und Trinkens. Unter dem Deckmantel, mich zu beschützen, tyrannisierte und attackierte er mich. Demütigungen waren an der Tagesordnung. Dabei ging es gar nicht um mich. Außer der Schule hatte ich keinen Kontakt zur Außenwelt. Ich bekam Schläge, weil ich seine Hosen nicht richtig gebügelt hatte. Ich durfte ihm nie widersprechen. Das, was er sagte, war richtig. Um der Harmonie willen erzählte ich solche Dinge nicht den Eltern. Nur manchmal, wenn er ausrastete und mich trat. Es gab dann immer ein Nachspiel. So schwieg ich lieber, denn die Eltern unternahmen sowieso nichts. Viel später hatte ich ein Druckmittel, um meinen Bruder zu bändigen. Er trank gern an den Wochenenden und kam ziemlich angetrunken nach Hause. Um nicht entdeckt zu werden, verzog er sich schnell in sein Zimmer. Eines Abends, als die Eltern auch ausgegangen waren, kam er ziemlich betrunken nach Hause. Es ging ihm so schlecht, dass er meine Hilfe brauchte. Er bat mich, den Eltern nichts davon zu verraten. Ich tat es auch nicht. Wenn er mich zu heftig attackierte, drohte ich, den Eltern von seiner Trinkerei zu erzählen. Doch er wusste, dass ich es nie tun würde. So änderte sich kaum etwas.

Meine Schwester kämpfte offen. Sie stritt sich mit unserem Bruder. Weil sie noch klein war, rührte er sie nicht an. Sie setzte sich mit dem, was sie wollte, durch. Sie hatte eine eigene Art, mit der sie die ganze Familie schachmatt setzen konnte. Wenn sie sich zu sehr geärgert fühlte, nahm sie ihre Flöte und schloss sich in der Toilette ein. Und das nicht für ein paar Minuten. Sie übte Flötespielen. Sie spielte so lange, bis sie die Noten einwandfrei konnte. Sie ließ sich von unserem Klopfen an der Tür nicht beirren. Sie kam dann heraus, wenn sie so weit war, und drohte mit blitzenden Augen, wegzulaufen, wenn jemand sie anrühren würde. Es schien, als hätte sie Welpenschutz, weil sie die Jüngste war. Das täuschte. Im Gegensatz zu mir, die alles um des Friedens willen zudeckte, öffnete sie diesen Deckel. Sie konnte Ungerechtigkeiten nicht ertragen, sie nahm nicht hin, ohne Grund beschimpft zu werden. Sie sagte, was sie dachte. Durch ihr Handeln setzte sie Grenzen, die die Eltern nicht zu überschreiten wagten. Für diese Eigenschaften hatte sie meine höchste Bewunderung. Gleichzeitig erlebte ich sie als eine Bedrohung, weil durch sie mein mühsam aufgebautes Harmoniegerüst ständig ins Wanken geriet.

Die Eltern bagatellisierten das Durchsetzungsvermögen meiner Schwester, indem sie es als das Trotzverhalten der »Kleinen« abtaten, weil sie sich nicht eingestehen konnten, dass sie bei ihr nicht die Kontrolle auszuüben vermochten, die sie über mich hatten. Meine Mutter meinte sogar, ich würde meine Schwester zu sehr in Schutz nehmen. Für mich noch schlimmer war es, dass sie mich für die Aufsässigkeit meiner Schwester verantwortlich machte. Ich würde sie gegen sie aufstacheln, behauptete sie. Durch mein Verhalten würde ich sie noch auf die schiefe Bahn bringen. Dieser Vorwurf machte mich fassungslos. Ich war froh, meine Schwester zu haben. Ich brauchte sie, um zu überleben. Sie war eine Rebellin. Schon als Kleinkind lief sie weg, wehrte sich, versteckte sich, sodass sie alle voller Sorge suchen mussten. Warum sollte ich Dinge tun, die ihr schaden konnten?

Meine Mutter bekämpfte alles, was nicht in ihrem Vorstellungsbereich lag, weil es eine Bedrohung für sie bedeutete. Sie war eine Kriegerin. Dadurch herrschte bei uns immer eine Atmosphäre von »Wir hier und die dort, gegen die wir uns verteidigen, durchsetzen oder besser sein müssen«. Wir lebten in Deutschland, umgeben von Deutschen. Ihre Sitten, ihre Arbeit und ihre Art zu leben passten so gar nicht zu unserem Leben.

Eigentlich wussten wir gar nichts über ihre Lebensart. Außer auf der Arbeit und beim Einkaufen, das meiner Mutter eigenartigerweise sehr gefiel, hatten die Eltern keine Berührung mit den Deutschen. Sie wollten sich auch nicht mit ihrer Umgebung auseinandersetzen, für die kurze Zeit lohnte es sich nicht. Die Sprache zu lernen, lohnte sich deshalb auch nicht.

Eine schwarze Wolke von Ideen, Gedanken, Vorstellungen, wie die »Deutschen sind«, schwebte über uns. Sie beherrschte uns sogar, weil diese Wolke eine Bedrohung, eine Seuchengefahr bedeutete. Menschen aus unserem Land, die sich mit Deutschland auseinandersetzten, wurden gemieden, weil sie »wie die Deutschen« waren. In diesem Gedankengebilde waren Deutsche unmoralisch, die Frauen schmutzig, weil sie sich nicht enthaarten und weil junge Mädchen Hand in Hand mit Jungen auf der Straße gingen. Männer und Frauen küssten sich in der Öffentlichkeit auf den Mund. Sie lebten unverheiratet miteinander, und die Ehre der Jungfräulichkeit gab es nicht. Männer und Frauen betranken sich in der Öffentlichkeit. Sie hatten keinen Anstand und keine ehrenhafte Lebensweise, nicht einmal den Wunsch, ehrenhaft zu sein. Wir lebten mitten unter ihnen, besuchten ihre Schulen, saßen neben ihnen, wurden unterrichtet von ihren Lehrern, sprachen ihre Sprache, verdienten ihr Geld. Unvermeidlich waren wir Tag für Tag mit ihnen zusammen. Trotzdem waren sie für uns ein großes Tabu, weil die Berührung mit ihnen uns hätte anstecken können.

Wir hatten unsere hundert Quadratmeter Türkei mit Vorurteilen ausstaffiert. Natürlich gab es Menschen, die gegenüber Ausländern feindselig waren, die uns nicht haben wollten und es uns spüren ließen. Es war die Minderheit. Wir verhielten uns genauso feindselig, weil sie anders waren als wir. Nach außen hin waren die Eltern freundlich, unter sich pflegten sie ihre Vorurteile. Wenn sie Ausländerfeindlichkeit spürten, hieß es, wir seien nicht gewollt, aber wir müssten es erdulden. Mein Vater liebte die deutsche Disziplin, die Ordnung, den Fleiß und die Organisation. Er mochte ihre Politik. Über die anderen Lebensbereiche äußerte er sich nicht. Ich wusste nie, was er dachte, außer wenn er mit Freunden über Politik diskutierte. Alles andere lief über meine Mutter. Im Unterschied zu meiner Mutter und meinem Bruder wurde er niemals handgreiflich. Das hätte ihn ehrlos gemacht. Dafür konnte er mit seinen Worten verletzen.

Mein Vater hatte sich sehr verändert. Er war immer schon still gewesen, aber nun hatte er sich völlig nach innen gewandt. Er war ein unglücklicher Mensch, der nie darüber sprach. Der Glanz in seinen Augen war durch den Schichtdienst als »Arbeiter« verloren gegangen. Er arbeitete, er war fleißig, aber alle Freude war aus ihm gewichen. Wenn er sich nach innen kehrte, nahm er alles mit, auch seine Liebe, die er früher so offen gezeigt hatte. Ich konnte diese einfache Liebe nur noch erahnen. Sie wurde verschluckt von einem Nebel der Enttäuschung und der Trauer über das Leben, das nicht gelebt werden konnte, so wie er es sich gewünscht hätte. Ich hätte mein Leben hergegeben, damit er seine Wünsche und Träume hätte verwirklichen können. Er verschwand in dem Nebel und kam nie wieder heraus. Weiter war er fleißig, arbeitete hart, unternahm jedoch nichts, um in die Heimat zurückzukehren. Der Nebel wurde dichter, und wir blieben. Wir blieben viel zu lange, bis wir den Absprung nicht mehr schafften.

Die neue Schule brachte mich in eine missliche Lage und vergrößerte meine innere Zerrissenheit. Die Lehrer waren überaus freundlich und um mich bemüht. Die Klassenlehrerin war sehr nett, wie die aus meiner ersten Schule. Sie war Mitte dreißig, alleinerziehend und lebte zusammen mit ihrer Tochter. Das war für mich ein Schock, den ich erst verarbeiten musste. Solche Informationen gab ich zu Hause nicht weiter.

Für meine Mutter wäre es Grund genug gewesen, mich aus der Schule zu nehmen. Lehrer waren Vorbilder, und sie war als Alleinerziehende kein Vorbild. Dabei war sie eine großartige Lehrerin.

Mit der Zeit gewöhnte ich mich auch an die Jungen in der Klasse. Fast für jedes Fach hatten wir einen anderen Lehrer. Das überforderte mich am Anfang, weil ich mich jedes Mal neu auf sie einstellen musste. Um mich sicher zu fühlen, war ich zunächst stärker mit den Fragen beschäftigt, wie der Lehrer war, ob er mich ablehnte, welche Erwartungen er hatte. Meine Antennen waren auf höchste Sensibilität eingestellt. Ich brauchte Zeit, um mich sicher genug zu fühlen. Der Unterricht ging währenddessen weiter, und ich hatte in den ersten Wochen nichts mitbekommen.

Der Rektor der Schule unterrichtete uns in Politik. Er war nicht nur ein leidenschaftlicher Lehrer, sondern auch von einer tiefen Menschlichkeit geprägt. Die Begegnung mit diesem Menschen, ihn zu erleben, ihn allmählich kennenzulernen, erschütterte in mir das Bild der Deutschen, das bei uns zu Hause aufrechterhalten wurde. Für mich war es nicht möglich, die beiden Welten in mir zu vereinen. Es gab ein Mädchen zu Hause, das nett, freundlich und immer opferbereit war. Und es gab ein Mädchen in der Schule. Das Schulmädchen lernte eine ganz andere Seite von den Deutschen kennen als das, was man ihr zu Hause beigebracht hatte. In ihr wurde die Neugier erweckt. Sie wollte noch mehr kennenlernen. Sie wollte wissen, wie diese Menschen lebten und wie sie wirklich waren. Neugier durfte niemals sein. Sie war das Tor zum »Verderben«. Deswegen packte ich meine Neugier in die Ecke zu den Geheimnissen.

In der Schule hatte ich Konzentrationsschwierigkeiten. Mitten im Unterricht setzte meine Aufnahmefähigkeit aus, und mein Gehirn schien nichts mehr zu verarbeiten. Stattdessen tauchten Bilder aus der weißen Welt auf, denen ich mich gern hingab. Außer bei meinem Lieblingslehrer wurde es zu einem Dauerzustand. Den Zensuren tat das gar nicht gut. Der Rektor bot mir an, mich in deutscher Grammatik zu unterrichten. Es waren zusätzliche Stunden, die ich erhielt. In dieser Zeit versuchte er herauszubekommen, woher meine Verwirrtheit kam. Ihm sei aufgefallen, dass ich einen sehr fahrigen Eindruck mache, sagte er.

Auch die Klassenlehrerin versuchte, mit mir zu reden. Die Aufmerksamkeit, die ich von den beiden Lehrern erhielt, tat mir gut. Auf der anderen Seite geriet ich unter einen riesigen Druck, weil ich nicht über den häuslichen Terror erzählen konnte. Sie hätten dann mit den Eltern reden wollen. Das hätte für mich viel Ärger, Kummer und noch mehr Leid bedeutet.

Der Rektor und die Klassenlehrerin ließen nicht locker. Vermutlich ahnten sie etwas. Ich fühlte mich gejagt, versuchte, die Blutspuren der Verletzungen zu verbergen, damit sie mich nicht aufspüren konnten. Meine Augen aber flehten sie an, doch zu sehen, was ungesehen bleiben sollte. Diese Qual, diese Zerrissenheit sollten aufhören. Ich wollte endlich genauso lachen, genauso reden wie die anderen Mädchen. Um in Ruhe gelassen zu werden, erzählte ich ihnen von den Ungerechtigkeiten und dem Sportlehrer aus der anderen Schule. Sie bedauerten mich, gaben mir ihr Wort, dass ich von solchen Erlebnissen in ihrer Schule verschont bleiben würde.

Der Rektor war der beste Lehrer. Mit einer Leichtigkeit konnte er politische Zusammenhänge darstellen. Er regte uns an, zu diskutieren, machte uns Mut, eine eigene Meinung zu haben. Eine eigene Meinung zu haben, zu diskutieren, machte mir Angst, brachte mich aus dem Gleichgewicht. Schweigen war die beste Lösung, während die Klassenkameraden eifrig diskutierten. Bei einigen sprudelten die Ideen, die Worte nur so heraus. Es war deutlich zu sehen, wie frei sie in ihren Gedanken waren. Sie mussten nicht aufpassen, ob sie etwas Falsches sagten. Sie hatten die Erlaubnis, zu leben und sich auszudrücken.

Eines Morgens, bevor ich losging, bekamen wir ein Telegramm aus der Heimat. »Herzversagen – Großmutter – tot!« Ich war so schockiert, dass ich die drei Wörter nicht miteinander in Verbindung bringen konnte. Ich nahm sie getrennt wahr und konnte mir keinen Reim darauf machen. Ich zeigte das Telegramm meinem Bruder. Der las und sagte, ohne eine Miene zu verziehen: »Großmutter ist tot.« Mein Bruder reagierte blitzschnell, brachte das Telegramm zur Mutter, die auf der Arbeit war.

Wie ein Eisblock ging ich in die Schule mit dem Satz »Großmutter ist tot«. Vom Unterricht bekam ich überhaupt nichts mit. Äußerlich muss ich so bleich ausgesehen haben, dass die Lehrerin mich fragte, ob ich krank sei. Ich sagte: »Nein, Großmutter ist tot«, ohne die Bedeutung begriffen zu haben. Sie fing an, mir Fragen zu stellen, wo die Großmutter war und wann ich sie zuletzt gesehen hatte. Es war Spätherbst, und ich hatte sie in den Sommerferien gesehen. Es war die erste Begegnung nach den schrecklichen Erlebnissen mit ihr gewesen. Die Lehrerin schickte mich nach Hause. Ich hatte Angst, nach Hause zu gehen. Ich wusste nicht, was mich erwartete. Vielleicht hatte mein Bruder das Telegramm gar nicht richtig entziffert. Was hatte das für eine Bedeutung, wenn sie tot war? Ich ging an die Kaimauer, um mich zu beruhigen.

Meine Mutter schrie und weinte, packte ihre Koffer, war nicht ansprechbar. Ich ging in mein Zimmer und weinte. Ich wusste nicht, warum. Ich glaube, weil sie weinte. Mir erschien alles wie in einer Traumwelt, als wäre die ganze Welt eine Attrappe. Aufgebaute Kulissen, Pappfiguren, die hin- und hergeschoben wurden. Großmutter starb als Vierundfünfzigjährige, plötzlich und unerwartet, hinterließ eine achtzehnjährige Tochter aus der zweiten Ehe. Meine Mutter, die Tochter aus der ersten Ehe, war sechsunddreißig. Mein Vater war zweiundvierzig. Meine Eltern entschlossen sich, meine Tante, die vier Jahre älter war als ich, bei uns aufzunehmen. Mein Vater meinte, »dann haben wir drei Töchter«.

Bevor die sogenannte dritte Tochter bei uns ankam, hatte uns mein Vater eingetrichtert, zu unserer Tante-Schwester nett zu sein, weil sie den Tod ihrer Mutter verkraften müsse. Das fiel uns nicht schwer. Ich hatte sie schon vorher geliebt. Ich glaube aber, mein Vater hatte nicht einschätzen können, was für eine Dynamik sich zwischen den beiden Schwestern entwickeln würde. Liebe, Hass, Neid, Konkurrenz. Meine Mutter fühlte sich ihrer Schwester gegenüber als Mutter, wollte ein achtzehnjähriges Mädchen erziehen. Die hatte schon von ihrer Mutter reichlich Erziehungsmaßnahmen hinter sich.

Die Eltern waren vollkommen überfordert mit der Verantwortung, die sie nun übernommen hatten. Aus der Überforderung heraus herrschte ständig eine hochexplosive Spannung, die sich immer wieder entlud, meistens gegen mich.

Wir bewohnten zu dritt das Mädchenzimmer. Abgesehen von den üblichen Streitereien lief das alles normal ab. Meine Tante-Schwester war als Einzelkind aufgewachsen. Schon immer war ihr größter Wunsch gewesen, unsere Schwester zu sein. Solange sie bei uns lebte, versuchten wir, miteinander auszukommen.

Nach einer gewissen Trauerzeit bekamen wir plötzlich Besuch von Familien, die Söhne im heiratsfähigen Alter hatten. Meine Tante war sehr schön und mit achtzehn auch im heiratsfähigen Alter. Solcher Besuch war immer sehr aufregend. Die Vorbereitungen dafür fingen schon Tage vorher an. Wir putzten sehr gründlich, probierten neue Rezepte aus, um den besonderen Besuch hervorragend bewirten zu können. Zum

Teil kannten wir diese Leute nicht. Wie ein Lauffeuer hatte es sich verbreitet, dass bei uns ein wunderschönes junges Mädchen aus gutem Hause lebte, das im heiratsfähigen Alter war. Das Besondere an ihr war, dass sie gerade nach Deutschland gekommen war. Demnach musste sie ganz unverdorben sein und nicht von den Sitten und Gebräuchen des Landes beeinflusst.

Wenn der Besuch kam, sprachen die Eltern miteinander. Zuerst wurde ein Willkommens-Mokka angeboten. Mit viel Schaum kochte meine Tante den Mokka, füllte ihn in kleine Tassen. Auf einem Silbertablett mit gestärktem weißem Spitzendeckchen wurde er serviert. Das Schaumhäubchen war von großer Bedeutung. Es zeigte, dass sie aufmerksam und achtsam und deswegen bereit für eine Ehe war. Danach wurde Tee gekocht, der Tisch mit den Köstlichkeiten gedeckt. Während wir alles vorbereiteten, kamen wir aus dem Kichern nicht heraus. Meine Tante hatte keine Gelegenheit, ihren Anwärter anzugucken. So war sie auf meine und die Augen meiner Schwester angewiesen. Wir machten unsere Witze und alberten herum.

Eine angenehme Aufregung, Neugier und ein Gespanntsein erfüllten unsere Räume. Für meine Schwester und mich war die Brautschau ein Spiel, das zu den wenigen schönen Erlebnissen gehörte. Ernst wurde es, als meine Tante sich für jemanden entschieden hatte. Kurze Zeit später erfolgte die Verlobung. Es ging alles sehr schnell. Bald liefen die Hochzeitsvorbereitungen auf Hochtouren. Meine Mutter hatte sich vorgenommen, für ihre Schwester, die sie zu ihrer Tochter ernannt hatte, eine eindrucksvolle Hochzeit zu gestalten. Mit eiserner Entschlossenheit verfolgte sie ihre Ideen, ohne auf die Wünsche der Schwester einzugehen. Sie duldete keine Kritik und keine Widerrede.

Meine Tante hatte sich für einen Mann entschieden, den sie eigentlich überhaupt nicht kannte. Wie es in der Heimat üblich war, hatten die Eltern bei gemeinsamen Bekannten über ihn und seine Familie Informationen eingeholt, die sie meiner

Tante weitergaben. Die Eltern und auch meine Tante vertrauten den Einschätzungen dieser Bekannten. Auch machte er einen soliden und guten Eindruck auf sie. Von allen Anwärtern gefiel meiner Tante dieser am besten. Er wirkte zurückhaltend und ruhig. In der Verlobungszeit sollten sie sich etwas näher kennenlernen. Das war aber kaum möglich, denn nie wurde das Paar allein gelassen. Immer war ein Aufpasser dabei. Auch das war üblich. Es diente dem »Schutz« der Braut und zeigte den Wert und die Wichtigkeit, die sie in der Familie hatte.

Sie sah nicht glücklich aus. Es schien, als müsste sie vor ihrer Schwester fliehen und als hätte sie sich deshalb für diese Heirat entschieden. Einmal wollte sie ihre Verlobung lösen, weil sie fürchtete, sie würden sich nicht verstehen. Die Erwachsenen redeten auf sie ein. Sie solle sich das gut überlegen, er würde ihr viel Sicherheit bieten, hieß es. Die Liebe, das Verstehen, das Miteinandersein würden sich im Laufe der Jahre entwickeln. Es wäre eine Schande für die Familie gewesen, wenn die Verlobung gelöst worden wäre. Die Ehre meiner Tante wäre auch befleckt worden. Bei solchen skandalösen Ereignissen ließen die Landsleute gern ihren Phantasien freien Lauf. Die Vermutungen, warum die Verlobung aufgelöst wurde, was sich zwischen den Verlobten alles abgespielt haben könnte, hätten die Wahrheit bald völlig überwuchert. Meine Tante löste die Verlobung nicht, beugte sich allem und sprach nie wieder darüber.

Bei mir holte die Aktion »Hochzeit« große Ängste hoch. Eines Tages wäre auch ich mit dem »Mit einem Mann verheiratet werden, den ich nicht kenne« an der Reihe. Mit jemandem, den ich nicht kannte, soll ich unter einem Dach wohnen, Herd und Bett teilen? Ich hatte mir vorgenommen, ganz lange zur Schule zu gehen, damit ich davon verschont bliebe.

Bis zur Hochzeit war unsere Wohnung ein Minenfeld. Sie explodierten, egal, wie vorsichtig wir uns bewegten. Die Hausarbeit erledigte ich gemeinsam mit meiner Tante. Wir versuchten, dabei so viel Spaß wie möglich zu haben. In den Augen meiner Mutter machten wir nichts gut genug. Ich wusste nie, was im nächsten Augenblick ihren Zorn erregen würde. Gebannt waren die Augen, meine tausend Antennen auf sie ausgerichtet, um herauszufinden, was sie wollen könnte. Selbst das Lachen mit meiner Tante galt als unverschämtes Verhalten. Als junges Mädchen hatte ich kein Recht darauf, ausgelassen zu sein.

Ich versuchte, mir kleine Oasen zu schaffen, damit ich ein bisschen leben konnte. Dazu gehörten die Kaimauer, meine weiße Welt und die Schule. Ich war keine gute Schülerin, obwohl sich die Lehrer so viel Mühe gaben. In der Zeit der Hochzeitsvorbereitungen sackten meine Leistungen immer mehr ab. Es blieb wenig Zeit für die Hausaufgaben, die ich außerdem erst spätabends beginnen konnte. Sehr oft schlief ich darüber ein, weil ich geistig und körperlich erschöpft war. Im Unterricht konnte ich mich kaum konzentrieren. Ich war wie in einer gläsernen Glocke, alles Vorgetragene prallte an der Glaswand ab.

Im Deutschunterricht sollten wir einen Aufsatz über ein festgelegtes Thema schreiben. Das Thema außer Acht lassend, schrieb ich Seite um Seite. Die Worte gaben mir Mut, regten mich an, brachten Gefühle in mir hervor, die ich niederschrieb. Der Kopf wurde klarer. Meine wirren Gedanken ordneten sich. Das Sich-verrückt-Fühlen verflog in der Zeit des Schreibens. Die Lehrerin war sehr verwundert über die Geschwindigkeit, mit der mein Füller über die Seiten flog. Ich war bekannt für meine Langsamkeit. Sonst kostete es mich immer viel Zeit, mich durch meine wirren, verrückten Gedanken durchzukämpfen, um zu verstehen.

Am nächsten Tag wurde ich von der Lehrerin zu einem Gespräch gerufen. Sie hielt meinen Aufsatz in der Hand und sagte: »Du hast einen hervorragenden Aufsatz geschrieben, aber er hat überhaupt nichts mit dem Thema zu tun.« Sie wollte sich mit dem Rektor wegen der Zensur zusammensetzen. Eigentlich könne sie den Aufsatz nicht benoten.

Ich hatte eine Geschichte über das Leben eines elternlosen jungen Mädchens geschrieben. Der Rektor lobte mich für meinen Aufsatz. Er war ein sehr einfühlsamer Mensch. Er hatte versucht, meinem Aufsatz ein Thema, eine Überschrift zu geben, damit er zensierbar wurde. Er sei zu dem Entschluss gekommen, dass dieser Aufsatz ein Bericht über ein gelebtes Leben sei. »Und ... wir kennen beide dieses Mädchen gut«, fügte er hinzu. Die vielen nach innen geflossenen Tränen schossen wie ein Wasserfall aus meinen Augen heraus. Ich konnte nicht reden, brauchte es auch nicht. Es tat gut, zu weinen. Er saß bei mir und wartete, schwieg. Auch das tat gut. Ohne Worte mit einem Menschen in einem Raum zu sein, der mich verstand.

Am liebsten hätte ich seine Hand genommen und gehalten, aus einer tiefen Dankbarkeit und Liebe heraus. Ich hatte keine Sprache für das, was geschah. Ein kleines bisschen Vertrauen kam sehr leise in mein Herz, wirklich sehr leise. An diesem Tag brauchte ich am Unterricht nicht teilzunehmen. Dazu war ich auch nicht mehr in der Lage. Ich ging zu meiner Kaimauer, um dem Fluss von dieser neuen Erfahrung zu erzählen. Der Aufsatz wurde mit »gut« benotet. Heimlich kaufte ich mir ein Heft, versteckte es unter meiner Matratze. Durch den Aufsatz hatte ich noch eine Oase gefunden. Meine Erlebnisse wollte ich aufschreiben, damit sich die wirren Gedanken entwirren konnten. Ich hoffte, dadurch besser in der Schule zu werden.

Ich war froh, als der Tag kam, an dem meine Tante wunderschön mit einem weißen Schleier und weißen, mit Perlen bestickten Kleid unsere Wohnung verließ. Das Kleid war eigenhändig von meiner Mutter angefertigt worden. Nicht, dass ich sie loswerden wollte. Nein, der Zorn meiner Mutter wütete grenzenlos wie ein Hurrikan und hinterließ verstörte Seelen. Schon bald nach der aufwendigen Verlobungsfeier hatte Mutter mit den Hochzeitsvorbereitungen begonnen. Die Hochzeit der Schwester sollte perfekt organisiert, alles überragend und noch monatelang in aller Munde sein.

Wochenlang wurden Schnittmuster, Stoffe, Perlen und Accessoires sorgfältig ausgesucht und verarbeitet. Passend zu dem Stil des Hochzeitskleides nähte Mutter die Festtagskleider für sich, für meine Schwester und mich. Auch mein Vater und mein Bruder wurden von Mutter für die Feier neu eingekleidet. Bis tief in die Nacht nähte sie außerdem die Bettwäsche und Stickereien auf die Handtücher, denn ohne eine beachtliche Aussteuer hätte die Schwester als Braut an Wert verloren. Nach langer Suche fand sich ein großer erschwinglicher Festsaal, der etwas hergab. Die Getränke und das Essen mussten wohlüberlegt ausgesucht und bestellt werden. Mehrere Hundert bedruckte Einladungskarten tüteten wir abends ein, beschrifteten und beklebten sie mit Briefmarken. Jede Briefmarke musste exakt platziert werden. Wochenlang hing der Haussegen schief, weil es so schwierig war, eine geeignete Musikgruppe zu finden. Vater war Mutter bei all den Vorbereitungen keine große Hilfe. Das machte sie so wütend. Neben ihrer schweren Arbeit stand sie mit ihren hochgesteckten Zielen allein da und tobte sich an uns aus.

Eine Szene hat sich mir besonders eingeprägt. Aus irgendeinem unwichtigen Grund bekam meine Schwester Prügel von unserer Mutter. Meine Schwester war so empört, dass sie ihre Sachen in Plastiktüten packte und sofort das Haus verlassen wollte. Sie wollte mit dieser Mutter, die so voller Ungerechtigkeiten war, nie wieder etwas zu tun haben. Sie wollte lieber auf der Straße leben als in dieser Hölle. Mit dieser Entscheidung war es ihr sehr ernst, und ich wusste, dass sie dazu fähig war. Ich war verzweifelt und hilflos, ich wusste nicht, wie ich sie davon abhalten sollte. Ich weinte und flehte sie an. Ohne sie würde ich doch sterben. Die Vorstellung, dass sie in die feindliche Welt hinausgehen wollte, beängstigte mich unermesslich. Ich konnte sie nur davon abhalten, indem ich sie an unseren Satz erinnerte: »Wir wollen zusammenhalten.« Daraufhin entschied sie, eine Nacht darüber zu schlafen. Die gepackten Tüten legte sie in den Schrank. Bis zur Hochzeitsfeier blieben sie dort. Mit Herzklopfen verfolgte ich jeden Schritt meiner Schwester und war froh, wenn sie ohne die Tüten zur Schule ging. Kurz vor den Sommerferien fand die Hochzeit statt.

Die Hochzeitsfeier lief wie geplant ab. Alle Gäste waren zufrieden und fühlten sich sichtlich wohl. Sie waren ausgelassen, machten Witze, waren fröhlich und tanzten bis tief in die Nacht. Immer wieder bedankten sie sich bei den Eltern für die wunderschöne Hochzeitsfeier und dass sie ein Stück Heimat in der Fremde erleben durften. Ich aber fühlte mich wie in einer fremden Welt. Ich konnte an alldem nicht teilnehmen, mir fehlte die Kraft. Ich hatte Angst, etwas falsch zu machen, ich wusste nicht, wie ich mich auf einer Hochzeit benehmen sollte. Deshalb lächelte ich unentwegt, lief geschäftig hin und her, half, wo ich nur konnte, damit niemand auf die Idee kam, ein längeres Gespräch mit mir zu suchen. Zufällig bekam ich mit, wie einige Freundinnen meiner Mutter gegenüber meine Tüchtigkeit, Zurückhaltung und Bescheidenheit lobten. Das besänftigte sie und gab mir das Gefühl, richtig und nützlich zu sein.

Ich war froh, als das Brautpaar nach Mitternacht nach Hause gefahren wurde und sich die letzten Gäste verabschiedet hatten. Bis in den Morgen hinein räumten wir den Saal auf und fuhren dann auch nach Hause. Obwohl ich tief erschöpft im Bett lag, konnte ich nicht einschlafen. Mein Herz raste wie verrückt, floh vor den Gedanken, die es wie hungrige Wölfe zu zerfleischen drohten. Ich fühlte mich überrollt von all den Ereignissen der letzten Monate und davon, dass meine Tante nun nicht mehr mit uns leben würde. Sie wirkte so blass und so ängstlich, nicht wie eine glückliche Braut, als sie in den Hochzeitswagen einstieg. Für sie begann ein neues Leben, keiner wusste, wie es sein würde. Ich vermisste sie und fragte mich, ob sie sich in seiner Wohnung denn auch wohlfühlen würde. Mich erfüllte eine Panik, ich hatte Angst um sie. Wieso musste sie mit einem fremden Mann von einer Stunde auf die andere das Bett teilen? Sich von ihm berühren lassen? Ich tröstete mich damit, dass sie nun als verheiratete Frau mehr Freiheiten hatte als zuvor und dass sie außerdem die Flitterwochen bei den Schwiegereltern in der Türkei verbrachte.

Ich war traurig. Jetzt hatte ich keine Leidensgenossin mehr. Mein Leben zu Hause würde wie gewohnt verlaufen. Die Rückkehr in die Heimat könnte eine wirkliche Rettung für mich sein, träumte ich. Obwohl wir schon sechs Jahre in Deutschland lebten, machten die Eltern aber keine Pläne für die Rückkehr. Mit großer Hoffnung beobachtete ich die Eltern. Ich dachte, die Rückkehr stünde kurz bevor, weil meine Mutter nach der Hochzeit einige Andeutungen gemacht hatte. Doch solche Äußerungen gab sie immer von sich, wenn sie unzufrieden war, bemerkte ich später. Also war darauf kein Verlass.

Nach den Sommerferien plante die Klassenlehrerin eine Klassenreise an einen nahe gelegenen Ort. Ohne mir Gedanken darüber zu machen, wie die Eltern das aufnehmen würden, erzählte ich es zu Hause. Meine Mutter sprach ein striktes Verbot aus. Sie empörte sich über mein Verhalten, weil ich solch eine Reise nicht sofort abgesagt hatte. Ich sagte die Reise ab. Die Lehrerin wollte aber eine Begründung haben. Als ich das zu Hause berichtete, wurde ich beschimpft, weil ich die

Eltern in eine blöde Lage gebracht hätte. Meine Mutter warf mir vor, das Ganze forciert zu haben, damit den Eltern nichts anderes als ein Ja übrig blieb. Ich konnte sie nicht verstehen. Ich hatte doch ihre Anordnung befolgt, war zu der Lehrerin gegangen, hatte die Klassenreise abgesagt und dann meinen Eltern übermittelt, was die Lehrerin darauf erwidert hatte. Inzwischen wusste ich überhaupt nicht mehr, was ich eigentlich sollte, und wurde auseinandergerissen. Um es den Eltern recht zu machen, entschied ich mich gegen die Klassenreise. Darüber nachzudenken, was ich gern getan hätte, war sinnlos, denn alles, was ich für mich entschieden hätte, wäre eine Entscheidung gegen die Mutter gewesen.

Der Klassenlehrerin erklärte ich, ich müsse auf meine kleine Schwester aufpassen und könne deshalb nicht mitkommen. Damit sie nicht dachte, dass ich mich vor der Schule drücken wolle, fügte ich hinzu, dass ich ja so lange in die Parallelklasse gehen könne. Sie ließ sich nicht darauf ein, war ärgerlich, dass ich meinen Kopf durchsetzen wollte. Die Klassenreise sei ein Teil des Schulunterrichts, würde dazugehören. Am liebsten hätte ich ihr gestanden, dass die Eltern mir verboten hatten, mitzufahren. Von dem Gespräch mit der Lehrerin erzählte ich meiner Mutter. Sie meinte bloß, wenn ich krank geworden wäre, hätte ich auch nicht mitfahren können! Ich fühlte mich sehr elend. Die Schule hatte ihre Vorschriften. Die Eltern hatten ihre Vorschriften. Ich wusste weder ein noch aus.

Beide Seiten fühlten sich im Recht. Die Einzige, die keine Rechte hatte, war ich. Die Eltern bekamen einen Brief von der Lehrerin, den ich übersetzte. Sie hatte sich für einen Hausbesuch in den nächsten Tagen angekündigt, um mit ihnen über einige Verhaltensweisen von mir zu sprechen. Ich wurde ausgequetscht, was um Himmels willen ich wieder angestellt hätte. Ich konnte mir selbst nicht erklären, was ich getan haben sollte.

Ein paar Tage später kam die Lehrerin. Es gab Tee, Kuchen und Börek. Meine Mutter fühlte sich sehr geehrt, dass die Lehrerin uns besuchte. Die ganze Familie saß aufgereiht vor ihr. Mein Bruder und ich übersetzten. Sie erzählte von dem Schulsystem in Deutschland, erkundigte sich nach dem türkischen Schulsystem. Sie fragte, wie wir in der Türkei gelebt hätten. Mein Vater blühte auf, fing an zu erzählen. Seine Augen bekamen wieder den alten Glanz. Schon seit Langem hatte ich ihn nicht so viel reden hören. Mein Bruder und ich konnten gar nicht so schnell übersetzen. Immer wenn mein Vater von unserer Heimatstadt erzählte und was für ein Leben wir dort geführt hatten, nahm er eine andere Haltung an. So wie früher saß er voller Würde, der Nebel um ihn herum verschwand, seine Schultern kamen aus einer tiefen Versenkung hervor.

Im Laufe des Gesprächs kam die Lehrerin auf das Thema Klassenreise zu sprechen. Sie erzählte über die Gründe der Klassenreise und deren Wichtigkeit. Verwirrt blickten mich die Eltern an. Angst erfasste mich, der Boden öffnete sich unter mir, und ich fiel und fiel, wollte ganz und gar aus dieser Situation verschwinden. Was sollte dieses ganze Schauspiel? Ich kam mir verlogen und schlecht vor. Ein stummer Hilferuf richtete sich an die Lehrerin. Die Lehrerin erwiderte meinen Blick. »Ach, Fatma hat Ihnen nichts von der Klassenreise erzählt? Ich dachte, Sie wüssten schon Bescheid.« In vorwurfsvollem Ton sprach sie zu mir. »Solche wichtigen Informationen musst du immer an deine Eltern weitergeben.« Ich bemerkte die Blicke der Eltern, die mich erstaunt anstarrten. Ich wusste, dass dieses Anstarren viele Aussagen hatte, und eine davon war: Halt deinen Mund, sei still! Bring uns nicht in die Verlegenheit mit deinem unbedingt Die-Wahrheit-sagen-Wollen.«

In diesem Moment, wo so viele Gefahren auf mich zuströmten, weigert sich meine Zunge zu sprechen, weil sie nicht wusste, was mit mir passieren würde, wenn die Lehrerin die Tür hinter sich geschlossen hatte. Danach, wenn wir in unseren vier Wänden wieder ohne Zeugen waren. Danach, wenn das Schauspiel aufgehört hatte und die freundlichen Masken auf den Boden gefallen und zertreten worden waren, wie meine Seele zertreten wurde, genauso achtlos, ohne ein Gefühl für die Qual. Schweigend blickte ich in die Runde, damit mir nichts entging. »Ich darf keine Fehler machen!« Die Lehrerin sprach weiter. »Sie hat die Klassenreise abgesagt, weil sie auf ihre jüngere Schwester aufpassen will.« Überrascht schauten mich die Eltern an. Sie taten so, als wüssten sie von dem Ganzen nichts.

In diesem Theaterstück hatte ich die Rolle, nichts zu fühlen, nichts zu wissen, dumm und verwirrt zu sein. Dafür fand ich mich verabscheuungswürdig, weil ich nicht fähig war, die Wahrheit herauszuschreien. Meine Zunge war schlauer. Sie tat es nicht, weil sie wusste, es gab ein Danach. Mein Vater versuchte, mein Verhalten zu entschuldigen. »Seit die Großmutter in die Heimat zurückgekehrt ist, fühlt sich Fatma für die häuslichen Belange verantwortlich«, sagte er. »Sie ist ein sehr pflichtbewusstes Mädchen und hilft ihrer Mutter im Haushalt, wo sie nur kann«, fügte er hinzu. Zum ersten Mal hörte ich meinen Vater so über mich in der Öffentlichkeit sprechen. Meinte er das wirklich, oder gehörten diese Worte zu unserem Theaterstück dazu?

Mein Vater ließ sich erklären, wo und wann die Klassenreise stattfinden würde. Es beruhigte die Eltern, dass der Ort in der Nähe lag, Mütter mitkommen sollten und es nur vier Übernachtungen waren. Beim Verabschieden der Lehrerin versicherten meine Eltern, dass ihre Tochter selbstverständlich mitkommen würde, und bedankten sich für den Besuch. Dieses Mal gab es kein »Danach«, denn wir sprachen nicht darüber. Nur meine Schwester fragte, ob ich gewusst hätte, dass die

Lehrerin wegen der Klassenreise kommen wollte. »Nein, das wusste ich nicht.«

Ich fühlte mich wie ein verknotetes Wollknäuel, dessen Anfang und Ende unauffindbar waren. Ich versuchte, das Wollknäuel zu entwirren, fühlte mich schuldig, irgendetwas falsch gemacht zu haben, konnte mit niemandem sprechen. Ich wünschte mir einen Menschen, der mir in die Seele schauen und mir erklären konnte, was wahr und was falsch war.

Mit tausend Instruktionen wurde ich auf die Klassenreise geschickt. Mit tausend Ängsten verließ ich das Elternhaus. Im Gegensatz zu den Mitschülern herrschte keine Vorfreude in mir, eher ein Gefühl der Lustlosigkeit. Seit Wochen ging es um die Klassenreise mit ihren unmöglichen Situationen, die ich durchstehen musste. Ich hatte mir eine plötzliche Krankheit herbeigesehnt, damit ich nicht zu fahren brauchte. Nicht zu wissen, was auf mich zukam, machte mir panische Angst. Mein Dauerzustand war es, mich mit allem, was ich war, wie ich war, falsch zu fühlen. Zu Hause kannte ich die Regeln, wusste mich zu verhalten oder hielt still. Bei den ständig wechselnden Regeln der Mutter bot sich das Stillhalten am meisten an, um weiteren Verletzungen zu entgehen. Erschreckenderweise gab mir all das mir Bekannte Schutz. Die Welt da draußen ängstigte mich. Ich fühlte mich wie ein Regenwurm auf der Straße, der jeden Moment zertreten werden konnte, weil er seine schützende Erde verlassen hatte.

Mit Tausenden von Gedanken, Sorgen und Ängsten war ich nun auf der Klassenreise. Ich versuchte mich so unauffällig wie möglich zu benehmen; sprach mit den Müttern in der Küche, bot meine Hilfe an, machte bei jedem Tischdienst mit; wurde für meine Gründlichkeit, meinen Fleiß und meine Hilfsbereitschaft belohnt. Ich war damit beschäftigt, mich nützlich zu zeigen, wo ich nur konnte, außer wenn gemeinsame Ausflüge unternommen wurden. Meine Mitschüler spielten Tischtennis,

Fußball und andere Ballspiele. Jungen und Mädchen neckten sich gegenseitig, witzige Bemerkungen flogen hin und her. Ich versuchte indessen, mein »zu Hause« herzustellen, damit ich mich sicher fühlen konnte. Den ganzen Tag mit den anderen Mädchen und Jungen zu sein, verunsicherte mich. Die Lehrerin holte mich immer wieder aus der Küche heraus, damit ich mit den anderen spielte. Irgendwann gab sie mir die Aufgabe, bis Ende der Woche sehr gut Tischtennis zu lernen. Die Mitschüler brachten es mir bei. Wir bildeten Mannschaften aus Mädchen und Jungen, rannten um den Tisch herum, um den Ball ins gegnerische Feld zu schmettern.

Ich entdeckte meinen Spaß daran, mit den anderen zu spielen. Ich entdeckte mein Lachen, das meinen ganzen Körper erfasste. Ich wollte nicht mehr aufhören zu lachen. Ich lernte die andersartigen Mitschüler kennen, die mir immer Angst gemacht hatten. Ich tauchte in eine mir fremde Welt ein, die hinter einer Mauer lag, auf der stand: »Gefahr! Nicht dahintergucken.« Das, was ich sah, was ich erlebte, war nicht gefährlich. Ich entdeckte die Freude und den Spaß, die mir in meinem tristen, mit Verboten gepflasterten Alltag abhandengekommen waren. Mit unsichtbaren Buchstaben war an die Haustür geschrieben: »Wer diese Schwelle überschreitet, hat sich der Religion, Kultur und dem Willen der Familienehre unterzuordnen. Die Regeln werden von der Frau des Hauses bestimmt!«

Beim genauen Hinschauen bekam ich mit, dass sie auch untereinander befreundet waren. Sie feierten gemeinsam Geburtstage, hatten Hobbys und auch Musik, die sie gemeinsam hörten. Sie besuchten sich gegenseitig, gingen miteinander ins Kino. Das alles kannte ich nicht. Meine Bestimmung war, die Familienehre zu erhalten. Das bedeutete, die strengen Regeln zu befolgen und die Aufmerksamkeit ausschließlich darauf zu richten, was andere über unsere Familie sagen und denken könnten, wenn mein Handeln, mein Benehmen sich nicht nach ihnen richtete. Für Freizeit hatte ich keine Zeit. Ich hatte Pflichten zu Hause, die ich erfüllen musste. Im Betragen meiner Mitschüler war nichts, was die Ehre hätte verletzen können. Sie waren einfach ausgelassen und fröhlich, konnten miteinander reden. Ob Jungen oder Mädchen, spielte keine Rolle.

Als ich am letzten Abend meine Reisetasche packte, erschreckte ich die Mädchen aus meinem Zimmer mit einem plötzlich auftretenden Weinkrampf. Die Tränen strömten heraus, so als wäre ein Damm gebrochen. Mein Körper zitterte heftig. Die Fragen nach dem Warum, Wieso, Was ist los, war ich nicht fähig zu beantworten. Ich wusste selbst nicht, was mit mir los war. Ich war ein Sack voll mit Leid und Unglück. Ich kam mit dem, was ich sah und erlebte, nicht klar. Ich hatte in eine Welt geblickt, die mir ganz anders dargestellt worden war. Ich hatte sie mit den Augen der Eltern betrachtet. Mit den Ängsten und der Furcht vor dem Fremden. Natürlich war ihre Religion eine andere, aber deshalb waren sie nicht ungläubig. Ihre Gewohnheiten, ihr Essen unterschieden sich von unseren, aber deshalb waren sie keine Unmenschen. Ich hatte Menschen kennengelernt, die mir mehr zugewandt waren als ich ihnen. Sie waren mehr und anders an mir interessiert als meine Eltern.

Das Weinen ließ ein wenig nach. In der Zwischenzeit war die Lehrerin gekommen. Liebevoll hatte sie mir die Hand auf den Rücken gelegt. Ich konnte sie wie tröstende Worte spüren. Einen Augenblick lang wünschte ich mir, ihre Tochter zu sein. Vor langer Zeit hatte Babaanne mir erzählt, dass unser aller Schicksal bestimmt worden war, bevor wir zur Welt kamen. Warum gab es so unterschiedliche Schicksale, und warum musste ich mitten in einer Welt leben, die es mir so schwer machte, das alles miteinander zu verbinden? Mein Kopf war wie ein Kessel auf dem Feuer. Anstatt mit Wasser war er voll mit Buchstaben, die im Kochen durcheinanderwirbelten und keine sinnvollen Worte bildeten.

Eine unruhige Nacht brachte den Morgen. Die anderen freuten sich auf ihr Zuhause. Mit einer diffusen Angst war ich hergekommen, weil ich nicht wusste, was mich erwartete. Mit einer handfesten Angst, weil ich wusste, was auf mich zukam, fuhr ich nach Hause. Das Erlebte, den Spaß, die Freude ließ ich an dem Ort zurück. In unserer Wohnung hätten sie keinen Platz gehabt.

Als ich zurückkam, kündigte meine Mutter die vielen Besucher an, die am Wochenende kommen sollten. Bevor ich auspackte, krempelte ich die Ärmel hoch und half bei der Hausarbeit und beim Kochen. Sie behandelten mich so, als wäre ich nie weg gewesen. Keine Begrüßungsworte. Außer dass ich die Klassenreise vor dem Besuch nicht erwähnen sollte, wurde nicht darüber gesprochen. Diese Klassenreise gab es nicht. Wahrscheinlich hatte alles in meiner Phantasiewelt stattgefunden.

Meine Schwester freute sich, dass ich wieder da war. Sie fragte mir Löcher in den Bauch, und ich erzählte alles bis spät in die Nacht. Gemeinsam entschieden wir, den Eltern nichts davon zu sagen. Es hätte sie in Panik versetzt, wenn sie gehört hätten, dass sich ihre Tochter gut mit den Deutschen verstand. Das wäre für sie der erste Schritt gewesen, sich zu »verdeutschen«. »Was sollen die Landsleute von uns denken, wo führt das hin?«, hörten wir sie sagen.

Nach der Klassenreise ging ich sehr gern zur Schule. Ich hatte eine neue Welt entdeckt, die ich jeden Morgen betrat und am Mittag wieder verließ, um zurück in die schreckliche Welt zu gehen. Aufmerksam beobachtete ich, wie die Mitschüler sich verabredeten. In den Pausen unterhielten sie sich über Musikgruppen, über ihre Hobbys, über den letzten Kinofilm. Sie tauschten Jugendzeitschriften untereinander aus. Es war ein quirliges Miteinander, und ich durfte als Zuschauerin dabei sein. Ich atmete diese Lebendigkeit ein, bekam Sehnsucht. Ich wollte so gern an allem teilnehmen, was sie machten. Doch allein der Gedanke daran war schon absurd.

Immer wieder wies ich die Einladungen mit unsinnigen Begründungen ab. Ich hatte Angst, ausgelacht zu werden, weil ich anders lebte als sie. In ihr Leben war die Unbekümmertheit eingewoben wie in meines das Eingesperrtsein, das Sichaufgeben und Sich-pflichtbewusst-um-die-Familie-Kümmern.

Einmal wurde ich zum Geburtstag eingeladen. Das Mädchen bestand hartnäckig darauf, dass ich ihre Einladung annahm. Ihre Beharrlichkeit brachte mich so in Bedrängnis, dass ich ihr die Wahrheit sagen musste. Mit meinen Lügengeschichten hätte ich bei ihr eine große Enttäuschung ausgelöst. Mein ständiges Absagen ließ die anderen vermuten, ich wolle nichts mit ihnen zu tun haben. Sie dachten, ich würde mich über sie erheben, weil ich etwas Besseres sein wollte. Das konnte ich ihnen nicht verübeln.

Nach der Schule erzählte ich ihr von meiner misslichen Lage. »Alles, was du darfst, ist mir nicht erlaubt.« Mir war es nur gestattet, die Schule zu besuchen und nicht mehr. Fassungslos starrte sie mich an, rang nach Worten. Meine Befürchtung, ausgelacht zu werden, traf nicht ein. Ich bat sie, keinem davon zu erzählen, weil es verheerende Folgen für mich haben würde. Sie war so entsetzt, dass sie sich vornahm, mich aus dieser Situation herauszuholen. Sie hatte mit ihrer Mutter besprochen, dass sie mich abholen und wieder zurückbringen könnten. Doch sie kannten meine Mutter nicht. Natürlich wäre sie auf den Vorschlag eingegangen, um ihr Gesicht nicht zu verlieren. Für mich gab es immer ein Danach. Für das bisschen Freude, mit den anderen einen Geburtstag zu erleben, hätte ich einen zu hohen Preis bezahlen müssen.

Es hätte wochenlangen Ärger mit meiner Mutter bedeutet. Sie hätte mich beschuldigt, dass ich andere Menschen benutze, um meinen Vergnügungen nachzugehen. Sie hätte mich mit den schlimmsten Worten erniedrigt und gedemütigt. Danach hätte ich wieder an der Kaimauer gesessen, mit dem Tod gespielt, um meine Würde und ein Stückchen Freiheit zurückzubekommen. Ich sehnte mich nach Harmonie, nach Frieden, und tat alles, um Erniedrigungen und Demütigungen zu vermeiden.

Die Mutter hatte die Lehrerin angesprochen, um zu fragen, wie sie mir helfen konnten. Mir gefiel diese Art der Hilfe überhaupt nicht. Meine Mutter hätte es nicht ertragen, dass ich irgendetwas von der Familie hatte nach außen durchsickern lassen. Ich zog die Lehrerin ins Vertrauen. Ich erzählte ihr nur so viel, dass sie die ganze Dynamik stoppen konnte. Vor meiner Freundin schämte ich mich abgrundtief. Wir mochten uns sehr, meinetwegen konnte aber unsere Freundschaft nicht lebendig werden.

Meine Mutter durfte noch nicht einmal über die Existenz dieser Freundin etwas erfahren. Ich durfte keine Freundin haben. Um die Unvorstellbarkeit verständlich machen zu können, erzählte ich der Freundin und einigen Vertrauten ein paar Dinge über mein Leben. Sie lachten mich nicht aus, reagierten mitfühlend und ließen mich in Ruhe. Ich brauchte keine Lügengeschichten mehr zu erzählen, es gab keine Einladungen mehr. Deshalb wurde ich nicht ausgeschlossen. Ich blieb ein Teil der Klassengemeinschaft. Voller Schmerz beobachtete ich ihr buntes Treiben, hörte ihnen zu, fragte sie aus. Ich stieg in ihre Geschichten so ein, dass es mir manchmal das Gefühl gab, sie selbst zu erleben. Ich war vom Leben abgeschottet worden und versuchte auf diese Weise, doch irgendwie daran teilzunehmen.

An einem unerträglich heißen Sommertag bekamen wir Hitzefrei in der Schule. Ich hatte keine Lust, so früh nach Hause zu gehen, wäre am liebsten in der Schule geblieben. Die

Freundin lud mich zu sich ein, um gemeinsam Schulaufgaben zu machen. Es war eine gute Gelegenheit, endlich die Freundin zu besuchen. Seit wir in Deutschland lebten, war es das zweite Mal, dass ich eigenständig eine Freundin besuchte. Im Unterschied zum ersten Mal tat ich es heimlich und ohne Erlaubnis.

Auf dem Weg zu ihr empfand ich mich als Verräterin. Doch zurück konnte ich nicht, das wäre eine große Enttäuschung für sie gewesen. Alle Bedenken verflogen, als ihre Mutter uns freundlich und liebevoll begrüßte. Genauso freundlich und hell, mit weißen Gardinen und Blumen, war ihre Wohnung. Es roch nach Geborgenheit und Putzmitteln. Wie gern hätte ich all das, was ich sah und erlebte, meiner Mutter gezeigt, damit sich ihre schiefen Bilder hätten zurechtrücken können. Sofort verwarf ich diesen Gedanken. Sie wäre bloß explodiert. Warum war es bei uns nicht möglich, fröhlich und friedlich miteinander zu sein? Wir lebten nebeneinander und gegeneinander. Unser Familienleben war mir bisher normal vorgekommen. Aber die anderen in meiner Umgebung waren so unbekümmert. Sie hatten keine Käfige in ihren Wohnungen, um die Mädchen einzusperren.

Die Mutter schlug uns vor, zunächst die Schularbeiten zu erledigen. Die Aufgaben machten sich wie von selbst. Danach zeigte die Freundin mir Familienfotos aus den Ferien und erzählte lustige Geschichten dazu. Die Bilder wurden lebendig. Ich konnte den Sand unter meinen Füßen fühlen, das Meer hören, das klebrige, süße Eis schmecken. Ihre Zimmerwände waren mit lustigen Bildern beklebt. Sie zeigten mit Eis verschmierte Gesichter, Körper, die bis zum Hals im Sand verschwanden. Daneben hingen Poster von ihren Lieblingsidolen. In den oberen Regalen lagen liebevoll aufgereiht ihre Puppen und Teddys aus der Kinderzeit. Das Zimmer durfte atmen, durfte leben, durfte sein. Solange wir uns in ihrem

Zimmer aufhielten, wurden wir nicht einmal gestört. Sogar die Tür blieb zu.

Ihre Mutter klopfte an die Tür und rief uns zum Essen. Mit dem sechs Jahre jüngeren Bruder saßen wir am Küchentisch, aßen und erzählten uns Quatschgeschichten und lachten. Die Mutter schimpfte nicht. Sie erzählte ihrerseits: »Wisst ihr noch …« Irgendwann guckte mich der kleine Bruder an und sagte ziemlich ernst: »Wenn ich groß bin, werde ich dich heiraten.« Wieder mussten wir lachen. Er rannte aus der Küche, und die Mutter folgte ihm sofort, um zu klären, was los war.

Am nächsten Tag erfuhr ich, dass es ihm ernst gewesen und er über unser Lachen gekränkt war. Er hatte gesagt, meine Augen würden funkeln, wenn ich lache, und gleichzeitig weinen, und deshalb wollte er mich heiraten. Von dem kleinen Jungen fühlte ich mich erkannt, er hatte tief in meine Seele geblickt, und es tat mir sehr weh, dass ich ihn ausgelacht hatte.

Nicht alle Mütter waren so wie meine. Sie hatte ihren Jungen getröstet. So ein Leben mit einer Trost gebenden, lachenden Mutter war mir unvorstellbar. Eine Mutter, die ihre Tochter in Ruhe ließ, weil die Freundin da war. Tausendmal wäre ich gestört worden, die Tür hätte offen sein müssen. Ich war Besitz, gehörte zum Inventar. Eigenständigkeit kam nicht infrage. Nach diesen Erlebnissen, bei denen ich in eine andere Welt hineinschnuppern durfte, fiel mir die Rückkehr in mein Gefängnis sehr schwer.

Inspiriert durch meine Freundin, wollte ich auch das Zimmer mit Bildern verschönern. Die Lieblingsserie Bonanza bot sich da wunderbar an, und ich schnitt die kleinen Bilder aus der Fernsehzeitschrift aus. Damit die Tapeten durch den Tesafilm nicht beschädigt wurden, klebte ich sie auf meinen Nachtschrank. Für diese eigenmächtige Handlung bekam ich eine Tracht Prügel mit den schlimmsten Schimpfwörtern und zusätzlich Fernsehverbot auf unbegrenzte Zeit. Nur

Dokumentarfilme und Nachrichten waren noch erlaubt. Die Hauptdarsteller in Bonanza waren Männer. Das löste in Mutter einen unbändigen Zorn aus. Ich würde mich wie eine läufige Katze verhalten, nach Männern lechzen, schrie sie. Was sollte der Besuch denken, wenn er Männerbilder an meinem Bett sah? Jeder kennt diese Serie und spricht davon, dachte ich. Wir sahen sie uns doch gemeinsam an. Ich hatte mir nichts dabei gedacht, jedenfalls nicht so was. Ich hörte schließlich auf, mich zu erklären, denn es machte die Sache nur schlimmer. Jedes Mal bekam ich eine heftigere Ohrfeige mit dem Satz: »Du lügende Hure! Gib doch endlich zu, dass du nach Männern lechzt.«

Ich wurde stumm, ließ sie glauben, was sie glauben wollte. Mein Wunsch war es, in Harmonie zu leben. Was sollte ich schon von den Männern wollen. Ich hatte Angst vor ihnen. Wie konnte sie so gemein sein, wie konnte sie solche Worte benutzen! Ich war verzweifelt und ratlos. Jeden Abend vor dem Einschlafen betete ich, dass alles ein Ende nehmen möge. Das Gegenteil passierte. Es wurde immer absurder.

Der Sommer brachte mir glücklicherweise noch ein paar Hitzefrei, die mir Momente des Glücks mit meiner Freundin und ihrer Familie schenkten. Wie jedes Jahr war meine Versetzung gefährdet. Die mathematischen Leistungen waren sehr schlecht. Die Mathematiklehrerin riet mir, Nachhilfeunterricht zu nehmen. Sie gab mir den Namen und die Telefonnummer eines Jungen aus unserer Schule. Er war eine Klasse über mir. Es gab keine Mädchen, die Nachhilfe in Mathematik gaben.

Wie sollte ich das nur zu Hause erklären? Nicht dass ich Nachhilfe brauchte, sondern dass es ein Junge war, brachte mich völlig aus der Fassung. Ich musste es gut planen. Warum konnte ich nicht nach Hause gehen und es einfach erzählen? In solchen Momenten hatte ich großes Verständnis für meine

Schwester, die entschlossen ihr Weggehen vorbereitete. Ihr letztes Kunstwerk war, dass sie Jahre und Tage bis zu ihrem achtzehnten Lebensjahr in langen Reihen von Strichen aufgelistet hatte. Immer vor dem Schlafengehen wurde ein Strich durchgestrichen.

Ich berichtete, dass ich schlechte Noten in der Schule und die Lehrerin Nachhilfeunterricht vorgeschlagen hatte. Die Eltern wollten, dass ich mit meinem Bruder Mathe übte. Mein Bruder war davon überhaupt nicht begeistert. Daraufhin entfachte meine Mutter einen riesigen Streit. Sie ergriff die Gelegenheit, um sich über meinen Bruder zu beklagen. Er sei nicht an unserer Familie interessiert, würde sich mit jungen deutschen Mädchen vergnügen, und der Vater würde das Ganze auch noch erlauben. Sie geriet so in Rage, dass mein Bruder aufstand und den Sonntagsfrühstückstisch verließ. Meine Mutter entwickelte sich zu einer Furie. Voller Wut packte sie die Tischkante und kippte den gedeckten Frühstückstisch meinem Vater entgegen. Sie lief meinem Bruder hinterher, der aber war bereits über alle Berge.

Mein Vater versuchte Mutter zu beruhigen, meine Schwester und ich brachten die Küche wieder in Ordnung. Meine Mutter konnte es nicht lassen, mir noch zu sagen: »Na, bist du zufrieden mit dem, was du angerichtet hast?« Ich hatte lediglich über meine schulischen Probleme gesprochen. Am nächsten Tag fragte mich die Lehrerin, wann ich mit der Nachhilfe anfangen würde. Um mich nicht zu blamieren, sagte ich: »Nächste Woche.« Wie sollte ich nun aus dieser Situation herauskommen?

Ich wartete drei Tage, bis das Sonntagdrama vergessen war. Mutig erzählte ich von dem Vorschlag der Lehrerin und dass ich so schnell wie möglich anfangen müsste, weil die Versetzung gefährdet war. Wieder einmal bekam Mutter ihren Tobsuchtsanfall, weil es ein Junge war, der mich unterrichten sollte. Sie beschuldigte mich, ein Verhältnis mit diesem Jungen zu haben. Um mich mit ihm treffen zu können, würde ich Lügengeschichten erzählen. »Mir kannst du nichts vormachen. Hast du vor, die ganze Familie zu zerstören, indem du deine Ehre beflecken lässt?« Mit einer Tracht Prügel wurde ihr Wutausbruch beendet. Mein Vater sagte nichts.

Sie wollten mir nicht glauben, dass ich diesen Jungen nie im Leben gesehen hatte. Es hatte auch keinen Sinn, mich weiter zu verteidigen, denn ihre Phantasien über den unbekannten Jungen waren uferlos. Mittlerweile taten die Schläge nicht mal mehr weh, aber ihre Worte brannten sich in mein Herz, in meinen Körper ein.

Eines konnte ich nie verstehen. Immer noch war eine Liebe zu meiner Mutter da, vermischt mit einer großen Sehnsucht, mich so zu zeigen, wie ich wirklich war, obwohl ich nicht mehr wusste, wie ich war. Ich sehnte mich danach, mit ihr so zu leben, so zu lachen, wie es meine Freundin mit ihrer Mutter konnte. Zeitweilig zerstörte sie mir sogar meinen Glauben, weil ER mich nicht vor ihr beschützte. War ich vergessen worden? Wurde ich bestraft, oder war das die Hölle? Mehr als mich von der Welt zurückzuziehen, konnte ich nicht tun.

Das Leben ergab keinen Sinn mehr. Ich plante ernsthaft meinen Tod. Nicht den Tod, um meine Würde zurückzubekommen, sondern den wirklichen Tod. Ich konnte nicht mehr. Ich war kein menschliches Wesen mehr. Die Liebe zu Gott war plötzlich ausgelöscht. Ich konnte nicht mehr beten, weil ich nicht mehr hoffte, glaubte. Eine große Gleichgültigkeit mischte sich in mein Blut und betäubte mich. Noch nicht einmal der Gedanke an meine Schwester holte mich aus meiner Verzweiflung. Alles Lebendige starb in mir, um mich herum baute sich ein Kokon auf. Nichts mehr hatte für mich eine Bedeutung. Auch dass meine Mutter immer noch der festen Meinung war, ich hätte ein Verhältnis mit dem Jungen, berührte mich nicht. Ich wollte nicht mehr leben. Ich freute mich auf den Augenblick, wenn der Kokon sich in den Fluss fallen lassen würde. Ich hatte nur noch diesen Gedanken.

In der Schule lachte ich nicht mehr, wurde schweigsam, folgte dem Unterricht nicht mehr. Die Lehrerin fragte mich nach dem Nachhilfeunterricht. Ich zuckte mit den Schultern. Ich wollte noch nicht einmal erkannt werden in meinem Leid, wie sonst. Ich sendete keine Signale: »Bitte, hilf mir!« Die Augen waren weder traurig noch lustig, sie waren leer. Die Lehrerin wollte mit den Eltern sprechen, weil sie den Ernst meiner Situation spürte. Ich sagte den Eltern Bescheid, ohne mir ihre Kommentare anzuhören. Mich würde es bald nicht mehr geben. Verschwunden im Schoß des Flusses. Sicherlich würde meine Mutter denken, ich wäre mit dem unbekannten Jungen durchgebrannt. Ein hämisches Gelächter überfiel mich bei diesem Gedanken.

Die Eltern kamen in die Schule. Ich übersetzte alles gefühllos, achtete nicht auf die Blicke der Eltern. Am Ende des Gesprächs wurde ein schmächtiger, schüchterner, das Gesicht mit Akne übersäter Junge vorgestellt. Er war viel zu klein für sein Alter, wirkte dadurch zwei, drei Jahre jünger. Endlich bekam ich den Unbekannten zu Gesicht. Als sie Terminabsprachen machten, wurde er rot und stotterte auch noch. Zweimal in der Woche sollte er kommen, wenn mein Vater zu Hause war. Das machte einen besseren Eindruck gegenüber den Landsleuten.

Mein Vater saß mit einer Zeitung im Wohnzimmer, wenn ich unterrichtet wurde. Der Junge konnte hervorragend Mathematik erklären. Seine Liebe zu den Zahlen steckte mich an. Ich entwickelte Spaß, mit den Zahlen zu spielen. Ich wurde besser in der Schule, die Angst vor den Zahlen verschwand. Der Junge half mir mehr, als er sich bewusst war. Der Unterricht bei ihm, seine Liebe zu den Zahlen holten mich aus der Betäubung heraus. Doch der Kokon um mich herum blieb.

Der Alltag ging weiter. Wir sprachen nie über das, was geschehen war. Die Wutausbrüche, die ausfallenden Worte hatten nie stattgefunden. Wenn Besuch kam, wurde gelacht, und man war ausgelassen. Die Frauen wetteiferten miteinander, wer die schönsten Einrichtungsgegenstände, die schickste Kleidung besaß oder das größte Anwesen im Heimatland erworben hatte. Manche von ihnen hatten auch Töchter und Söhne. Auch sie wurden in diesen Wettbewerb hineingezogen. Wer besuchte welche Schule, und welche Berufswünsche waren die »besseren«? Alle brüsteten sich mit ihren Kindern, sodass mir die Lust verging, mich mit den Mädchen anzufreunden. Auch wollte ich keine Freundschaft, bei der man ständig aufpassen sollte, was über uns weitererzählt werden könnte.

Ich begriff überhaupt nicht, warum wir wie Gefangene gehalten wurden. Geschah es aus religiösen Gründen? Geschah es aus kulturellen Gründen, oder lagen die Gründe ganz woanders? Eine in Deutschland lebende türkische Mutter versuchte womöglich, aus Enttäuschung, Selbstüberforderung und Angst vor dem andersartigen Leben alles bis hin zur Erstarrung zu kontrollieren. Und zerstörte dabei alles Lebendige.

Die Gewalt der Frauen

Ich war erschüttert, fassungslos und weinte. Ich hatte immer wieder mit Fatma geatmet und mich gefreut, wenn sie Möglichkeiten hatte, ein wenig ihre Lebendigkeit, ihre Freude und Ausgelassenheit zu leben. Es waren kleine Inseln des Glücks im Ozean der Grausamkeiten. Auch ich spürte eine Dankbarkeit in mir, wenn sich Menschen liebevoll um Fatma kümmerten. Wie wenig weiß man von dem Leid anderer, und wie hilfreich können einfache Gesten des Mitgefühls und der kommentarlosen Anteilnahme sein. Wie, um Himmels willen, konnten diese Eltern mit Fatma zu der Großmutter fahren! Die hemmungslose Gewalt schien in dieser Familie selbstverständlich zu sein. Deshalb war es auch nicht erlaubt, über die Gewalt zu reden.

Das Leben in dieser Familie war für Fatma bedrohlich, schmerzhaft, unvorhersehbar, unkontrollierbar, ausweglos. Sie hatte zu Recht Todesängste und lebte in Ungewissheit über ihre Zukunft. Fatma wurde über Jahre von der Mutter gefangen gehalten und gefoltert. Von der Mutter gefangen gehalten und gefoltert! Immer wieder musste ich es mir selbst laut sagen und sogar auch aufschreiben, damit dieses Entsetzliche für mich fassbarer wurde. Die Gewalt ging von einer Frau und sogar von der eigenen Mutter aus. Das fühlte sich wie ein Tabubruch an. Männliche Gewalt war meinem Denken vertraut. Über Formen der weiblichen Gewalt hatte ich kaum etwas gelesen oder gehört.

Auch Fatmas jüngere Schwester musste ums Überleben kämpfen. Wie verzweifelt muss ein Kind von vielleicht elf Jahren sein, wenn es für jeden Tag bis hin zu seinem achtzehnten Geburtstag einen Strich zieht. Sie muss mühsam etwa zweitausendfünfhundertzwanzig Striche mit ihren kleinen Fingern gezogen haben. Was für eine Ausdauer in diesem Alter! Das war mir unvorstellbar. Ich versuchte, mich in die kleine Schwester einzufühlen. Ich konnte es nicht, weil sich alles in mir weigerte, sich so viel Gewalt vorzustellen. Großmutter, Eltern und Bruder, die die geliebte Schwester demütigten und misshandelten! Wenn ich in Fatmas Alter komme, droht mir ein ähnliches Schicksal, mag sie gedacht haben. Sie sah an der Schwester, dass es nichts nützte, sich der Gewalt zu beugen. Vielleicht wurde sie deswegen zur Rebellin.

In Gedanken versunken kochte ich mir Tee und setzte mich wieder an meinen Schreibtisch. Einzelne Szenen aus Fatmas Brief tauchten vor mir auf. Es war bestimmt kein Zufall, dass Fatma ausgerechnet die Bilder der Bonanza-Serie auf ihren Nachtschrank geklebt hatte. Sie hatte mir früher einmal erzählt, dass sie Little Joe, den jüngsten der Bonanza-Brüder, am liebsten mochte. Die Bonanza-Serie muss sie an den Hof, an die Familie und die Brüder des Vaters erinnert haben.

Die Tante hatte trotz der vielen Konflikte und Dramen ein wenig Lebendigkeit in die Familie gebracht. Aber auch sie wurde den strengen Familienregeln unterworfen und musste einen Mann heiraten, den sie vielleicht nur genommen hatte, um den Fängen der Schwester zu entkommen. Plötzlich fielen mir meine Freundinnen mit ihren lustigen Geschichten über ihre Erfahrungen ein. »Görücü!« Genau, görücü wurde die Frau genannt, die nach geeigneten Bräuten für ihren Sohn Ausschau hielt. Viele Dinge wurden schon vorher von beiden Seiten vorsichtig erkundet und direkt oder indirekt beantwortet. War man dann immer noch interessiert, verabredeten die Eltern einen Termin. Was hatte ich mit meinen Freundinnen gelacht, als es bei ihnen so weit war! Was alles hatten wir uns damals ausgedacht, damit sie den Bewerbern unbemerkt ihre Zu- oder Abneigung signalisieren konnten.

Die Eltern einer Freundin hatten zum Beispiel einen niedrigen, dunklen Glastisch im Wohnzimmer. Die Freundin erzählte, dass sie diesen Tisch vor jedem Brautschaubesuch spiegelblank putzte, damit sie den jungen Mann heimlich beobachten konnte. Bescheiden und anmutig habe sie ihren Blick gesenkt und die jeweiligen Anwärter heimlich beobachtet. Sie heiratete damals den jungen Mann, der so pfiffig war und ihr auf die Schliche gekommen war. Frech hatte er ihr über den spiegelnden Glastisch ein Augenzwinkern geschenkt. Das hatte ihr sehr imponiert.

Manchmal gestaltete sich der Brautschaubesuch derart, dass sich keiner traute, abzusagen. Es hätte als Beleidigung aufgefasst werden können. In solchen Notlagen waren die Freundinnen nie verlegen oder machtlos. Man streute dem Anwärter nur so viel Salz in die Schuhe, dass er das Signal eben gerade noch erkennen konnte. »Wage es ja nicht! Die Suppe versalze ich dir!«

Es gab noch weitere Signale. Eine Freundin hatte schon Zucker in dem Tee, den sie servieren sollte, aufgelöst. Drei Würfel Zucker in einem kleinen Teeglas! Der Arme bat nichtsahnend um zwei Würfel Zucker und trank den übersüßen Tee dann in kleinen Schlucken. Man will ja sein Gesicht nicht verlieren. »Überlege wohl, die Süße kann dir den Magen verderben!« Er habe sie nicht verraten und sich nie wieder gemeldet. Beide Eltern konnten nicht nachvollziehen, warum das Interesse so schnell abgeflaut war. Eine andere Freundin hatte sogar Salz in dem Mokka aufgelöst und ihn dem Anwärter mit dem süßesten Lächeln serviert. Auch er meldete sich nicht wieder.

Wie anders war es bei mir gewesen! Wie Fatma hatte ich meinen Mann über den Freundeskreis meiner Schwester kennengelernt. Es war keine Liebe auf den ersten Blick. Wir waren lange Zeit miteinander befreundet, hatten dieselben Vorlieben für Musik, Theater und Tanz. Als sich die Liebe in unsere Herzen einschlich, geriet ich in Bedrängnis. Meine Eltern träumten von einem türkischen Schwiegersohn, einer großen Familie, in der es keine kulturellen und sprachlichen Unterschiede gab. Meine Mutter bemerkte als Erste meine Not. Vielleicht hatte aber auch meine Schwester heimlich mit ihr gesprochen, um mir zu helfen.

Meinen Eltern war der junge Mann bereits sehr angenehm aufgefallen, und sie hatten diese Entwicklung zwar ins Auge gefasst, aber gehofft, es würde bei einer Freundschaft bleiben. Sie waren traurig. Sie wollten mein Glück. Es fiel ihnen schwer, auf einen türkischen Schwiegersohn zu verzichten. Auch wussten sie anfänglich nicht, was sie den Verwandten und Freunden erzählen sollten.

Seiner Familie erging es nicht viel anders. Seine Eltern machten sich ebenfalls große Sorgen und waren durch diese Wende in unserer Beziehung verunsichert. Sie hatten Angst, ihr Sohn begebe sich in Gefahr. Durch Gespräche mit Verwandten und Freunden konnten sie sich allmählich wieder beruhigen und sich mit uns freuen. Der Respekt, den mein Mann unserer Kultur und unseren Sitten gegenüber zeigte, und seine Achtsamkeit öffneten die Herzen meiner Eltern, sodass sie voll und ganz hinter uns stehen konnten. In vielen gemeinsamen Gesprächen überlegten wir, wie wir meinen Mann mit größter Vorsicht in die Familie und in den Freundeskreis einführen konnten. Ich war meinen Eltern sehr dankbar und stolz auf sie. Nach einer angemessenen Verlobungszeit fand unsere Hochzeit statt.

Eine große gemeinsame Hochzeitsfeier, wie es in der Heimat üblich war, konnten wir nicht organisieren. So feierten wir unsere Hochzeit zweimal. Gleich nach der Trauung fand die Hochzeitsfeier mit den in Deutschland lebenden Verwandten und engen Freunden statt. Ich fühlte mich geborgen und konnte mein Glück kaum fassen. Da ich keinen Walzer tanzen konnte und wollte, übten mein Mann und ich einen eigenen Hochzeitstanz ein, der passend zu dem ausgesuchten Stück orientalische und europäische Elemente enthielt. Aus Zeitmangel konnten wir nur die ersten Minuten einüben. Elegant wendeten wir uns dann bei unserem Auftritt unseren Hochzeitsgästen zu und luden sie ein, mitzumachen. Es wurde ein rauschendes Fest für uns alle. Zwei Tage später fuhren wir mit den Eltern und den Geschwistern meines Mannes in die Türkei und feierten dort eine türkische Hochzeit mit meinen Verwandten und Freunden. Alle bewunderten mich und meinen Mann. Er wurde herzlich aufgenommen, und die Männer brachten ihm bis in den Morgen hinein türkische Tänze bei. Mein Glück war vollkommen. Das Hochzeitsfoto aus der Türkei, das auf meinem Schreibtisch steht, zeigt ausgelassene und fröhliche Gesichter und erinnert mich an diesen Tag.

Ich kehrte wieder zu Fatmas Brief zurück. War es die Kultur, war es die Religion, oder waren es andere Gründe, die die Mutter so gewalttätig machten, fragte sich Fatma am Ende. Nicht entweder – oder, sondern sowohl als auch, dachte ich spontan. In Deutschland sind die Töchter nicht für die Ehre der Familie verantwortlich. Die Ehre hat in Deutschland nicht diesen Stellenwert, den sie in meiner Heimat hat. Die Ehre steht hier nicht über dem Leben.

Der Prophet Mohammed, auf den der Islam zurückgeht, hat die Frauen sehr geschätzt und, soweit es ihm in der damaligen Zeit möglich war, sich für sie eingesetzt. Ich glaube nicht, dass Mohammed gewollt hätte, dass man in seinem Namen Fatma und all die vielen Frauen misshandelt, so viele Menschen in seinem Namen tötet. Außerdem waren Fatmas Eltern nicht sonderlich religiös. Sie missbrauchten die Religion für ihre eigenen Zwecke, wie es so häufig geschieht.

»Ich wünschte mir einen Menschen, der mir in die Seele schauen könnte, um mich von diesen Qualen zu erlösen«, hatte Fatma geschrieben. Sie hatte sich durch das Schreiben der Briefe einen Weg zu mir gebahnt, um der Vergangenheit zu entkommen.

5. Teil Neubeginn

Möge der liebe Gott alles zum Guten wenden

So viele Briefe hatte ich in der Vergangenheit an Fatma geschrieben und wieder zerrissen. Dieser schrieb sich von allein. Es fühlte sich gut und richtig an, ihn abzuschicken. Warum hatte ich es nicht früher geschafft? Es war ihr Wunsch, dass ich nicht reagierte, nicht über das Geschriebene redete, was mich immer wieder zurückgehalten hatte.

Ich überlegte nicht lange und verschloss den Brief sogleich. Am nächsten Morgen brachte ich die Kinder zum Kindergarten und fuhr zu Fatma. Die Familie war noch im Urlaub. Wie verabredet holte ich die Post aus dem Briefkasten, wobei ich meinen Brief unter den Stapel schob. Ich goss die Blumen, kochte mir eine Tasse Kaffee und naschte von der leckeren Schokolade, die Fatma liebevoll für mich in einer kleinen Korbschale bereitgelegt hatte. Im Haus herrschte eine angenehme Stille. Ich lehnte mich zurück und schloss die Augen. Die Leere in den Räumen schien von Trauer und Tränen erfüllt. Trotzdem hörte ich fröhliches Kinderlachen und spürte die sanfte, tragende und strukturgebende Art ihres Mannes. Beim Aufstehen hörte ich plötzlich, wie ich »Allah hayıra çıkartsın« zu mir sagte – »Möge der liebe Gott alles zum Guten wenden«. Noch nie in meinem Leben hatte ich so etwas gesagt, schon gar nicht in meiner Muttersprache.

Am Abend las ich die Kladdefassung meines Briefes noch einmal. Wie würde sie wohl auf meinen Brief reagieren? Zum Glück wollten sie in den nächsten Tagen zurückkehren. Ich hatte die Hausschlüssel bereits in ihren Postkasten geworfen. Es gab kein Zurück mehr.

Mein Brief an Fatma

Liebe Fatma,

bitte verzeih mir, dass ich das Dir gegebene Versprechen, nicht auf Deine Briefe zu reagieren, ohne Deine Erlaubnis breche.

Deine Geschichte liegt ausgebreitet vor mir, und ich möchte in die Welt hinausschreien, wie viele Demütigungen, Ungerechtigkeiten und Seelenqualen Du erdulden musstest. Ich habe mit Dir geweint, mit Dir geschrien, mit Dir gelacht und Sehnsucht nach der Heimat gehabt. Deine Schmerzen, Deine Trauer, Deine Verzweiflung und Deine Freude habe ich tief in mir gespürt. So wie Du ringe ich um ein Verständnis dessen, was Dir widerfuhr. Fassungslos stehe auch ich davor. Es wird so viel über Migration, Integration und Kulturschock gesprochen und geschrieben. Erst jetzt bekomme ich ein Bewusstsein für die Tragik, die sich hinter diesen so ordentlich und klar wirkenden Begriffen verbirgt. Gleichzeitig wächst ein Verstehen in mir.

Gestern, als ich am Kiosk noch schnell eine Zeitung kaufen wollte, entdeckte ich die Postkarte, die ich meinem Brief beilege:

> *Wirklich reich ist,*
> *wer mehr Träume in seiner Seele hat,*
> *als die Realität zerstören kann.*

Das ist meine Freundin Fatma, habe ich gedacht. Dabei wurde mir bewusst, über welch eine Kraft, welch einen Glauben an die Liebe und über was für eine innere Weisheit Du verfügst. Sie haben Dir immer wieder einen Weg gebahnt, um auch in den grausamsten und schwierigsten Situationen Deines Lebens überleben zu können. Jedes Mal habe ich mit Dir aufgeatmet und war froh, dass es Wesen gab, die Dir zur Seite standen. Menschen, die Dir geholfen haben. Wie hat mein Herz gejubelt, als Du das Schreiben oder das Tanzen für Dich entdeckt hast. Aber ich war traurig darüber, dass Du beides heimlich tun musstest. Wie oft habe ich Dich in Gedanken in die Arme genommen, Dich getröstet und mich danach gesehnt, Dich aus dieser Familie herauszureißen.

Die Ereignisse liegen weit zurück, und ich ahne, in welchem Ausmaß sie Dein heutiges Leben beherrschen. Ich habe gelernt, Zeit allein heilt die Wunden nicht. Wie oft wiederhole ich das Alte aus der Vergangenheit, ohne es zu merken, oder stoße an meine alten Wunden, die neu zu bluten beginnen, manchmal sogar unter noch größeren Schmerzen. Du hast bei allem, trotz allem, nicht resigniert. Du hast alles in Deinen kostbaren Tagebüchern festgehalten. Wie gut! Wie viele Menschen können nicht mehr zurückgreifen auf ihre Lebensgeschichte und verstehen, warum sie so sind, wie sie sind. Vieles, was bei mir in Vergessenheit geraten war, hast Du wieder ans Licht geholt. Ich habe kein Tagebuch geschrieben, und ich bin traurig darüber. Ich erinnere mich an so vieles nicht mehr. Du bist sehr mutig und hast mir so viel aus Deinen Tagebüchern anvertraut. Ich respektiere Deinen Wunsch, über das Geschriebene nicht zu sprechen. Manchmal war ich traurig, manchmal auch ärgerlich darüber. Ich glaube aber, es war eine weise Entscheidung von Dir. So kann es viel tiefer in mir selbst wirken und das Verdrängte in mir wieder zugänglich machen.

Canım benim, alles was ich Dir sagen und wünschen möchte, kommt mir zu wenig vor. Ich ringe um tröstende Worte. Mein türkisches Herz ruft leise Dir zu: *Fatmam, can dostum benim, seni yeryüzünden gökyüzüne kadar seviyorum* – Meine Fatma, liebe, teure Freundin, von der Erde bis zum Himmel liebe ich Dich.

Möge die Liebe Deine Wunden heilen.

Deine Freundin

Fatmas fünfter Brief

Einen Tag vor ihrer Rückkehr erhielt ich den folgenden Brief. Sie musste ihn im Urlaub geschrieben haben. Mein Herz klopfte, und ich wurde kurz unsicher, ob ich mit meinem Brief einen Fehler gemacht hatte. Doch tief in mir herrschte eine Gewissheit, genau das Richtige getan zu haben. Ich öffnete ihren Brief.

Liebe Freundin,

bei den Reisevorbereitungen waren meine Gedanken schon an unserem Urlaubsort. In meiner Vorstellung war dieser »Flecken Erde« dafür bestimmt, mich aus meiner Seelenverwirrung herauszuholen. Ich erlebte Höhenflüge, weil die Erlösung sich zu nähern schien. Die Magie des Denkens hatte in mir eine Seifenblase geformt und gab mir Halt. Bis zum Reiseziel.

Nun sitze ich hier mitten in einer mit Schnee bedeckten Berglandschaft und vereinsame in meinen Lebensverstrickungen. Der Tod Babaannes und der Tod meines Vaters haben das dämonische Tor in mir geöffnet, und ich kenne die Formel nicht, wie es sich wieder schließen lässt. Alle Versuche scheitern wieder und wieder. Dabei nährten die vielen geschriebenen Briefe, die Reisevorbereitungen, die Reise in die Heimat immer wieder die Hoffnung in mir, mich in der dämonischen Dunkelheit zurechtzufinden. Jetzt glaube ich, das Schicksal entscheidet wieder einmal über mein Leben.

Die Arbeit meines Mannes erfordert es nun tatsächlich,

dass wir Hamburg verlassen. Irgendwie bin ich erleichtert. Eine neue Umgebung, die mich nicht erinnert, wird mir gut tun. Ein Neubeginn in einer anderen Stadt wird mir vielleicht den inneren Frieden bringen, den ich zum Leben brauche. Die frische helle Farbe an den Wänden wird unser neues Heim mit Licht und Leichtigkeit durchfluten. Meine Gedanken laufen mir davon und bereiten schon den Umzug vor. Vielleicht ist das wieder eine magische Seifenblase, die sich in mir mit neuen Ideen füllt. Vielleicht wird auch diese Seifenblase zerplatzen. Und trotzdem ist bis dahin ein neues Leben in einer anderen Stadt entstanden. Wie es mir dann ergehen, ob sich das Tor bis dahin schließen wird, bleibt ungewiss.

Gestern hatte ich die Gelegenheit, über eine längere Zeit allein durch die Schneelandschaft zu wandern. Ein Erlebnis überraschte mich. In dem Schnee, den die Sonne glitzern ließ, formte sich ein Bild direkt vor mir. Eine Frau, mit dem Rücken zu mir, las meine Briefe. An ihrer Haltung konnte ich erkennen, wie gewissenhaft sie sich durch die Zeilen bewegte. Das Gesicht blieb im Verborgenen. Der Wunsch, in ihr Gesicht zu blicken, erschrak mich zutiefst. Der Ausdruck in ihren Augen hätte mir ihre Empfindungen über das Gelesene verraten können. Irgendetwas hatte sich in mir gewandelt. Unmerklich hatte sich in mir ein heimlicher Wunsch nach Offenbarung eingeschlichen.

Bei Einbruch der Dämmerung wanderte ich wieder zu unserer Ferienwohnung zurück. Der Schnee streckte sich endlos über die Berge und glitzerte nicht mehr. Die Sonne hatte sich von ihm verabschiedet. Ein tiefes Gefühl von Abschiedsschmerz überrollte mich. Der neue Lebensweg bedeutet Abschiednehmen. In ein paar Tagen heißt es wieder Kofferpacken. Dieser Brief wird der letzte sein, den ich Dir in dieser Art und Weise schreiben werde. Ich möchte dort aufhören, wo alles begann, und alles zurücklassen, wenn ich die neue Stadt betrete.

Damals, vor den Sommerferien, brachte ein Brief aus der Heimat frischen Wind in unseren Alltag. Die langjährigen Freunde und ihre zwei Söhne fragten, wann wir im Sommer kommen würden. Sie schrieben über die alten Zeiten, von den gemeinsamen Ausflügen, Unternehmungen, erinnerten an die Tage des Lachens und Weinens. Damals, als wir noch Kinder waren, spielten wir gern und oft zusammen. Der ältere Junge war vier Jahre älter als ich, der Jüngere gleichaltrig mit mir. Zu fünft waren wir ein Herz und eine Seele, genauso, wie es die Eltern miteinander waren. Damals glaubten die Eltern, diese Liebe wäre für die Ewigkeit. Was hätte stärker sein können als die Liebe in der Freundschaft? Dem wollten sie ein Zeichen setzen, indem sie ihre Kinder im Erwachsenenalter miteinander vermählten. So würde aus einer Liebe in der Freundschaft eine große Familie. Dieser Brief sollte die Eltern daran erinnern.

Meine Mutter erzählte mir von ihren Plänen. Während des Maschinenbaustudiums des älteren Sohnes sollte die Verlobung sein. Am Ende seines Studiums würde die Hochzeit stattfinden. Für meinen Vater war wichtig, dass ich die Schule zu Ende machte. Meine Mutter bekam Flügel und hatte tausend Ideen, wie alles sein könnte. Mit meinen siebzehn Jahren fühlte ich mich ziemlich überfordert. Es gab zwei Personen in mir. Die eine war mit allem einverstanden, weil sie eine große Chance sah, dem Gefängnis zu entkommen. Schon die Verlobung würde meine Rettung sein. Sie würden mich in Ruhe lassen, weil ich mit einem Fuß in eine andere Familie eingetreten wäre. Diese Menschen als Schwiegereltern zu haben, wäre ein Glücksfall. Ich liebte sie bereits, als ich noch ein kleines Kind war, und sie liebten mich.

Die andere Person erinnerte sich an die Zeit der Kindertage, als die Welt noch in Ordnung war. Unbeschwert spielten
wir miteinander. Wir waren wie Geschwister, ich hatte ihn als
einen Bruder betrachtet, als einen Freund. Ich konnte doch
keinen Bruder heiraten! Vielleicht wäre das auch noch zu
überwinden gewesen. Aber die Vorstellung, mein Leben mit
einem Mann zu vereinen, versetzte mich in Panik. Ich hatte
das Gefühl, den Anforderungen einer Ehe nicht gerecht werden zu können. Ich hatte Angst, mich schlecht zu benehmen.
Nicht zu wissen, was in der Ehe auf mich zukam, aktivierte in
mir diffuse Ängste. Am liebsten hätte ich abgesagt, doch das
wollte ich den Eltern nicht antun.

In den Sommerferien fuhr ich nicht mit in die Heimat,
sondern blieb bei meiner Tante. Ich begründete es mit meinem bevorstehenden Schulabschluss. Die Eltern waren einverstanden und wollten die Vorbereitungen ohne mich machen. Alles, was geschah, hatte mit mir nichts zu tun. Ich war
die Beobachterin meiner selbst, als wäre ich nicht an meinem
Leben beteiligt. Ich wusste nicht, wie man Entscheidungen
traf und durchsetzte. Das Gefühl, immer alles falsch zu machen, hatte sich tief in mir eingeprägt und ließ kein wirkliches
Handeln zu.

Der Versuch, in den Ferien zu lernen, scheiterte erbärmlich.
Die Ruhe um mich herum machte mich nervös und unkon-
zentriert. Ich fühlte mich gehetzt und gejagt, hatte Angst, dass
die Familie nicht wiederkommen könnte. Die Vorstellung,
dass ich meine Schwester vielleicht nie wiedersehen könnte,
brachte mich fast um den Verstand. Die Ferientage wollten
nicht enden, so als wäre die Zeit gegen mich. Die Tage wurden
langsamer und langsamer, meine Ängste mächtiger und mächtiger. Ich war erleichtert, als die Familie endlich nach Hause
kam. Die zukünftigen Schwiegereltern hatten mir Geschenke
mitgeschickt. Die Verlobung sollte im folgenden Jahr stattfin-

den. Die Unterhaltungen rund um dieses Thema machten mich schwindlig, als würde mich jemand am Genick packen und schnell im Kreis herumschleudern.

Mit viel Mühe und Hilfe der Lehrer hatte ich meinen Realschulabschluss geschafft. Die Empfehlung der Lehrer war, eine Berufsausbildung zu beginnen. Für meine Eltern war es wichtiger, dass ich mein Abitur machte, damit ich die Möglichkeit hatte, zu studieren. Meine Mutter überließ die Berufswahl meinem Vater. Er wählte für mich den Bereich Technik aus, weil er für mich ein Architekturstudium vorgesehen hatte. Also besuchte ich anschließend die Fachoberschule für Bautechnik. Auch für meinen Bruder wurde der Beruf ausgesucht. Er sollte Elektroingenieur werden.

Von sechsundzwanzig Schülern in der Klasse waren lediglich zwei weiblich. Im ersten Jahr waren ein Praktikum auf der Baustelle und eines in einem Architekturbüro vorgesehen. Ich fühlte mich diesem neuen Lebensabschnitt überhaupt nicht gewachsen. Zwischen den vielen Männern fühlte ich mich ausgeliefert. Auch die Lehrkräfte waren alle männlich. In dieser Schule musste man selbständig sein. Die Männer diskutierten gern. Sie kamen aus Handwerksberufen, hatten Ahnung von technischen Dingen, besaßen Lebenserfahrung. Ich hatte keine Ahnung vom Leben, erst recht nicht von technischen Dingen. Ich fühlte mich völlig hilflos. Von alledem erzählte ich nichts und tat so, als wäre ich eine erfolgreiche Schülerin, wie immer. Mein Vater war sehr stolz auf mich.

Ich wollte ihn nicht enttäuschen. Er hatte sich ein Phantasiegebilde über die berufliche Zukunft seiner beiden älteren Kinder geschaffen. Er malte sich aus, wie wir eines Tages gemeinsam in der Heimat etwas Neues aufbauen würden. Meine Mutter fand die Vorstellung sehr attraktiv, glaubte aber nicht wirklich daran. Ich registrierte ihre missbilligende

Haltung, wenn sie halbherzig ihre Zustimmung gab. Es schien, als würden die neuen Ziele unserem Leben einen Sinn geben.

Ich schwieg, erzählte nichts von meinen Schwierigkeiten. Ich konnte sie nicht verstehen. Bisher hatte ich sogar im Bus aufpassen müssen, dass kein Mann neben mir saß. Mir wurde beigebracht, mich vor Männern in Acht zu nehmen. Nur sie wussten, welche Männer ehrenhaft waren. Und nun wurde ich in eine reine Männerwelt hineinversetzt. Solche Widersprüchlichkeiten gewannen mit der Zeit eine Normalität, beherrschten unser Familienleben und wurden ein Teil von uns.

Auf der Baustelle waren wenigstens die älteren Handwerker sehr nett. Die jüngeren erzählten sich unanständige Witze, hänselten mich, weil ich so schnell rot wurde. Ich zog mir viel zu große Hemden an, um meine Oberweite zu verbergen, und versuchte so fleißig wie möglich zu sein, damit ich nicht auffiel. Den Widerspruch zwischen meiner Arbeitswelt und den mir eingetrichterten Verhaltensregeln konnte ich nicht überbrücken. Ohne Beruhigungstabletten war das Leben unerträglich. Sie hatten den Nachteil, dass sie mich so dumpf machten. Dann entdeckte ich Aufputschmittel, die mich wieder wach werden ließen.

In dieser Zeit bekamen wir einen Brief von den zukünftigen Schwiegereltern, die sich aus tiefstem Herzen für das Benehmen ihres Sohnes entschuldigten. Der Sohn wolle seine langjährige Liebe, die er bisher den Eltern verschwiegen hatte, zu seiner Frau machen. Einerseits erleichterte mich diese Nachricht, andererseits löste sie Trauer aus. Die Hoffnung, aus allem aussteigen zu können, entschwand damit. Meine Mutter war sehr empört. Sie empfand die Art und Weise der Absage als eine Erniedrigung. Wie immer stand ihr Erleben so im Vordergrund, dass ich nicht mehr wusste, was ich selbst davon halten sollte. Ich tröstete sie, damit sie sich nicht zu sehr aufregte.

Nach diesem Ereignis veränderte sich unser Familienleben immer mehr. Vielleicht hatten sich die Eltern schon längst auseinandergelebt, nur wollte es niemand so recht wahrhaben. Das ursprünglich gemeinsam gesteckte Ziel, fünf Jahre in Deutschland zu bleiben und dann mit dem verdienten Geld in der Heimat etwas Neues aufzubauen, hatten sie verloren. Womöglich hatten sie an meine Verlobung eine neue Hoffnung geknüpft. Umso bitterer war die Enttäuschung. Die Eltern wurden sprachlos miteinander. Mein Vater verschanzte sich hinter der Zeitung und beschäftigte sich eingehend mit Politik. Seine Frau, der Motor der Familie, kam nicht gegen die von ihm errichteten Mauern an. Mit spitzen Bemerkungen blamierte sie ihn vor den Freunden und vor uns Kindern. Frustriert richteten sie die Kraft, die sie für neue Ziele hätten einsetzen können, gegen sich.

Zunehmend litt meine Mutter unter Migräne, Körperschmerzen und Weinkrämpfen. Am schlimmsten empfand ich ihre Wutausbrüche, von denen niemand verschont blieb. Wie ein in die Enge getriebenes Tier schlug sie um sich und verletzte alle. Sogar unser Hausarzt war mit ihr überfordert und schickte sie zu einem Psychiater. Der diagnostizierte eine schwere Depression. Wir waren alle froh, dass ihr Verhalten einen Namen bekommen hatte, ohne dass wir wussten, was das bedeutete. Nach einer medikamentösen Behandlung verordnete der Psychiater ihr eine achtwöchige Kur, damit sie sich besser erholen konnte. Während dieser Kur kam sie zu dem Schluss, dass ihre kriselnde Ehe, der sich von ihr abwendende Ehemann der Grund für ihre Depression waren.

Die Kur hatte ihr gut getan. Als einzige Ausländerin hatte sie viel Aufmerksamkeit erfahren, was sie wie verwandelt hatte. Auf einmal hatte sie sich mit Deutschen angefreundet, zu denen sie den Kontakt aufrechterhielt. Gar nicht lange nach ihrer Rückkehr gab meine Mutter deutlich zu verstehen, dass sie mit meinem Vater unglücklich war, beschwerte sich bei mir und meiner Schwester über ihn. Mein Vater litt sehr, versuchte über uns Mädchen, an seine Frau heranzukommen. Diese scheinbar spontane Veränderung unserer Mutter konnten mein Vater und auch wir nicht begreifen. Sie hatte sich in den Kopf gesetzt, ihren Mann zu verlassen. Vaters Seelenschmerz wurde immer größer.

Mein Bruder hielt sich aus alldem heraus. Meine Schwester und ich waren zu der Rolle der erfolglosen Vermittlerinnen verurteilt. Während Vater versuchte, über uns die Familie aufrechtzuerhalten, schmiedete Mutter mit den deutschen Freunden Pläne, wie sie ihren Mann verlassen könnte. Fleißig suchten die neuen Freunde eine für sie bezahlbare Wohnung und sicherten ihr zu, ihr beim Umzug zu helfen. Es war wie immer: Wenn sich Mutter etwas vorgenommen und ihre Kriegsrüstung übergestülpt hatte, existierte nur noch ihr Vorhaben.

Mein Vater verschwand hinter seinem Kummer, denn er kannte diesen Charakterzug seiner Frau. Er hatte keine Chance. Um den Kriegsschauplatz zu räumen und damit zu erreichen, dass sich alles beruhigte, entschied er, für einige Wochen auf Montage zu gehen. Das war die Gelegenheit für sie, zu gehen und ihm eine halb leere Wohnung zu hinterlassen. Meine Schwester und ich mussten mit umziehen, das stand außer Frage. Mein Bruder zog in eine Wohngemeinschaft zu seinen Freunden. Ich fuhr jeden Tag in die alte Wohnung, um in den Briefkasten zu schauen und um irgendwann den Vater zu empfangen. Vor dieser Begegnung fürchtete ich mich entsetzlich. Ein Brief von ihm zerriss mir vor Schmerz und Scham das Herz. Es waren nur ein paar Zeilen:

Meine liebste Tochter,

ich weiß nicht, wie alles passieren konnte. Du bist meine letzte Hoffnung, zwischen mir und Mutter eine Versöhnung zu schaffen. Im Moment hast Du den besseren Draht zu ihr. Sie lehnt mich ab, egal, was ich tue. Ich möchte Euch nicht verlieren.
Ich grüße Euch alle von Herzen.

Dein Vater

Ich zeigte den Brief meiner Mutter, voller Hoffnung, sie würde alles noch einmal überdenken. Ihre Reaktion war verheerend. Seine Entscheidung, auf Montage zu gehen, deutete sie als Interesselosigkeit an ihrer Person in dieser schweren Krise. Sprachlos stand ich vor ihr. Sie hätte doch wissen müssen, dass es nicht so war! Sie hatte alles geplant und eine Gelegenheit abgepasst, um ihr Vorhaben in die Tat umzusetzen. Ich hatte Mitleid mit meinem Vater, fühlte mich als Verräterin. Wir hatten ihn einsam zurückgelassen. Uns wurde verboten, ihm die neue Adresse zu geben. Kurz nach unserem Auszug reichte Mutter die Scheidung ein.

Resigniert stimmte mein Vater zu. Nach türkischem Recht wurden sie innerhalb kurzer Zeit geschieden. Für uns Mädchen wurde ein kleiner Betrag vom Gericht festgesetzt. Mein Vater bestand darauf, meiner Schwester und mir das Geld persönlich zu übergeben. Er hatte Sorge, dass der Kontakt zu uns ganz abbrechen könnte.

Das Zusammenleben mit der Mutter ohne den Vater erwies sich als noch schwieriger. Mein Vater hatte vieles getragen. Heimlich hielt ich den Kontakt zu ihm. Jedes Mal begegnete ich ihm mit größter Scham, ihn hintergangen zu haben. Er hatte alle seine Hoffnung auf mich gesetzt, und ich hatte ihn im Stich gelassen. Er sah so traurig aus, dass ich es kaum aushalten konnte. Wenn wir uns verabschiedeten, sagte er jedes

Mal liebevoll: »Pass gut auf deine Mutter und deine Schwester auf.« Er wohnte noch immer in der großen Wohnung. Obwohl sie schon längst geschieden waren, hoffte er, wir würden eines Tages zu ihm zurückkehren.

Wir bewohnten eine Altbauwohnung mit vier Zimmern ohne Bad. Mit Hilfe der deutschen Freunde war die Wohnung renoviert worden. In einem der Räume sollte ein Badezimmer installiert werden. Ein Handwerker unter den Freunden war besonders hilfsbereit. Er machte keinen Hehl aus seiner Zuneigung zu meiner Mutter. Sie war nicht ganz abgeneigt, zeigte ihm aber ihre Grenzen. Außer Zigaretten, Bier und Cognac wollte er keine Gegenleistung für seine Arbeit haben. Sein Alkoholkonsum war zwar ziemlich hoch, aber er konnte trotzdem gut und gewissenhaft arbeiten. Je höher der Alkoholpegel, desto redseliger wurde er, schwärmte von meiner Mutter, wenn sie gerade nicht da war, erzählte mir von seinem Stundenlohn, den er sonst bekam, lobte sich selbst und seine Arbeit in den höchsten Tönen.

Meine Mutter hatte Schichtdienst. Im wöchentlichen Wechsel arbeitete sie mal vormittags, mal nachmittags. Es waren nur noch ein paar Handgriffe, die gemacht werden sollten, danach wollte ich das Bad putzen, um meine Mutter zu überraschen. Der Handwerker-Freund war in allerbester Stimmung, weil er das Bad so großartig installiert hatte. Er lobte sich, schwärmte von meiner Mutter und sagte, dass er sie am liebsten sofort heiraten würde, wenn sie sich nicht so zieren würde. Er redete und redete. Ich putzte indessen unser neues Bad.

Manchmal sind es Sekunden, in denen das Leben eine völlig neue Wendung nehmen kann. So geschah etwas, was mich erschütterte und tiefgreifend veränderte. Zuweilen gibt es keine Worte für das, was geschieht, keine Stimme. Ich spürte, wie große Hände mich packten. In meine Nase drang der Geruch von billigem Rasierwasser, Alkohol und Zigarettengestank. Eine fremde Zunge versuchte, sich in meinen Mund zu bohren. Ein schwerer Körper bedeckte meinen Körper. Aus der Ferne hörte ich keuchende Geräusche. Ich saß auf meinem Schreibtisch und sah zu, wie ein junges Mädchen um ihre Seele, um ihr Leben kämpfte. Ich will aufstehen, um ihr zu helfen, sie von diesem Mann befreien, der sich über sie hermacht wie ein Tier. Ich kann nicht, mein Körper ist taub, ich stecke in meinem Kokon. Ich sehe, was niemals gesehen werden durfte. Ich kann nichts tun.

Der Mann steht auf, verlässt die Wohnung. Das junge Mädchen liegt auf dem Boden, sie rührt sich nicht. In der Hoffnung, dass sie tot ist, berühre ich sie nicht. Sie soll sterben, ich könnte die Qualen sonst nicht ertragen. Ich lasse sie links liegen, gehe zum Bad, um mich zu säubern. Ich kehre zurück ins Zimmer, sie ist nicht mehr da. Sie hat Chaos in mein Leben gebracht. Zusammengekauert sitze ich in der Ecke und warte auf meine Schwester, ich will ihr erzählen, was ich gesehen habe.

Als sie kam, war ich schon eingeschlafen, das Kommen meiner Mutter hatte ich auch nicht bemerkt. Am nächsten Morgen war Mutter in bester Stimmung, freute sich über das Bad. Sie redet in den höchsten Tönen von diesem Handwerker. »Er ist immer da, wenn er gebraucht wird.« Ich verließ die Wohnung mit dem Vorwand, zur Schule zu gehen. Ich irrte umher, fühlte mich beschmutzt und schuldig. Was war bloß geschehen? Diesem Mann hatten wir vertraut! Er hatte eigene Töchter aus seiner geschiedenen Ehe. Er interessierte sich für unsere Kultur und für meine Mutter, sprach davon, dass wir seinen Töchtern gleich wären. Wir waren befreundet mit seinen Freunden, seinen Eltern und mit seiner in Holland lebenden Schwester.

Es gab keinen Menschen, mit dem ich hätte reden können. Meine Schwester wäre explodiert, hätte sich vor Wut auf ihn gestürzt, wäre auf meine Mutter losgegangen. Was wäre, wenn sie gesagt hätten, das hätte ich alles erfunden? Ich entschied mich, zu schweigen. Ich hatte meine Ehre verloren. Ich hatte mich nicht beschützen können.

Das junge Mädchen war unter dem Körper eines Menschen gestorben, der seine Triebe nicht beherrschen konnte, der sich anders gab, als er war. Hinter seinem scheinbar ehrlichen Gesicht war er verlogen und durchtrieben. Das junge Mädchen war auf dem Fußboden gestorben. Im Bad gab ich ihr die Leichenwaschung. Sie musste sterben, sie hatte ihre Ehre verloren, sie war eine Schande für ihre Familie, für ihre Religion, für eine ganze Kultur. Sie war wertlos und schmutzig geworden. Nicht nur die Unschuld hatte ihr der Teufel genommen, die Träume hatte er verschluckt in seinem gierigen Schlund.

Wie jedes andere Mädchen aus meiner Heimat träumte ich davon, jungfräulich rein, in weißen Kleidern in die Ehe zu gehen. Und wie jedes andere Mädchen hatte auch ich große Angst vor der ersten Nacht. Ich träumte von einem berauschenden Fest mit einem wunderbaren Bräutigam. Anmutig, in Würde hätte ich mich bewegt. Bewundernde Blicke hätten mich begleitet. Als kleine Mädchen schon hatten wir aus Gardinen Brautkleider gemacht. Unbeschwert, die anmutige Braut nachahmend, schritten wir durch die Räume. Die Erwachsenen waren entzückt.

Der Bräutigam wurde erst mit dem Einsetzen der Blutung wichtig. Danach drehte sich alles um die Jungfräulichkeit und um die Ehre. Meine Welt hatte sich auf ein Minimum reduziert: Schule und Wohnung. Ein Teufel hatte sich in unsere Familie eingeschlichen. Geblendet von seinen verzaubernden Worten, hatte die Mutter ihm eigenhändig die Tür geöffnet. Die Träume von einer Hochzeit in Weiß wurden durch die teuflische Handlung zerstört. Nie würde es einen Bräutigam aus der Heimat geben. Eine Tür wurde verriegelt, gestorben war das junge Mädchen und ließ mich in einem Chaos zurück.

In der Schule hatte ich nicht nur Konzentrationsschwierigkeiten, sondern auch Erinnerungslücken. Meine Augen sahen nur die sich bewegenden Lippen des Lehrers und die weiße Kreide an der schwarzen Tafel. Ich tat so, als würde ich am Unterricht teilnehmen, schluckte Beruhigungsmittel, um den inneren Drang, mich selbst zu zerstören, zu besänftigen; schob Aufputschmittel hinterher, weil die Beruhigungsmittel mich zu sehr dämpften; versuchte, als Tote im Leben zurechtzukommen. Ich musste die Klasse wiederholen. Damit hatte ich meinen Vater enttäuscht. Meine Mutter reagierte dagegen verständnisvoll.

Die Freundschaft mit dem Handwerker ließ sie pseudo-aufgeschlossen werden. Ich versuchte, ihm aus dem Weg zu gehen. Meine Mutter fand mich unhöflich und widerspenstig. Sie wies darauf hin, was dieser Mann alles für uns getan hatte und wie viel Dank er verdiente. Sie hatte sich verloren in den verzaubernden Worten des Teufels.

In den Sommerferien lud seine Schwester meine Mutter mit ihren beiden Töchtern nach Holland ein. Sie wohnte in Amsterdam. In einem Vorort von Amsterdam hatte die Familie ihr Sommerhaus. Gemeinsam reisten wir mit dem Handwerker, seinen Eltern und seiner Tochter erst nach Amsterdam. Wir blieben ein paar Tage dort und fuhren dann weiter zum Sommerhaus. Ich nahm alles schemenhaft wahr, wie in einem Traum. Meine Mutter erhielt viele Komplimente, stand immer als Exotin im Mittelpunkt. Sie war eine attraktive, gut aussehende Frau. Die vielen Komplimente, die Aufmerksamkeit taten ihr gut. Unter dem Einfluss ihres Freundes und der Familie erlaubte sie meiner Schwester und mir sogar, allein am Strand spazieren zu gehen oder in der Stadt kleine Unternehmungen zu machen.

Ich mochte nicht losziehen, ich hatte keinen Spaß und keine Freude daran. Ich tat es, um dem Freund meiner Mutter aus dem Weg zu gehen. Am liebsten wäre ich zu Hause geblieben, aber wir durften nicht allein in der Wohnung bleiben. Mutter benutzte uns Mädchen, um zu demonstrieren, wie viel Arbeit sie mit der Sorge für uns hatte. Sie ließ uns auch nicht mit dem Vater in die Heimat, denn Freunde und Verwandte hätten uns ausgefragt und versucht, über uns die Ehe wieder in Ordnung zu bringen. Genau das wollte sie nicht. Sie hatte eine neue Welt entdeckt, die sie in allen Facetten auskosten wollte, ganz gleich um welchen Preis.

Ein Freund der Familie bot an, meiner Schwester und mir die Umgebung zu zeigen. Weil die Familie beteuerte, dass auf ihn Verlass sei, erlaubte Mutter die Ausflüge mit ihm. Lustlos ging ich mit, um dem Teufel aus dem Weg zu gehen. Er erwies sich wirklich als ein netter Mensch. Zwischen uns entstand eine Freundschaft, die durch Briefwechsel und Telefonate aufrechterhalten und vertieft wurde.

Ich fing an, ihm zu vertrauen. Dennoch fühlte ich mich von seinen Fragen, die mein Leben betrafen, bedrängt. Es blieb nicht aus, dass er hier und da einen kleinen Einblick in meine unglückliche Lebenssituation erhielt. Immer wieder lenkte ich das Gespräch auf meine hoffnungslose Schulsituation, schob alles auf die Lehrer, die keine guten Pädagogen seien. Er schlug vor, dass ich meine Ausbildung in Holland fortsetzen und später das Architekturstudium dort beginnen solle. Er hatte sich nach Möglichkeiten erkundigt, wie ich ohne großen Zeitverlust meine Berufspläne in Holland fortsetzen könnte. Es schien mir ein guter Weg zu sein, um aus allem auszusteigen und ein neues Leben zu beginnen. Das Einzige, was mich beängstigte, war, dass er vorgab, mich zu lieben. Noch wusste ich nicht, ob es wirklich so war. Es gab auch nie die Möglichkeit, es herauszubekommen. Ich war zu tief verstört, ließ alles laufen. Ich sah nur den gut aussehenden, sportlichen Geschäftsmann, der neunzehn Jahre älter war und mir helfen wollte, und tat so, als würde der mich liebende Mann nicht existieren. Ich nahm die Hilfe an, um weiterzukommen und um mich vor weiteren Belästigungen und Demütigungen zu schützen. Alles war vorbereitet, der Abreisetermin festgelegt, abgestimmt auf den Beginn der Kurse für die neue Sprache, die ich lernen wollte, um studieren zu können.

Wie naiv von mir, zu denken, dass meine Mutter mich einfach so gehen lassen würde! Meine Schwester hatte mich ermuntert, ohne Vorwarnung zu verschwinden. Ich konnte das nicht übers Herz bringen. Ich passte eine gute Gelegenheit ab, um ihr von meinen Plänen zu erzählen. Gleich bei meinen ersten Sätzen bekam sie einen Tobsuchtsanfall, den ich so bei ihr noch nie erlebt hatte. Sie schlug um sich, warf mit Gegenständen nach mir. Meine Schwester betrat im richtigen Augenblick das Zimmer. Gerade als meine Mutter im Begriff war, mit dem Kristallaschenbecher auf mich einzuschlagen. Sie reagierte blitzschnell, hielt die Hände meiner Mutter fest und rettete mich.

Danach war ich in einem desolaten Zustand. Meine Mutter musste nervenärztlich behandelt werden, weil sie meinetwegen einen Schock erlitten hatte. Ihr Tobsuchtsanfall wurde jedenfalls so begründet. Meine Schwester versuchte, mich aus meinen Schuldgefühlen, die mich unendlich quälten, herauszuholen. Sie erklärte mir, Mutter sei ausgerastet, weil sie von ihrem Freund verlassen worden sei. Er hatte sich unsterblich verliebt, wieder in eine verheiratete Frau. Ungefragt hatte er sich in unsere Familie eingeschlichen, hatte Leid und Chaos angerichtet und unauslöschliche Spuren hinterlassen. Mutter hatte mein Gehenwollen als Anlass benutzt, ihrer Wut Luft zu machen. Bei ihrem Freund hatte sie das nicht gewagt, denn er wäre explodiert, und diesem Ausbruch wäre sie nicht gewachsen gewesen.

Der Brieffreund bemühte sich danach noch lange Zeit um mich. Ich hatte den Mut und die Motivation, warum ich gehen wollte, verloren. Meine Mutter war verlassen worden, war sehr enttäuscht, gekränkt und fühlte sich gedemütigt. Ich musste sehr viel für sie da sein, ihr zuhören, sie trösten, ihr beistehen, wenn sie weinte und wütete, bis sie neue Freunde fand. Mein Vater durfte nun unsere Adresse erfahren.

Währenddessen koppelte sich meine Schwester immer mehr von uns ab. Sie war kaum zu Hause – ging zum Sport oder war mit ihren Freunden unterwegs. Sie zählte die letzten Tage, die sie zu Hause verbrachte. Seit Mutters letztem Tobsuchtsanfall hatte sie sich ganz und gar verschlossen. Mutter kam nicht mehr an sie heran. Sie beschuldigte mich immer wieder, sie in Schutz zu nehmen. Sie machte mich verantwortlich für die Verhaltensweisen meiner Schwester und warf mir wieder vor, ein schlechtes Vorbild zu sein.

Mutter ertrug es noch nicht einmal, wenn ich mich mit meiner Arbeitsgruppe traf. Die Arbeitsgruppe bestand aus meiner Freundin, die gut in den Fächern Deutsch und Englisch, und einem jungen Mann, der gut in Techniklehre war. Ich brauchte die beiden, um meine Schule zu beenden. Sie wollte es nicht einsehen und meinte, ich würde meinen Vergnügungen nachgehen. Sie drohte, wie so oft, sich umzubringen, wenn wir nicht gehorchten. Entweder stand sie am Fenster und wollte hinunterspringen oder sich mit einer Überdosis Medikamente das Leben nehmen. Meine Schwester reagierte ziemlich gleichgültig bei derartigen Aktionen. Sie zog sich zornig zurück, weil sie solche Handlungen als pure Manipulation empfand.

Eines Tages stand Mutter tatsächlich auf der Fensterbank und war im Begriff, das Fenster zu öffnen, um hinunterzuspringen. Zum Glück war meine Schwester da. »Mama, droh nicht immer, spring! Dann haben wir endlich Ruhe, und du

auch. Wenn du dich nicht traust, kann ich dich ja schubsen!«
Mutter und ich standen schockiert und fassungslos da. Dann
sackte Mutter in sich zusammen, weinte und weinte aus tiefs-
ter Seele. Wir trösteten sie, hielten sie ganz fest und baten sie,
uns nie wieder so zu verletzen. Dennoch fanden wir einige
Zeit später, als wir von der Schule nach Hause kamen, einen
Abschiedsbrief. Darin beschuldigte sie uns, ihr Leben zerstört
zu haben, sie nehme sich nun endgültig das Leben.

Schlafend lag sie in ihrem Bett, auf dem Nachttisch eine
Menge leerer Tablettenhülsen und -packungen. Ich dachte, sie
wäre am Sterben, wollte den Krankenwagen rufen, weinte und
klagte. Meine Schwester reagierte wütend. Noch heute kann
ich nicht begreifen, wie sie mit dieser Situation umging. Sie
schickte mich hinaus, befahl mir, mich zu beruhigen. Eine
ganze Weile blieb sie im Zimmer, ich wagte nicht, mich zu rühren. Ich wusste nicht, was sie vorhatte. Dann kam sie zu mir ins
Wohnzimmer. »Fatma, wir werden nicht den Arzt holen, auch
nicht den Krankenwagen«, sagte sie. »Ich glaube, sie muss jetzt
einfach schlafen. Als ich ganz leise war, hat Mutter langsam die
Augen aufgemacht, so weit, dass sie am Türrahmen meine
Füße sehen konnte. Dann hat sie sie blitzschnell wieder zuge-
macht. Sie soll es jetzt allein ausbaden, soll sie doch Angst haben, zu sterben. Sie hat es sich selbst eingebrockt.«

Woher nahm meine Schwester die Kraft, das Wissen und
die Sicherheit, diese Entscheidung zu treffen, diese Verantwortung zu übernehmen? Ich habe gebetet und geweint und
gebetet, traute mich nicht, jemanden um Hilfe zu bitten, war
wie gelähmt. Ich glaube, meine Schwester hatte auch große
Ängste, sie beobachtete Mutter immer wieder, aber sie hielt
durch und war froh, als sich Mutter nach etwa eineinhalb Tagen wieder zu rühren begann. Nach diesen beiden Erlebnissen
waren wir von ihren Selbstmorddrohungen erlöst. Sie versuchte es nie wieder.

Mit großer Mühe versuchte meine Schwester, mir etwas begreiflich zu machen. Sie zeigte mir auf, dass solche Handlungen unserer Mutter im Zusammenhang mit unseren Wünschen standen. Nach ihrer Meinung konnte es unsere Mutter nicht akzeptieren, dass wir eigenständige Wesen mit eigenen Vorstellungen und Träumen waren. Sie wollte nicht wahrhaben, dass wir ihre Träume, warum unsere Familie nach Deutschland gekommen war, nicht erfüllen konnten. Außerdem hatte sie selbst ihr Ziel verloren und lebte uns ein anderes Leben vor, als sie von uns verlangte und schon immer verlangt hatte. Wenn sie mit ihren türkischen Freundinnen zusammen war, sollten wir die perfekten Vorzeigemädchen sein. Wenn sie mit ihrer deutschen Clique zusammen war, konnten wir so sein, wie wir wollten, wir waren ihr gleichgültig. Meine Schwester fand Mutter absolut unaufrichtig.

Einerseits gab ich ihr recht, sah Mutters verheerenden, gewalttätigen Umgang mit uns, andererseits tat sie mir leid. Sie musste sehr krank sein, dachte ich. Ich wollte das Unberechenbare in ihr begreifen, ich wollte hinter ihre unverständlichen, nicht nachvollziehbaren Handlungen schauen. Ich verteidigte und rechtfertigte ihr Verhalten vor den anderen. Ich wollte ihr helfen, sie aus ihrem Unglück herausholen und sie beschützen. Das nahm einen immer größeren Platz in meinem Leben ein. »Keiner kann die Psyche meiner Mutter so gut verstehen wie ich.« Damit war ich in eine große Lebensaufgabe eingetaucht. Das gab meinem Leben einen Sinn. So konnte ich der Angst vor dem Leben und der Lebendigkeit entgehen. Ich stellte mich noch mehr auf meine Mutter ein, ging den Streitereien aus dem Weg, versuchte alles zu vermeiden, was sie unglücklich machen konnte, um zu verhindern, dass sie explodierte und infolgedessen Tabletten nahm oder mich schlug.

In mein Leben schlichen sich Lügengeschichten ein, damit die Treffen mit meiner Freundin trotzdem stattfinden konnten. Das war mein einziger Kontakt zur Außenwelt. Mittlerweile konnte ich ohne die Einnahme von Tabletten nicht mehr ausgehen. Durchdringend guckten mich fremde Menschen an, sie schienen meine Gedanken zu lesen und mich auszulachen. Ich vermied Orte und Menschen, um nicht in diese Zustände zu kommen. So waren meine Möglichkeiten, irgendetwas zu unternehmen, sehr gering.

An den Wochenenden traf sich meine Mutter mit ihren Freundinnen, meine Schwester mit ihren Freunden. Meine Freundin verbrachte ihre Wochenenden mit ihrer Familie und ihrem Freund. Ich blieb allein zu Hause, konnte ohne Begleitung nicht weggehen. Ich schrieb in mein Tagebuch, meine einzige Freundin, der ich alles bedingungslos, bedenkenlos aufschreiben konnte. Immer wieder entdeckte ich beim Schreiben, wie absurd mein Leben war, vollgepackt mit Gegensätzen und verrückten Handlungsweisen. Mit fast zweiundzwanzig bekam ich immer noch Verbote und Schläge von einer mit sich unzufriedenen Mutter, die sehr enttäuscht vom Leben war.

Ich wiederum war müde von der Kontrolle, die mich im Griff halten sollte, und von den Ängsten, die mich in Gefangenschaft genommen hatten. Sogar mein Schlaf wurde von grausamen Bildern heimgesucht. Ich versuchte, mich in der Literatur wiederzufinden, verschlang alles über Judenverfolgung, Gefangenschaft und Ungerechtigkeiten, um meinem Leben wenigstens in dieser Hinsicht eine Ordnung geben zu können.

Die Schule hatte ich erfolgreich abgeschlossen. Nie wieder wollte ich etwas Technisches machen. Doch ich hatte keine Ahnung, was ich nun tun wollte. Orientierungslos trieb ich in meinem Leben dahin. An einem späten Sommertag fragte mein Vater mich, ob ich Lust hätte, mit ihm Ferien in der Heimat zu machen. Meine Schwester wollte weder mit meiner

Mutter noch mit meinem Vater irgendetwas unternehmen. Mir kam dieser Vorschlag sehr recht. Um mich für ein paar Wochen aus meinem Schlamm herauszuziehen, sagte ich zu. Seit acht Jahren war ich nicht mehr in der Heimat gewesen. Ich bekam Flügel vor Freude und Aufregung.

Vor dem Fliegen fürchtete ich mich, weil ich zuvor nie geflogen war. Als ich neben meinem Vater saß, verschwand die Angst. Über den Wolken zu sein, ließ mich einen Traum träumen. Ich wollte alles, was seit dem Entschluss, nach Deutschland zu kommen, geschehen war, aus meinem Leben ausschneiden, von den Wolken wegtragen lassen und als Siebenjährige neben meinem Vater sitzen. Das Aufsetzen der Räder auf dem Heimatboden erschütterte nicht nur das Flugzeug, sondern auch meinen Traum.

Bevor wir weiter zu unseren Verwandten fuhren, verbrachten wir ein paar Tage am Strand in der Nähe von Istanbul. Für mich war das keine Erholung, weil ich immerzu damit beschäftigt war, meine Ängste zu vertuschen. Ich wollte so normal wie möglich erscheinen. Ich hasste mich dafür, nicht wie jeder andere Mensch sein zu können. Als wir unsere Reise Richtung Heimatstadt fortsetzten, war ich wieder erleichtert. Im Bus neben meinem Vater zu sitzen und von der alten Zeit zu träumen, gab mir ein warmes sicheres Gefühl.

Der Bus hielt an unserem Dorf, um uns aussteigen zu lassen. Wir waren angekommen, mein Herz drohte vor lauter Aufregung stillzustehen. Die neugierigen Blicke aus dem Männercafé am Straßenrand erkannten meinen Vater. Die Männer schrien vor Freude auf, begleiteten uns zum Hof. Kinder wurden vorausgeschickt, um unsere Ankunft anzukündigen. Die Freudenschreie meiner Tante, die in Weinen übergingen, waren schon von Weitem zu hören. Diese kurzen Momente genügten, um mich zu überwältigen. Zu lange war ich nicht mehr in der Heimat gewesen.

Prüfend wanderte mein Blick zu den Rosen meines Onkels. Sie waren üppig gewachsen und standen in voller Blüte und Schönheit. Bei der Begrüßungsumarmung weinten wir gemeinsam. Meine Tränen flossen wegen der verlorenen Jahre, die ich nicht hier an diesem Ort hatte verbringen können. Wie immer wurden zur Feier Tiere geschlachtet und das schönste Essen mit den duftenden Gewürzen meiner Heimat aufgetischt. Beim Essen lachten und weinten wir, erinnerten uns an die alte gemeinsame Zeit.

Immer wieder versuchten unsere Verwandten, das Gespräch auf die letzten Jahre in Deutschland zu lenken. Sie wirkten sehr betroffen und traurig und hätten gern mehr über die Scheidung und unser Leben in Deutschland erfahren. Doch stets gab Vater deutlich und unmissverständlich zu verstehen, dass er darüber nicht sprechen wolle und könne. Ich war ihm sehr dankbar dafür. Was hätte ich ihnen erzählen können, ohne zu lügen, ohne ihre einfachen Gemüter zu verletzen? Unser Schweigen war der beste Schutz für alle.

Die Tage verbrachte ich mit den Frauen. Gemeinsam backten wir Brot, kochten, ernteten Gemüse, tranken am Nachmittag Tee, aßen die köstlich duftenden Gebäckstücke. Überhaupt roch alles hier köstlich und lud zum Leben ein. Mit den Mädchen aus dem Dorf ging ich baden. Alles, was ich tat und sah, war von einer unbeschreiblichen Schönheit und Reinheit, so als wäre dieses Dorf von der übrigen Welt unberührt geblieben. In den Augen der Mädchen spiegelte sich die Reinheit, das Unberührte wider. In ihren Bewegungen lag Würde. Sie hatten nichts zu verbergen. Es gab nichts Schreckliches, was im Verborgenen gehalten werden musste. Das einfache Leben holte die schönen Erinnerungen an die alte Zeit wieder hervor. Leider vergingen die Tage viel zu schnell, und wir verabschiedeten uns mit viel Zuversicht, uns sehr bald wiederzusehen.

Danach fuhren wir in die Stadt zu der ältesten Schwester meines Vaters. In den acht Jahren hatte sich nichts verändert. Alles war an seinem Platz, so wie immer. Die Küche roch noch wie damals nach den verschiedensten Gewürzen. Die Geräusche beim Kochen, das Klappern der Töpfe, das Zischen der Peperoni in der Pfanne versetzten mich in die schönsten Jahre meines Lebens zurück, die so kostbar waren wie ein Diamant. Mein Vater hatte seine alten Kollegen getroffen, die nach vierzehn Jahren immer noch versuchten, ihn zur Rückkehr zu überreden. Zum ersten Mal war er nicht abgeneigt und sprach mit unseren Freunden darüber. Die fanden das sehr aufregend, wollten uns dabei behilflich sein. Ich genoss mit meinem Vater diese Zeit. Wir machten viele Ausflüge mit meinen Fast-Schwiegereltern. Der Sohn war im Rausch seiner Hochzeitsvorbereitungen und schwebte einen halben Meter über dem Boden. Die Eltern hingegen waren sehr nüchtern und bremsten ihn, wo sie nur konnten. Sie lehnten die Braut ab, die er sich ausgesucht hatte. Sie meinten, die junge Frau hätte ihn mit irgendwelchen Mitteln verzaubert.

Sein Vater trauerte mir immer noch nach. Seit der Kindheit hatte es ein unsichtbares Band aus Liebe und Respekt zwischen uns gegeben. Halb im Scherz, halb im Ernst bat er meinen Vater, mich als eine Art Leihtochter in der Heimat zu lassen. Er versprach, mich wie ein Juwel, wie seinen Augapfel zu hüten. Mit Einverständnis meiner Eltern hätte er für mich gesorgt. Er hätte mit der besten Heiratsvermittlerin der Kleinstadt Kontakt aufgenommen und den besten Ehemann ausgesucht, damit ich wie ein Kleinod behandelt worden wäre. Hätte ich dem zugestimmt, wäre mein Vater sofort mit mir in die Heimat zurückgekehrt. Gern wäre ich geblieben, doch: Ich war nicht mehr die, die ich vorgab zu sein. Hinter meinem so unschuldigen Gesicht verbarg sich eine verlogene und entehrte Person.

Die vielen schönen Erlebnisse ließen die Tage dahinfliegen. Ich hatte meinen Vater noch nie so weinen sehen wie bei diesem Abschied, so als gäbe es kein Wiedersehen mehr. Im Flugzeug saßen wir still nebeneinander, jeder versunken in seine Gedanken. Am liebsten hätte ich meinen Vater gefragt, was er dachte, und ihm erzählt, was ich dachte. Ich hatte die schönste Zeit seit der Kindheit erlebt. Es reichte nicht aus, um meine vielen Wunden zu heilen. Ich konnte niemals mehr das junge Mädchen sein, das ich gern gewesen wäre, wie die Mädchen aus dem Dorf. Zu Hause schilderte ich die vielen Eindrücke meiner Mutter, die plötzlich Interesse an meinem Vater zeigte. Sie wollte mehr über ihn als über die Reise wissen.

Der Alltag holte mich wieder ein. Ich wusste immer noch nicht, wie es mit mir weitergehen sollte, und jobbte, wo ich etwas bekam. Mein Bruder holte mich hin und wieder ab. Er hatte eine sehr aufgeschlossene Freundin, die ihm vorschlug, mich mitzunehmen. Wir gingen zusammen ins Kino oder ins Theater. Nur zu den Partys begleitete ich sie nicht.

Meine Schwester ging endgültig aus dem Haus, ohne es vorher bei unserer Mutter anzukündigen. Ich wusste, wo sie hingezogen war, durfte es aber nicht weitersagen. Meine Mutter löcherte mich mit Fragen, wo sie war, was sie tat. Sie schlug mich, um mich zum Reden zu bringen. Ich hielt mein Versprechen. Sie hörte nicht damit auf. Auch auf der Straße schrie sie mich an, wenn ihr diese Fragen in den Sinn kamen. Eines Tages brüllte sie so sehr, dass sie auf der Straße ohnmächtig zu Boden fiel. Mit einem Krankenwagen wurde sie ins Krankenhaus gebracht. Ich saß mit zitternden Beinen und Schuldgefühlen vor dem Untersuchungszimmer. Der Arzt kam heraus und sagte: »Eigentlich müssten wir Sie untersuchen, so wie Sie aussehen.« Selbst ihr Blutdruck war stabil gewesen. Mit dem Taxi fuhren wir nach Hause. Sie versicherte mir, dass ich sie mit meinem Trotz umbringen würde. Ich war ziemlich durcheinander und ging zu meinem Bruder und seiner Freundin, um zu erzählen, was geschehen war. Dabei fing ich zu stottern an. Und dann verstummte ich ganz und gar. Ich konnte nicht mehr reden. Die Ereignisse standen klar vor meinen Augen, aber die dazugehörigen Worte waren nicht mehr vorhanden.

Sofort fuhren sie mich in die Klinik. Ich bekam Beruhigungsmittel, musste dort bleiben. Am nächsten Tag wollte ich entlassen werden. Die Freundin meines Bruders nahm mich für ein paar Tage bei sich auf. Bei ihr lernte ich eine Krankenschwester kennen, mit der sie befreundet war. Von ihr erfuhr ich, dass sie in der Klinik, in der sie arbeitete, Krankenschwesternschülerinnen suchten. Mit Hilfe dieser Freundin bewarb ich mich sofort in der Krankenpflegeschule und im Schwesternheim. Wenige Tage später hatte ich ein Bewerbungsgespräch und bekam eine Zusage. Inzwischen wohnte ich wieder bei meiner Mutter. Natürlich war sie mit meiner Berufswahl nicht einverstanden.

Nach dem letzten Vorfall hielt sie sich zurück. Mein Bruder hatte mit ihr geredet und ihr eindringlich geraten, mich in Ruhe zu lassen. Obwohl ich mich mit diesem Beruf noch nicht auseinandergesetzt hatte und nicht wusste, was mich erwartete, schien es mir der beste Weg, der Tyrannei meiner Mutter zu entkommen.

Im Krankenhaus wurde im Schichtdienst gearbeitet. Ich musste um sechs Uhr beginnen. Die Zeiten des Spätdienstes hingen von den jeweiligen Stationen ab. Ich hätte sehr früh oder sehr spät mit Bahn und Bus nach Hause fahren müssen. Ich hätte Angst, erzählte ich Mutter. Ich konnte sie davon überzeugen, dass ich mir ein Zimmer im Schwesternheim nehmen musste, das sich auf dem Krankenhausgelände befand. Obwohl es mir trotz allem schwerfiel, zog ich um.

Ab Juni wendete sich das Leben mir zu. Durch die Clique meiner Schwester lernte ich einen sehr sympathischen jungen Mann kennen. Ein merkwürdiges Gefühl, das ich nie zuvor kennengelernt hatte, überraschte mich. Schmetterlinge im Bauch, Appetitlosigkeit. Ich war verliebt! Bald entdeckte ich, dass dieser feine Mensch dieselben Empfindungen hatte wie ich. Niemals werde ich das erste Rendezvous vergessen! Die Gefühle des Verliebtseins hatten mich so im Griff, dass ich ständig zitternde Knie hatte, als wir uns trafen. Wir gingen in ein Restaurant, saßen bei Kerzenlicht, unterhielten uns. Obwohl ich mir etwas bestellt hatte, bekam ich keinen Bissen herunter. Beim Verlassen des Lokals übersah ich eine Stufe, weil ich nur ihn sah. Plötzlich lag ich auf dem Gehweg. Ich wusste nicht, wie ich mich verhalten sollte, weinen vor Peinlichkeit oder Lachen wegen der Komik. Blitzschnell entschied ich mich für Letzteres. Das war eine gute Entscheidung. Wir saßen beide lachend nebeneinander auf dem Boden. Danach war das Zittern in den Knien verschwunden, und ich reagierte bei unseren Begegnungen etwas normaler.

Je besser ich ihn kennenlernte, desto ruhiger wurde es in mir. Sanft, liebevoll streichelte er mit seinen Blicken meine Seele. Seine Augen flüsterten mir immer zu: »Ich liebe dich unendlich.« Es war wie Magie. Mein Leben begann wieder dort, wo ich aufgehört hatte zu leben. Seine Liebe holten die bunten Bilder von Freude und Fröhlichkeit aus der Vergangenheit wieder an die Oberfläche. In meinem Körper breitete sich das wohlige Gefühl aus, wieder in der Heimat zu sein. Die seelischen Schmerzen verblassten in diesem neuen Glück. Nie hätte ich es für möglich gehalten, dass ich für einen Mann so viel empfinden könnte. Nie wieder würde mein Leben Zerstörung und Gewalt ausgesetzt sein. Beide hatten wir das Gefühl, dass unsere Seelen aufeinander gewartet hatten. Wir wollten heiraten, viele Kinder haben und unsere Liebe für immer lebendig halten. Jetzt noch bin ich voller Dankbarkeit für den Moment unserer Begegnung. Dabei hatte ich an jenem Abend überhaupt nicht ausgehen wollen.

Eines Tages bekam ich von seinen Eltern eine Einladung. Sofort rief ich meine deutsche Freundin an, um herauszufinden, wie ich mich bei einer solchen Gelegenheit verhalten sollte. Mein Kleiderschrank schien kein für eine solche Situation passendes Kleid aufzuweisen. Was war überhaupt angemessen, wenn man zum ersten Mal die zukünftigen Schwiegereltern besuchte? Meine wunderbare deutsche Freundin nahm mich bei der Hand, suchte die geeigneten Kleidungsstücke aus und erklärte mir alles, obwohl es gar nicht viel zu erklären gab. Ich war zum Nachmittagskaffee eingeladen. Die Eltern akzeptierten den Entschluss ihres Sohnes und wollten mich kennenlernen.

Mit einem wunderschönen Blumenstrauß standen wir bei seinen Eltern vor der Tür. Zur Begrüßung spielte der Vater auf dem Flügel den »Türkischen Marsch« von Chopin für mich. Der Bann war gebrochen, ich fühlte mich willkommen. Liebevoll wurde ich aufgenommen. Ich beobachtete, wie respektvoll die Eheleute miteinander umgingen. In diesem Haus herrschten Liebe und Achtung. Kein Wunder, dass ihr Sohn die gleichen Qualitäten in sich trug. Für die Eltern war die Aussicht, eine türkische Schwiegertochter zu bekommen, kein Problem. Wissbegierig fragten sie mich über meine Heimat, die Sitten und Gebräuche aus. Nach dem Besuch schwebte ich wie auf einer Wolke nach Hause.

Doch das Schwierigste stand mir noch bevor, denn meinen Eltern hatte ich noch nichts erzählt. In mir entwickelte sich eine Entschlossenheit, die ich von mir gar nicht kannte. Ich war bereit, meinen Eltern für immer den Rücken zu kehren, wenn sie diese Liebe nicht akzeptierten.

Ich glaube, in dieser Zeit bildeten alle Sterne für mich eine sehr günstige Konstellation. Alle meine Wünsche gingen in

Erfüllung. Schon seit Längerem versuchten meine Eltern, wieder zueinanderzufinden. Sie waren der ständigen Auseinandersetzungen müde. So gab es keine Dramen, als ich meine Neuigkeiten verkündete. Für meinen Vater war das Größte, dass sein zukünftiger Schwiegersohn den Beruf des Elektroingenieurs ausübte, so wie er selbst, bevor wir nach Deutschland gekommen waren. Für meine Mutter war es wichtig, dass er studiert hatte und aus einem guten Hause stammte.

Auf Wunsch meiner Eltern fand die Verlobung sehr bald statt, und sie brachte meine Eltern noch mehr zueinander. Sie fanden neue gemeinsame Freunde und konnten ihnen von der Verlobung ihrer Tochter erzählen. Es dauerte nicht lange, und meine Mutter brüstete sich mit dem studierten deutschen Schwiegersohn.

Im August begann meine Ausbildung. Bis auf zwei junge Männer war das eine Klasse mit zweiundzwanzig Krankenschwesternschülerinnen. Ich gehörte in den theoretischen Fächern zu den Besten in der Klasse, aber auch in der Praxis bekam ich viel Lob.

Ein Jahr nach der Verlobung heirateten wir. Auch bei so einem Ereignis wusste meine Mutter mich derart aus der Fassung zu bringen, dass ich kurz vor meiner Hochzeit die unglücklichste Braut war. Ihren Zornesausbruch löste ich aus, weil ich mir das Hochzeitskleid selbst ausgesucht hatte. Sie wollte außerdem eine traditionelle türkische Hochzeit, wie sie sie damals für ihre Schwester organisiert hatte. Ich aber wollte eine ganz einfache. Zum ersten Mal in meinem Leben handelte ich so, wie ich es wollte. Denn an meiner Seite hatte ich jemanden, der mich unterstützte. Sofort verbannte sie mich aus ihrem Leben, wollte nie wieder etwas mit mir zu tun haben. Sie versuchte, meinen Bruder und meinen Vater zu bearbeiten und gegen mich aufzubringen.

Ich ging zum Standesamt, als wäre es mein Begräbnis. Bis zur letzten Minute wusste ich nicht, ob überhaupt irgendjemand aus meiner Familie erscheinen würde. Als ich meinen Vater sah, war ich voller Glück. Die übrigen Familienmitglieder trudelten in letzter Sekunde ein. Ich war dankbar, dass sie überhaupt gekommen waren. Nie konnte ich mit guten Gefühlen auf diesen Tag zurückblicken.

Ein Jahr später heirateten meine Eltern wieder und wurden Großeltern, denn nach einer wundervollen Schwangerschaft brachte ich einen Jungen zur Welt. Er war das allerschönste Baby, und meine ganze Aufmerksamkeit gehörte ihm. Meine Mutter fühlte sich als Großmutter nicht genügend beachtet und wollte wieder einmal nichts mehr mit mir zu tun haben. Mein Vater war sehr glücklich, Großvater zu sein. Rührend kümmerte er sich um seinen Enkel. Meine Eltern gewöhnten sich allmählich an das wieder begonnene Eheleben. Meine Mutter wurde ruhiger, ihr Leben gewann eine gewisse Normalität.

Bald darauf bekam ich noch einen Sohn, eine Kostbarkeit, die unsere Familie vollkommen machte. Kurz vor der Geburt flog mein Vater in die Türkei, weil seine Mutter, meine Babaanne, im Sterben lag. Ich sehnte mich nach Babaanne, wäre gern mitgeflogen, um sie noch einmal zu sehen, aber ich konnte nicht. Vater kam damals mit guten Nachrichten zurück, es ging Babaanne wieder besser, und wir planten eine gemeinsame Reise, um sie zu besuchen.

Danach ging alles so schnell, dass ich überhaupt nicht wusste, wie mir geschah. Meine Babaanne starb. Bald darauf erkrankte mein Vater schwer. Ich mag nicht an diese Zeit denken, jetzt noch nicht. Kurz vor seinem Tod sagte er mir, wie schön er die gemeinsame Reise erlebt hatte und wie unglücklich er in den Jahren, in denen er uns selten gesehen hatte, gewesen war. Tränen liefen über sein zartes, eingefallenes

Gesicht. Mein Vater sagte: »Du hast einen lieben Mann. Vielleicht wärst du mit einem türkischen Mann nicht so glücklich. Lass dich von den beleidigenden Worten unserer Landsleute nicht beirren.«

Vierzig Tage nach der Geburt seines zweiten Enkels starb er. Ich war wütend und traurig, weil er einfach weggegangen war, ohne sich zu verabschieden. Dabei lag bei meinem letzten Besuch im Krankenhaus der Abschied in seinen sanften Worten. Ich war unaufmerksam gewesen, weil ich immer noch nicht wahrhaben wollte, dass er sterben würde.

Er wurde ins Dorf gebracht, dorthin, wo drei Monate zuvor seine Mutter beigesetzt worden war. Ich konnte und wollte seinen Tod nicht akzeptieren. Beim Begräbnis in der Heimat zogen die vielen Bilder an mir vorüber: die Trauerfeier nach der beschwerlichen Reise, mein jüngster, in Deutschland gebliebener Sohn, das Weinen und Lachen der Trauergäste, all die Geschichten über meinen Vater, die ihn wieder so lebendig werden ließen. Die Verwandten waren entzückt über den deutschen Ehemann. Wie im Traum wandelte ich durch die Tage.

Vier Jahre war es her, dass ich mich verliebt hatte, es waren gute vier Jahre gewesen. Mit dem Tod meines Vaters begann sich mein Leben wieder um die Mutter zu drehen. Sie war sehr viel bei uns, spielte mit den Kindern, gemeinsam fuhren wir in den Urlaub, damit sie ihren Schmerz überwinden konnte. Sie war unglücklich, unzufrieden und getrieben, wollte wie ein rohes Ei behandelt werden, verletzte und schlug wieder um sich, wo sie nur konnte. Mit zwei Kindern war ich ziemlich überfordert, immer für sie da sein zu müssen. Die früheren Ängste schlichen sich langsam wieder ein. Seit ich meinen Mann kennengelernt hatte, brauchte ich keine Beruhigungsmittel mehr. Jetzt lief mein Leben wieder aus dem Ruder. Obwohl ich so glücklich mit meiner Familie war, hatte ich Angst, mein Leben nicht in den Griff zu bekommen. Der Verlust meines Vaters war für mich unüberwindbar. Ich komme nicht über seinen Tod hinweg.

Seine dunklen, traurigen Augen im Krankenbett begleiten mich noch immer. Wie einen Film auf einer Leinwand betrachte ich immer wieder sein Leben. Dabei wird mir deutlich, dass er vor seiner Krankheit sein Leben und seine Träume Stück für Stück aufgegeben, sich unmerklich vom Leben abgewandt hatte. Es so klar zu sehen, tut mir in der Seele weh. Ein junger Mann in guter Stellung, der das Leben noch vor sich hat, verlässt mit seiner ganzen Familie die geliebte Heimatstadt. Die vielen Träume, die sie nach fünf Jahren in der Heimat verwirklichen wollten, gaben ihnen die Kraft, diesen Schritt ins Ungewisse zu wagen. Er verfolgte seine Ziele mit Bedacht. Seinem besonnenen Gemüt ging so manches Mal alles viel zu schnell. Seine Frau hatte ihn mit ihrer impulsiven, unachtsamen und voreiligen Art so sehr bedrängt, ja sogar getrieben, dass er seinen ihm eigenen Lebensrhythmus in der Heimat zurückließ. Sie hatte in die weite Welt hinausgewollt, fort aus der Kleinstadt. Ihr Wunsch war gewesen, möglichst rasch viel Geld zu verdienen, um noch bessere Möglichkeiten in der Heimat oder in der Fremde zu haben. Auch sollten die Kinder die neue Fremdsprache perfekt beherrschen.

Mein Vater hätte nach fünf Jahren oder spätestens, als die Ehe scheiterte, zurückkehren müssen. Für ihn wäre aber eine Rückkehr ohne die Familie unehrenhaft gewesen. Etwas in ihm zerbrach in der Fremde, er fühlte sich als Versager, der nicht einmal seine Familie hatte zusammenhalten können. Alle Angebote seiner Freunde und Kollegen, die mit ihm etwas Neues, Erfolgversprechendes aufbauen wollten, prallten an ihm ab. Das Tragische an seinem Leben war, dass er vergessen hatte, zu leben, wie er gern gelebt hätte. Bevor er das zweite Mal meine Mutter heiratete, wollte er eigentlich in seine Heimatstadt zurückkehren. Das muss sie gespürt haben. Nach der Hochzeit bestimmte sie wieder sein Leben. Sie kauften sich eine Wohnung in Deutschland. Damit war die Entscheidung gefallen, zu bleiben.

Erst im Krankenbett war er entschlossen, in die Heimat zurückzukehren. Aber da war es einfach zu spät. Die Sehnsucht nach dem anderen Leben hatte ihn immer wie ein unterirdischer Wasserlauf begleitet. Das Schicksal hatte ihm vor seiner zweiten Heirat zugewinkt, ihn eingeladen, in die vertraute Umgebung zurückzugehen, ihm eine zweite Chance geboten. Er aber hatte ein zweites Mal auf Mutter gehört, ein zweites Mal die falsche Entscheidung getroffen.

Ein Stück Heimat in Deutschland

Wieder war ich von Fatmas Brief berührt und erschüttert. Was für ein Schicksal hatte sich vor mir ausgebreitet! Hinter der gut funktionierenden freundlichen Fatma verbarg sich eine innerlich völlig zerrissene junge Frau. Woher nahm sie bloß die Kraft, diese überzeugende Fassade aufrechtzuerhalten?

Ein tiefes Mitleid empfand ich für den Vater, weil er ein für ihn falsches Leben gelebt hatte. Fatma hätte ein völlig anderes Schicksal gehabt, hätte er sich durchgesetzt und wäre mit seiner Familie in der Türkei geblieben. Dort war er ein geachteter und beliebter Mann mit einem ihn erfüllenden Beruf, und dort war er verwurzelt. Für die Vorstellung, viel Geld zu verdienen, hatte er alles geopfert.

Mich schockierte die abrupte Veränderung der Mutter. Was war während der Kur geschehen? Hatte man sie angeregt, ohne ihre kulturelle Herkunft zu berücksichtigen, »sich selbst zu finden«, ihr »eigenes Leben« zu leben? Wie in ein neues Partykleid schlüpfte Fatmas Mutter in die neue Kultur und zog ohne Rücksicht auf Verluste in eine aus der Vorstellung geborene weite Welt der Freiheit und Unabhängigkeit hinaus. Sie flatterte zwischen den Kulturen hin und her, wie es ihr gerade passte.

Seit ich Fatma kannte, bewunderte ich die Leidenschaft, mit der sie versuchte, beide Kulturen in ihrem Leben zu vereinen. Gleichzeitig machte ich mich lustig darüber und ärgerte sie ein wenig deshalb, weil ihre Bemühungen auf mich überzogen gewirkt hatten. Jetzt erst konnte ich wahrnehmen, wie existenziell wichtig es für sie sein musste, das Gute in beiden Kulturen zu finden und zu halten. Ein sexuell missbrauchtes türkisches Mädchen ist entehrt, entwertet und gezeichnet für immer. Auch heute noch bezahlen viele junge türkische Frauen ihre Entehrung, selbst wenn sie gewaltsam, also gegen ihren Willen passiert, mit dem Leben. Fatma war zwar nicht umgebracht worden, aber in gewisser Weise dennoch gestorben.

Warum war es mir so viel besser ergangen? Wie hatten es meine Eltern geschafft, ohne innere Zerrissenheit in der Fremde zu leben? Für uns war es selbstverständlich, gleichzeitig in zwei Ländern zu leben. Unsere Wohnung war die Türkei, draußen vor der Tür begann Deutschland. Meine Eltern bemühten sich, die unterschiedlichen Verhaltensweisen und Gebräuche zu verstehen, ohne den eigenen Werten untreu zu werden. Die anstrengende Arbeit hinderte sie daran, die deutsche Sprache richtig zu lernen, aber sie legten großen Wert darauf, dass wir Kinder die Sprache wirklich beherrschten. Dadurch wurden wir zu einer Brücke zwischen den beiden Ländern, und sie profitierten gern davon.

Zwei strenge Regeln herrschten auch bei uns: Einen Freund zu haben im Sinne der Deutschen war tabu, und bis spät in die Nacht mit Freundinnen unterwegs zu sein, wurde nicht geduldet. Die Eltern waren sich darin einig, dass zu viel Freizügigkeit den jungen Menschen schadet. Ansonsten ging es lebendig bei uns zu. Meine Eltern liebten Menschen um sich, und so hatten wir häufig Gäste, die von meiner Mutter – wie sie es aus der Türkei gewohnt war – liebevoll bekocht wurden. Ich hatte die Möglichkeit, mich zwischen der Türkei und Deutschland zu entscheiden, und ich entschied mich für das Land, in dem ich aufgewachsen bin.

Plötzlich fiel mir ein, dass Fatma in ihrem Brief auch von ihrem Vorhaben, in eine andere Stadt zu ziehen, berichtet hatte. Nun hatte ihr Mann nach langem Hin und Her doch noch die ersehnte Zusage bekommen. Obgleich seine Bewerbungsbemühungen und ein möglicher Umzug in eine andere Stadt immer wieder einen großen Raum in unseren Gesprächen eingenommen hatten, hatte ich diese Möglichkeit der Trennung nie in Betracht gezogen. Fatma ist meine einzige türkische Freundin, schoss es mir durch den Kopf. Gemeinsam lebten wir ein Stück Heimat in Deutschland, konnten so ausgelassen und fröhlich miteinander sein, wie wir es aus der Heimat kannten. Der Gedanke an die Trennung und der Verlust dieses gemeinsamen Heimatgefühls stimmten mich traurig. Ihre Bemühungen, die kulturellen Wurzeln lebendig zu halten, hatten es mir bisher ermöglicht, dieses Türkischsein mit ihr zu leben, mich aber gleichzeitig davon zu distanzieren, so als wäre ich bereits darüber hinausgewachsen. Stärker als je zuvor nahm ich wahr, wie sehr ich mich nach meinen eigenen kulturellen Wurzeln sehnte und wie sehr ich sie gleichzeitig abwehrte, um nicht in eine Zerrissenheit zu geraten.

Ich wollte so schnell wie möglich wieder Kontakt mit ihr aufnehmen, traute mich aber nicht, weil ich nicht wusste, wie sie auf meinen Brief reagieren würde. Die Familie war bereits seit einigen Tagen aus dem Urlaub zurückgekehrt, und sie hatte sich noch nicht bei mir gemeldet, was sonst nicht ihrer Art entsprach. Dann endlich kam der erlösende Anruf. Sie berichtete kurz über den Urlaub, bedankte sich für das Einhüten der Wohnung und die Pflege der Blumen. »Und vielen Dank für deinen Brief. Ich habe mich sehr gefreut. Ich möchte nicht darüber reden, aber ich habe dir sogleich geantwortet«, fügte sie hinzu. Wir verabredeten uns für das folgende Wochenende. Voller Ungeduld wartete ich auf den Postboten und war glücklich, als ich Fatmas Antwort auf meinen Brief endlich in den Händen hielt.

Fatmas sechster Brief

Liebe Freundin,

meine Angst und meine Hoffnung, eines Tages doch noch einen Brief von Dir zu bekommen, hatten sich wie ein Flickenteppich ineinander verwoben. Jeder Brief, den ich an Dich schrieb, enträtselte den schwarzen See und machte ihn zu einem leidvoll gelebten Leben. Ich bemerkte, wie ich mich entfernt hatte von mir selbst und fremd geworden war vor mir selbst. Ohne zu wissen, nach wem ich suchen sollte, ging ich auf eine ungewisse Reise.

Dein Brief verursachte großen Aufruhr in mir. Mein aufgeregtes Herz konnte sich nicht mehr beruhigen. Als wollte es herausflattern aus meinem Körper in eine andere Welt. Beim Öffnen des Briefes hörte ich die Flügel der Eule aus der Kindheit. Sie wusste um meine Not, und sie kam immer, wenn ich nach ihr rief. Sie half mir auf ihre Art und Weise. Damals, als ich Angst hatte, ohne die Eltern zu sterben, hatte sie sich meiner Mutter im Traum gezeigt. Und dann mit der Ankündigung, dass die Eltern bald kommen würden, mir das Leben zurückgegeben.

Die Krankheit hatte ich damals als Bestrafung für mein Bösesein erlebt. Als die Eule sich zeigte, fürchtete ich, von ihr getadelt zu werden. Nicht nur damals. Heute noch schäme ich mich für mein leidvolles Leben. Das Gefühl, schuld an allem gewesen zu sein, überwältigt mich immer noch. Als ich Deinen Brief las, beruhigte sich mein Herz. Die vielen ungeweinten Tränen rollten über meine Wangen. Wie die Eule brachtest Du mir eine Nachricht, die ich nicht erwartet hatte. Dein Mitgefühl, Deine Liebe und Deine Achtung vor meinem Leben gaben mir etwas zurück, das ich verloren hatte. Ich hatte Angst, dass Du in diesem Brief die Freundschaft mit mir beenden könntest. Ich fürchtete, dass Du mich für mein Leben verurteilen könntest.

Meine Scham und die Schuld sind so groß, dass ich Angst habe, mir professionelle Hilfe zu holen. Dabei sehe ich die Notwendigkeit. Ich möchte nicht immer auf der Flucht sein wie meine Mutter oder am Leben vorbeileben wie mein Vater. Der erste Schritt scheint mir zu sein, diese Geschichte zu akzeptieren, so wie Du es tust. Meine Sehnsucht ist, den Weg der Eltern zu verlassen und mich auf meinen eigenen Weg zu machen. Ich habe Sehnsucht nach mir selbst. Ich habe Sehnsucht nach dem Leben in Frieden und Würde. Werde ich jemals diese Zerrissenheit in mir überwinden? Wo ist die Heimat, die mich aufnimmt, oder werden die Tränen und der Schmerz eine neue Heimat in mir entstehen lassen?

Noch einmal werde ich die Eule rufen. Ich werde sie bitten, mir den verlorenen Faden meines Lebens wiederzubringen. Wie bin ich wirklich geschaffen worden, bevor ich durch die Vorstellungen meiner Eltern zu dem gemacht wurde, was ich jetzt bin? Aus diesem Faden werde ich endlich meinen eigenen Teppich knüpfen, unabhängig von allen äußeren aufgezwungenen Werten.

Ich danke Dir für Deine Geduld und Liebe.

Deine Fatma

Zwei Länder, zwei Kulturen – keine Heimat

Etwas in mir entspannte sich nach dem Lesen. Nun war ich sicher, die Freundschaft zu ihr war unerschütterlich. Das Wiedersehen am Wochenende war sehr herzlich. Ich genoss die gemeinsamen Stunden. Der bedrückende Wunsch, mit ihr zu reden, war nicht mehr vorhanden. Zum ersten Mal hatte ich das Gefühl, Fatma wirklich zu begegnen.

Die Entscheidung, umzuziehen, beflügelte sie. Sie wollte einen Neubeginn mit ihrer Familie in einer fremden Stadt wagen. Ich wusste um die tiefere Bedeutung dieses Neubeginns und half ihr, wo und wie ich nur konnte. In dieser Aufbruchsstimmung gab es nicht die Möglichkeit, über die Briefe zu sprechen. Das hatte Zeit, und wir beide spürten es, ohne darüber reden zu müssen.

Dann kam der Tag des Umzugs. Ich erinnere ihn noch sehr genau. Wir lagen uns in den Armen und weinten sehr. Wie es der türkischen Sitte entsprach, kippte ich sogar, die etwas irritierten Blicke der Nachbarn ignorierend, dem davonfahrenden Lastwagen eimerweise Wasser hinterher. Ganz entgegen meiner sonstigen Art murmelte ich Schutzgebete und alles, was mir aus meiner Religion in den Sinn kam, damit der Neubeginn auch wirklich so weich und fließend wie das Wasser war und in Frieden und mit viel Segen beginnen möge. Ich war traurig. Wir alle waren traurig, denn wir wussten, wir würden uns nun nicht mehr so spontan und kurzfristig sehen können wie bisher.

Schon bald nach dem Umzug begann Fatma eine Psychotherapie in der neuen Stadt. Ich war erleichtert. Sie kam immer mehr aus sich heraus und sprach Dinge aus, die sie zuvor niemandem hätte mitteilen können. Sie tauchte tiefer in die Geschichte ihrer Mutter ein und konnte sich mit der zerstörerischen Seite dieser Frau auseinandersetzen. Warum war in der Türkei nie etwas davon zu spüren gewesen? Vielleicht liegt es daran, dass in der Fremde, wo inneren Halt gebende Wurzeln verkümmern, alles Weggeschlossene, alles Unerlöste mit Macht hervorbricht, und man versteht es nicht.

Unsere Freundschaft wurde trotz der Entfernung immer tiefer. Auch ich zeigte mich mit meinen ungeschönten Gefühlen. Jahre später, als unsere Kinder immer weniger unsere Anwesenheit benötigten, fanden wir die Zeit, über ihre Briefe zu sprechen. Je mehr ich Fatma kennen- und verstehen lernte, desto mehr erkannte ich mich selbst in ihr. Ich kannte mich in beiden Kulturen gut aus, hatte es aber immer vermieden, mich in den Zwischenraum zu begeben, um den Gefühlen von Heimatlosigkeit und Zerrissenheit zu entgehen. So unterschiedlich unsere Vergangenheit auch war, die Gefühle von Entwurzelung waren dieselben. Die Liebe, die Aufrichtigkeit und die Sehnsucht nach Zugehörigkeit verstärkten das Band unserer Freundschaft.

Mit der Einwanderung in das fremde Land mit der fremden Kultur war das Gefühl von Heimatlosigkeit wie ein Samen in uns eingepflanzt worden. All unsere Bemühungen in den letzten zwanzig Jahren, dieses Gefühl zu überwinden, misslangen. Der Schmerz, nirgendwo dazuzugehören, blieb uns treu. Fatma und ich sind dabei keine Einzelschicksale. Sowohl bei meiner Arbeit im sozialpsychiatrischen Zentrum als auch bei zahlreichen privaten Kontakten habe ich erfahren, dass dieses Grundgefühl von Heimatlosigkeit – mehr oder weniger bewusst – bei den meisten Einwanderern der ersten Generation vorhanden ist. Denn sie waren ja nicht gekommen, um eine neue Heimat zu finden. Sie machten hier, so dachten sie, nur eine Zwischenstation, um viel Geld zu verdienen und dann wieder in die Türkei zurückzukehren.

Eine Zeit lang träumten wir, wie viele Migranten der ersten Generation, später in der Heimat sesshaft zu werden. Doch aus den Erfahrungen anderer haben wir gelernt, dass es noch schmerzhafter ist, sich in der eigenen Heimat fremd zu fühlen. Viele sind weder in der Heimat noch in der Fremde verwurzelt. Sie reisen mehrmals im Jahr zwischen der Türkei und Deutschland hin und her, um ihre Lieben hier und dort zu sehen. Immer wieder kamen wir zu dem Punkt, dass es ein Zurück in die Geborgenheit einer gemeinsamen Heimat, wie wir sie erlebt hatten, nicht mehr gibt. Die Lebensrealität in der Türkei unterscheidet sich sehr von der in Deutschland. Durch die Lebenserfahrungen in Deutschland hatte sich die Wahrnehmung unserer Heimat verändert. Fremd und sonderbar erschien sie zuweilen, weil wir nicht in ihr lebten und nicht im stetigen Austausch mit ihr waren. Kehrten wir zurück nach Deutschland, loderte nach einiger Zeit die Sehnsucht nach der Türkei wieder auf. Betrachteten wir unsere Umwelt in Deutschland mit dem Blick unserer kulturellen Wurzeln, fühlten wir uns fremd und ungeborgen. Die beiden Wirklichkeiten ließen sich nicht harmonisch vereinigen.

Eine Heimkehr zueinander wurde uns erst durch die vielen Gespräche miteinander möglich. Immer wieder versuchten wir, über die familiären, kulturellen und religiösen Begrenzungen hinauszuwachsen und eine einfache, schlichte Begegnung von Mensch zu Mensch zu finden. Mittlerweile haben Fatma und ich uns mit dem Schmerz der Heimatlosigkeit und Zerrissenheit versöhnt und gelernt, in Frieden damit zu leben.

Nachwort

Sehr gern schreibe ich das Nachwort zu diesem Buch, denn Betül Licht leistet damit einen wichtigen Beitrag zur Migrantenliteratur. Wenn man Zeitungen und Berichte liest, lässt sich der Eindruck gewinnen, Migration sei eine völlig neue Erscheinungsform menschlichen Verhaltens. Manchmal hat es sogar den Anschein, bei Menschen mit Migrationshintergrund handle es sich fast ausschließlich um Bürger aus der Türkei, da ihre Zahl in der Bundesrepublik bei drei Millionen liegt. Doch Migration ist ein Phänomen, das es schon immer gegeben hat, das aber in den letzten Jahrzehnten erheblich an Umfang zugenommen hat, was auch ein Zeichen von Globalisierung ist.

Es gibt und gab immer auch schon wissenschaftliche Untersuchungen zu dem Thema Migration und Migranten, aber aus vielerlei Gründen nur unzureichend und ansatzweise. Warum Menschen in andere Länder wandern, was dabei mit ihnen passiert, welche Gefühle sie durchleben, welche Schwierigkeiten sie bewältigen müssen, wie sie mit den Abschieden und den Verlusten fertig werden, wie sie sich an Neues – Sprache, Land, Klima, Geld, Essen, Familienstrukturen, Werte und Normen, Religion, Feiertage, Vorstellungen von der Arbeitswelt, um nur einige Bereiche zu nennen – gewöhnen und es mit dem Mitgebrachten zusammenfügen, ist noch lange nicht ausreichend wissenschaftlich untersucht. Wer wird warum nach einer Migration krank, oder macht Migration per se krank (was nicht zutrifft), oder schafft sie viele neue Chancen?

Als ich vor circa dreißig Jahren die ersten Kontakte zu Menschen mit Migrationshintergrund aus der Türkei hatte (damals sprach man noch von »Ausländern« und »Türken«), war ich, eine naturwissenschaftlich ausgebildete Ärztin des monokulturellen Medizinbetriebs, beleidigt, als mir eine Frau türkischer Abstammung auf die Frage nach ihren Beschwerden antwortete, es seien »Wüstenstürme« in ihrem Kopf, die bis in die Füße zögen, über Schultern, Hände und den ganzen Körper hinweg. Eine andere meinte, sie sei stundenlang bewusstlos gewesen, nachdem sie sich erschreckt hatte. Ich fand es unglaublich, was man mir da weismachen wollte. Entweder hat man Schmerzen, Fieber oder liegt im Koma, oder man ist gesund. Man hatte seine Beschwerden so zu formulieren, wie ich es gewohnt war.

Ebenso war ich aufgebracht, wenn eine gehfähige Frau mittleren Alters wie eine gehbehinderte, zum Teil gelähmte Frau ins Untersuchungszimmer geführt wurde und man ihr sogar noch beim Hinsetzen half. Um ehrlich zu sein, dachte ich damals, die wollen mir was vormachen. Und ich wehrte dieses Fremde, mich Verunsichernde damit ab, dass ich es für Theater hielt. Auf einem wissenschaftlichen Kongress für Psychiater und Psychologen in Antalya traf ich auf Kollegen, die genau diese Beobachtungen auch gemacht hatten, die aber zum Teil schon gelernt hatten, mit dieser körpernahen Ausdrucksweise der Symptomdarstellung umzugehen. Ich lernte die Darstellungen als szenische Bilder eines inneren Zustands zu verstehen und zu deuten.

Heute würde ich sagen, zu diesem Zeitpunkt habe ich begonnen, interkulturelle Kompetenz zu entwickeln. Ich hörte auf, Menschen anderer Kultur nach meinen Maßstäben zu beurteilen und verstehen zu wollen. Ich fing an zu überlegen, welchen Erfahrungen und Prägungen sie in ihrem Leben ausgesetzt waren. Sehr hilfreich war dabei die Zusammenarbeit mit den türkischen Kollegen. An diesem Punkt begann ich, Menschen mit einem Migrationsschicksal verstehen zu können. So kam es, dass ich wiederholt zu hören bekam, sie seien das erste Mal, seit sie in Deutschland seien, wirklich von einem Arzt verstanden worden.

Meine nächste Erfahrung war die, dass es Konflikte gab, die den unseren entsprachen, und je weiter man in die Psyche schaute, desto deutlicher wurde, wie wenig wir uns in unserem Innersten trotz verschiedener Kulturen unterscheiden. Eine Traumatisierung, eine Kränkung, eine Bevorzugung, ein ungestilltes Bedürfnis nach Liebe und Anerkennung, ein Verlusterlebnis, ein Konflikt mit dem anderen oder auch eigenen Geschlecht findet sich bei einer deutschen und türkischen Frau und einem deutschen und türkischen Mann in gleicher Weise, unterschiedlich nur in der Darstellung, dem Reaktionsmuster und den Konfliktlösungsstrategien.

Die Geschichte von Fatma ist ein Weg, um innere Gleichheit bei unterschiedlicher kultureller Prägung zu verstehen. Es ist eine unaufdringliche und filigrane Nachzeichnung eines leidvollen inneren Weges ohne Anklage und Aggression. Damit unterscheidet sie sich grundsätzlich von der Literatur türkischer Frauen, die mit viel Vorwurf ihren Leidensweg beschreiben, vor allem wegen der Zwangsverheiratung oder der männlichen Übermacht, dem Verbot, sich weiterzuentwickeln in der Männerwelt.

Die Geschichte von Fatma zeigt auch, was sie geleistet hat. Zum Teil konnte ich die Briefe nur mit dem Einlegen von Pausen zur Besinnung lesen. Es wird sehr deutlich, dass nicht »Arbeitskräfte« kamen, sondern »Menschen«, wie Johannes Rau, unser ehemaliger Bundespräsident, es ausgedrückt hat. Sie brachten ihre Lebensgeschichte mit, ihre Verletzungen, Wünsche, Begabungen, Defizite. Es sind nicht Türken gekommen oder Migranten, sondern Menschen mit einer Lebensgeschichte und Menschen, die dazu noch ein Migrationsschicksal haben. Wer dieses Buch gelesen hat, wird es leichter haben, in Türken und

Migranten Menschen zu sehen, die den hochkomplexen Vorgang der Integration zu leisten haben.

Marianne Röhl

*Dr. med. Marianne Röhl ist Fachärztin für Psychiatrie und Psycho-
therapie sowie ehemaliges Vorstandsmitglied der Deutsch-Türkischen
Gesellschaft für Psychiatrie und Psychosoziale Gesundheit.*

Dank

Ganz herzlichen Dank an Bernd Jost, der mit seiner einfühlsamen und geduldigen Art so sehr bei der Geburt dieses Buches geholfen hat. Lieben Dank an Sabine Reinhardt-Jost für ihre konstruktive Kritik und ihre moralische Unterstützung. Vielen, vielen Dank auch an meine liebe Schwester Aytül für ihre unermüdliche Hilfe. Und besonderen Dank an Kathrin Liedtke und das Team bei Hoffmann und Campe, die mein Buch mit so viel Enthusiasmus aufgenommen haben.

Randa Jarrar | Weiße Lügen

So frech und charmant ist noch keine Emigrationsgeschichte
erzählt worden: Witzig, selbstbewusst und neugierig ist
die junge Nidali, die rebellische Tochter einer ägyptisch-
griechischen Mutter und eines palästinensischen Vaters, die
in Kuwait, Ägypten und schließlich in den USA aufwächst.
Zwischen all diesen Welten steckt sie nun und hat ihren ganz
eigenen Kopf.
»Jarrars berauschende Sprache und das perfekte Timing
machen diesen Roman so herausragend.« *Publishers Weekly*

320 Seiten,
Klappenbroschur

Randa Jarrar
Weiße Lügen
Roman
Hoffmann und Campe

| Hoffmann und Campe |